Endlich Chef – was nun?

Jürgen W. Goldfuß ist selbstständiger Trainer und Berater für Führungskräfte. Er hält Seminare in Deutschland, Österreich und der Schweiz. Bei Campus erschien von ihm bisher *Führen in schwierigen Zeiten*, *Erfolg durch professionelles Delegieren* und *Trouble-Shooting für den ersten Führungsjob*.

Jürgen W. Goldfuß

Endlich Chef – was nun?

Was Sie in der neuen Position wissen müssen

Campus Verlag
Frankfurt/New York

Bibliografische Information der Deutschen Bibliothek:
Die Deutsche Bibliothek verzeichnet diese Publikation in der Deutschen Nationalbibliografie. Detaillierte bibliografische Daten sind im Internet über http://dnb.ddb.de abrufbar.
ISBN-13: 978-3-593-37933-3
ISBN-10: 3-593-37933-3

2., überarbeitete Auflage 2006

Umschlaggestaltung: Guido Klütsch, Köln
Umschlagmotiv: © Image Bank, Frankfurt
Satz: Fotosatz L. Huhn, Maintal-Bischofsheim
Druck und Bindung: Druckhaus Beltz, Hemsbach
Gedruckt auf säurefreiem und chlorfrei gebleichtem Papier.
Printed in Germany

Besuchen Sie uns im Internet: www.campus.de

Inhalt

Vorwort

»Man muss Führung auch wollen!« Als der Bankier Alfred Herrhausen mir ganz am Anfang meines Berufslebens diesen Satz zurief, verstand ich ihn nicht gleich. »Wer führt, will doch auch führen«, dachte ich. Heute weiß ich: Viele, die führen, wollen nicht in Herrhausens Sinn führen, das heißt die Dinge in die Hand nehmen, steuern, lenken, Mitarbeiter motivieren, entscheiden. Sie wollen Federn tragen, nicht aber Häuptling sein.

Selbst wer jedoch Führung wirklich will, ist häufig unvorbereitet und weiß nicht, was auf ihn oder sie zukommt. Eine systematische Vorbereitung auf die neue Rolle findet in den meisten Unternehmen, vor allem im Mittelstand, wenig oder gar nicht statt. Und so werden beispielsweise in Zeitungshäusern aus guten Redakteuren und brillanten Schreibern schlechte Redaktionsleiter und inkompetente Chefs. Das Ergebnis ist doppelt bitter: Die Zeitung verliert eine gute Fach- und erhält eine miserable Führungskraft.

Dass es besser gehen kann, weiß ich von Jürgen Goldfuß, dessen Buch *Endlich Chef – was nun?* ich las, als ich kurz vor einem Karrieresprung stand. Zuvor hatte ich eine kleine Redaktion mit vier Köpfen geleitet, nun warteten 30 Redakteure an fünf Standorten auf ihren neuen Chef.

Um es kurz zu machen: Die Lektüre des Buches hat sich gelohnt. Mithilfe der vielen Anregungen und konkreten Praxistipps, die Jürgen Goldfuß gibt, gelang es mir, typische Führungsfallen nicht nur zu erkennen, sondern sie auch zu umgehen. Goldfuß stellt hilfreiche Fragen, die der neue Chef auf die eigene Position adaptieren kann. Die Checklisten und Fragebögen führen den Leser aus seiner eigentlich passiven Rolle heraus und regen zum Nachdenken über die neue Position und die eigene Person an.

In der Praxis hat sich das Buch stets bewährt und mich vor mancher Fehleinschätzung bewahrt. Dass beispielsweise die Sandwich-Position zwischen den Mitarbeitern einerseits und Vorgesetzten andererseits unbequem werden würde, war mir klar – wie man sie aber souverän meistert, das habe ich von Jürgen Goldfuß gelernt und später in eigenen Führungsseminaren weitergegeben.

Heute lautet eines der Führungsprinzipien im »Schwäbischen Verlag«, für den ich arbeite: »Wenn Sie sich entschieden haben zu führen, führen Sie. Sie werden dann nie mehr geliebt – wenn Sie gut sind, werden Sie respektiert.« Genau diese Einstellung vermittelt auch Goldfuß: Wer sich für Führung entschieden hat, muss zu seiner Entscheidung stehen. Aber er tut noch mehr: Er sorgt dafür, dass die neuen Chefs auch nach den ersten Tagen noch im Herrhausen'schen Sinn »Führung wollen«. Dafür ist Jürgen Goldfuß zu danken, dafür ist der Neuauflage seines Buches Erfolg zu wünschen.

Ludger Möllers
Regionalchef West der *Schwäbischen Zeitung*, Tuttlingen

Endlich Chef – was nun?

Pressemitteilungen können schockieren. »80 Prozent der Mitarbeiter sind unzufrieden mit ihrem Vorgesetzten.« »Jeder fünfte Arbeitnehmer kann seinen Vorgesetzten nicht ausstehen.« »Neun von zehn Angestellten hegen aufgrund tiefgreifender negativer Erfahrungen sogar eine innere Missstimmung gegen ihren Chef.«

Dies sind deutliche Alarmsignale. Vor allem, wenn die Bedeutung der Mitarbeiter für das Wohlergehen eines Unternehmens immer wieder betont wird: »Das Kapital Ihres Unternehmens steckt in den Köpfen Ihrer Mitarbeiter.« Eine schlechtere Kapitalverzinsung kann man sich kaum vorstellen.

Wenn Sie, liebe Leserin oder lieber Leser, dieser Widerspruch beunruhigt, und wenn Sie Verantwortung – nicht nur für Ihr Budget – übernehmen wollen, dann halten Sie die richtige Lektüre in der Hand.

Warum dieses Buch?

Die Idee zu diesem Buch ist aus einer Seminarreihe erwachsen, die in Deutschland, Österreich und der Schweiz innerhalb von zwei Jahren von mehr als 2 000 Teilnehmern besucht wurde. Angesprochen waren Personen, die soeben ihre Beförderung in eine Führungsposition feiern konnten – oder aber kurz vor diesem Schritt standen. Bei den Seminaren fiel die hohe Anzahl von Teilnehmenden im mittleren Alter auf. Sahen so Nachwuchsführungskräfte aus?

Bei Gesprächen unter vier Augen stellte sich heraus, dass diese Personen schon seit einiger Zeit aktiv führten, und zwar Unternehmen mit bis zu 500 Mitarbeitern. Als Grund für ihren Seminarbesuch nannten sie meist den folgenden: »Ich wollte mal sehen, ob ich alles richtig mache. Ein Führungstraining habe ich nämlich nie erhalten.« Bei Beförderungen innerhalb des Unternehmens gab es vielleicht einen aufmunternden Tipp des Vorgesetzten: »Sie machen das schon richtig.« Bei Neueinstellungen, also beim Einstieg von außen, ging man ohnehin davon aus, dass der Bewerber die erforderlichen Fähigkeiten mitbringt und in seine Aufgabe hineinwächst. Und wenn der Wechsel innerhalb des Familienunternehmens anstand, dann war der Senior sowieso davon überzeugt, dass der Junior das auch irgendwie schafft, schließlich hatte er ja ein leuchtendes Vorbild.

Woher aber wollen Sie wissen, was richtig und was falsch ist? Wie können Sie sich Ihren Mitarbeitern gegenüber verhalten? Wie setzen Sie sich durch? Müssen Sie Ihr Verhältnis zu den bisherigen Kollegen ändern? Wie sind Mitarbeiter zu motivieren? Wie meistert man Krisensituationen?

Jede neue Führungskraft steht vor einer Vielzahl von Fragen. Holen Sie sich aus diesem Buch das Rüstzeug zum Vorgesetzten: gleich, ob Sie von außen kommen oder innerhalb des Unternehmens befördert werden. Erfahren Sie, wie Sie mit Ihren Mitarbeitern – ob mit einer Gruppe, mit einem Team oder mit Einzelkämpfern – erfolgreich die Aufgaben der Zukunft meistern. Wenn Ihnen an dem einen oder anderen Punkt vielleicht Zweifel kommen, ob Sie die vorgeschlagenen Änderungen tatsächlich durchführen können, denken Sie daran, dass Sie jetzt am Lenkrad sitzen. Und innerhalb der Regeln der »Straßenverkehrsordnung« bestimmen Sie, wohin und wie schnell gefahren wird – und wann Ruhepausen einzulegen sind. Sie haben das Steuer in der Hand – fahren Sie los.

Es seien einige Hinweise erlaubt. Sie werden der Einfachheit halber in diesem Buch nur von *Mitarbeitern* lesen und auch Wort- und Satzungetüme wie *MitarbeiterInnen* oder *Mitarbeiterinnen und Mitarbeiter* vermissen. Dies ist kein Ausdruck fehlender Wertschätzung, denn wir meinen mit der männlichen Formulierung selbstredend beide Seiten. Wir bitten um Ihr Verständnis.

Soweit zum Thema Anrede im Buch. In Ihrer Führungspraxis sollten Sie allerdings schon auf eine »geschlechtsadäquate« Anrede achten. So wird sich eine Gruppe von Mitarbeiterinnen kaum von der Begrüßung »Liebe Mitarbeiter« angesprochen fühlen. Auf der anderen Seite freuen sich die männlichen Kollegen natürlich, wenn ihre Chefin eine Ansprache eröffnet mit den Worten »Meine sehr geehrten Herren und Damen«.

Die Kapitel beginnen mit den wichtigsten Fragen, die sich jeder stellt, der eine Führungsposition zum ersten Mal übernimmt. Der eine oder andere Punkt in diesem Buch kommt Ihnen vielleicht schon bekannt vor. Das ist nicht verwunderlich, denn Film, Funk, Fernsehen und Presse berichten immer wieder medienwirksam über Schlagworte, die mit dem Wirtschaftsstandort Deutschland zu tun haben. Und das ist gut so. Denn der Einfluss qualifizierter Führungskräfte auf eine im Umbruch befindliche Wirtschaft, es sei das Stichwort Globalisierung erlaubt, wird immer bedeutender. Die Änderungsgeschwindigkeit im Wirtschaftsleben steigt. Um so wichtiger sind Führungskräfte, die mit den richtigen Spielregeln vertraut sind.

Für Sie als Lesende ist es wichtig, dass Sie nach der Lektüre des Buches *die* Dinge konkret in die Tat umsetzen, denen Sie dann vielleicht eine andere Bedeutung zumessen. Den größten Nutzen von diesem Buch erhalten Sie, wenn Sie es von vorn bis hinten Schritt für Schritt durcharbeiten, wie ein Lehrbuch. Als Nachschlagewerk bei Fragen zur Führung empfiehlt sich das Buch *Trouble Shooting für den ersten Führungsjob* vom selben Autor.

Das Buch wurde für »Anfänger« geschrieben. Wenn die Profis auch noch einige Tipps mitnehmen können, um so besser für alle – vor allem für die betroffenen Mitarbeiter.

Bevor es endgültig losgeht, möchte ich zwei Zitate anführen, die Ihnen zeigen, wie Sie als frisch gebackene Führungskraft die Kommunikation in unserer Gesellschaft mit beeinflussen können.

Das erste Zitat stammt von einem japanischen Unternehmensberater, der viele Erfahrungen in Deutschland sammeln konnte: »Der Unterschied zwischen einem deutschen Unternehmen und einem Kasernenhof liegt in der Uniform.«

Nicht sehr schmeichelhaft, oder?

Das zweite Zitat stammt von einem amerikanischen Kollegen, der ebenfalls lange in Deutschland tätig war. »Wenn in den USA jemand zum Chef ernannt wird, dann fragt man ihn: ›Wie viele Leute arbeiten jetzt *mit* dir?‹ In Deutschland lautet die Frage: ›Wie viele Leute arbeiten jetzt *unter* dir?‹« *Mit* oder *unter*? Das sollte uns mitunter zu denken geben.

Entwickeln und verbessern Sie Ihren eigenen Führungsstil. Sorgen Sie mit dafür, dass Menschen gerne zur Arbeit gehen und sich am Arbeitsplatz wohl fühlen. Davon profitieren wir alle.

Und nun viel Spaß bei der Lektüre von *Endlich Chef – was nun?*

So wird Ihr Start gelingen

Leitfragen:

Wie gehen Sie mit dem Vermächtnis Ihres Vorgängers um?
Wie etablieren Sie sich schnell in der neuen Position?
Wie bauen Sie schnell Vertrauen auf?
»Sie« oder »du« – Distanz oder Nähe?
Wie verhalten Sie sich in Krisensituationen?

Herzlichen Glückwunsch zu Ihrer neuen Aufgabe als Chef oder Chefin. Vielleicht haben Sie schon länger gezielt auf diese Position hingearbeitet. Vielleicht wurde Ihnen die Chance aber auch eher zufällig geboten? Oder Sie haben sich mit viel Aufwand weitergebildet, um sich für einen Karrieresprung zu qualifizieren. Oder haben Sie ganz einfach jemanden durch Ihre starke Persönlichkeit und Ihr sicheres Auftreten davon überzeugen können, dass Sie genau die richtige Wahl sind?

Ganz gleich, wie Sie zu Ihrer neuen Position gekommen sind, jetzt erleben Sie am eigenen Leibe jenen feinen Unterschied zwischen »einer von uns« und »einer von denen«. Und Sie werden feststellen, dass sich Ihr berufliches Leben ganz schön verändern wird. Sie erleichtern sich diese Umstellungen, innerlich wie äußerlich, wenn Sie sich an gewisse Spielregeln halten. Wenn Sie eine Position ohne gewachsene Rahmenbedingungen und Werte übernehmen, also eine bisher noch nicht existierende oder noch nicht besetzte Funktion, dann kann Ihr Wirken nicht mit dem Ihres Vorgängers verglichen werden. Für Sie ist das durchaus von Vorteil, denn dann können Sie die erforderlichen Standards und Maßstäbe nach eigenem Ermessen formen. Entscheidungen, die Sie treffen, werden immer als erstmalig und neu betrachtet.

Wenn Sie aber eine Position übernehmen, deren Pfade in der Vergangenheit geprägt wurden, durch die Spuren Ihres Vorgängers, dann werden Sie zwangsläufig verglichen werden. Eines werden Sie mit Bestimmtheit hören: viele Sprüche und Gerüchte über die ach so guten (?) alten Zeiten – über »früher« eben.

Wie gehen Sie mit dem Vermächtnis Ihres Vorgängers um?

Ausgehend von der Persönlichkeit und Stellung Ihres Vorgängers sind drei potenzielle Konstellationen denkbar, in denen Sie sich bei Antritt Ihrer neuen Aufgabe möglicherweise wiederfinden werden:

»Jedermanns Liebling«

Ihr Vorgänger war beliebt. Finden Sie schnell heraus, warum das so war. Das ist ganz entscheidend für Ihre zukünftige Strategie. Vielleicht brachte er jeden Freitag selbst gebackenen Kuchen mit in die Abteilung, vielleicht ging er einmal im Monat mit den Mitarbeitern kegeln, und bestimmt sorgte er für zwei Gehaltserhöhungen pro Jahr. Wenn dies die Fakten sind, dann können Sie schlecht mithalten, denn Sie mögen keinen Kuchen, Kegeln ist nicht Ihre Lieblingsfreizeitbeschäftigung und Ihr Budget bietet kaum finanziellen Spielraum. Auf den ersten Blick schneiden Sie im Vergleich also schlecht ab.

Ein Grund zur Beunruhigung? Nein, auf keinen Fall. Denn was Sie als Neuer Neues bieten können, das könnte sich sehen lassen:

- mehr Entscheidungsfreiheit für die Mitarbeiter,
- schnelle und direkte Informationen über wichtige Dinge,
- alles, was bei Ihrem Vorgänger vermisst wurde.

Finden Sie also unbedingt schnell heraus, warum Ihr Vorgänger so beliebt war – und auf was die Mitarbeiter lieber verzichtet hätten. Es ist ziemlich unwahrscheinlich, dass Ihr Vorgänger zufällig Superman oder Supergirl war. Denn niemand ist unfehlbar.

»Der Boss«

Ihr Vorgänger war der autoritäre Typ, der seine »Truppe« mit starker Hand zusammenhielt. Mitarbeiter wünschen sich starke Chefs, aber keine Rambos. Finden Sie heraus, was von den Mitarbeitern als angenehm empfunden wurde und was sie weniger schätzten.

Und stellen Sie fest, welche Mitarbeiter diesen Stil mochten – und welche nicht. Sie werden diese Informationen noch brauchen.

»Der Stelleninhaber«

Ihr Vorgänger hat zwar seine Planstelle besetzt, aber er hat sich in den Augen der Mitarbeiter nicht als herausragend, entscheidungsfreudig oder sonst irgendwie hervorgetan. Das ist eine ideale Startposition für Sie, denn es ist offenbar keine Lücke entstanden, die Sie ausfüllen müssen – und dürfen.

Warum Sie über Ihren Vorgänger Bescheid wissen sollten

Sie sollten sich vor einem grundlegenden Fehler hüten: Zeigen Sie keinesfalls mit dem Finger auf Ihren Vorgänger: »Liebe Mitarbeiter, jetzt wird alles besser als bei ihm ...« Dieser Satz beraubt Sie sofort Ihrer Glaubwürdigkeit – es wird Ihnen schwer fallen, sich nach einem solchen Start wieder Respekt zu verschaffen.

Wenn Sie sich über die bisherige Stimmung in Ihrer neuen Abteilung informieren, dann aus einem anderen Grund: Sie müssen Ihren eigenen Stil richtig verkaufen.

Es ist geradezu entscheidend für Ihre Zukunft in der Abteilung, dass Sie sich schnell Glaubwürdigkeit verschaffen. Man wird Sie sorgfältig beobachten, so, wie man sich im Tierreich gegenseitig beschnuppert. Sie müssen sich vor Augen halten, dass Sie in fremdes, bereits besetztes Territorium eindringen. Man wird Sie im Blick behalten. Es ist ein wenig wie bei einem ersten Flirt: Man schaut sich das fremde Gegenüber zunächst interessiert, aber genau an. »Sei nett und freundlich zu jedem« – diesen Wahlspruch haben Ihnen Ihre Eltern mit einiger Sicherheit mit auf den Lebensweg gegeben. Daran möchten Sie sich gern halten, denn es spricht ja auch einiges dafür. Dann aber lesen Sie, dass Führungskräfte tunlichst Distanz halten und eine Aura der Unnahbarkeit verbreiten sollten. Sie hören, dass Sie keine Kumpanei dulden dürfen und dergleichen Dinge mehr – und Sie sind verunsichert. Was ist nun richtig? Sie begeben sich jetzt auf eine Gratwanderung, denn beide Aspekte sind im Prinzip richtig.

Doch es gibt Spielregeln, die Ihnen den Start erleichtern:

- Bleiben Sie ganz natürlich.
- Zeigen Sie am Anfang Bestimmtheit, vielleicht sogar Strenge. Verhalten Sie sich unbedingt konsequent.
- Bleiben Sie aber auf jeden Fall fair und gerecht.

Sie kennen vielleicht den Spruch: »Everybodies Darling – jedermanns Depp«. Ihr Ziel ist es nicht, geliebt, sondern respektiert zu werden! Halten Sie sich Politiker-Karrieren vor Augen: heute bejubelt, morgen verfemt. Sorgen Sie dafür, dass Ihnen dies nicht passiert.

Wenn Ihr beruflicher Karrieresprung Sie nicht geradewegs in eine neu gegründete Abteilung führt, dann kommen Sie in ein bestehendes Netzwerk von Menschen hinein. In eine Organisation, die schon lange lebt und sich an gewachsenen Regeln orientiert.

Der IBLDAD

Jetzt haben Sie die große Chance, den *IBLDAD* zu treffen. Die Abkürzung steht für: »Ich bin länger da als du«.

Nicht selten werden durch die Einstellung eines »Neuen« Karrierehoffnungen beendet. Wenn Sie erfahren, dass ein Mitarbeiter überzeugt ist, er hätte die Beförderung eher verdient als Sie, dann sind Sie klug beraten, ihn direkt darauf anzusprechen. Alles, was Sie jetzt um des lieben Friedens willen nicht offen auf den Tisch legen, wird ein Thema für die Zukunft bleiben. Ein Thema, das zur Grüppchenbildung innerhalb Ihrer Abteilung führt. Binden Sie den Mitarbeiter im offenen Gespräch ein, hören Sie seinen Argumenten zu. Machen Sie ihm freundlich, aber bestimmt klar, dass er an der neuen Situation ohnehin nichts ändern kann – auch wenn er der Patenonkel Ihres Neugeborenen ist. Helfen Sie ihm, das Beste aus der Situation zu machen. Nutzen Sie seine Erfahrung, seine Kontakte, seine Ideen. Zeigen Sie ihm, dass das Besetzen von Kästchen im Organigramm nicht unbedingt das höchste Ziel im Leben sein muss.

Wenn sich allerdings eine unlösbare Situation abzeichnet, dann sollten Sie handeln, bevor sie zu dominant wird. Trennen Sie sich von diesem Mitarbeiter. Das heißt nicht zwangsweise Trennung im Sinne von Kündigung. Vielleicht findet dieser Mitarbeiter seine Erfüllung an anderer Stelle. Schon oft sind verborgene Fähigkeiten durch Versetzungen innerhalb eines Unternehmens ganz plötzlich ans Tageslicht gekommen, Fähigkeiten, die in der bisherigen Abteilung vielleicht gar nicht gefordert waren. Aber denken Sie bitte an eines: Die notwendigen »Grausamkeiten« müssen ganz am Anfang begangen werden, im Interesse aller Beteiligten. Ein bisschen positive Unruhe bei Änderungen im Unternehmen hat noch keiner Firma geschadet.

Wie etablieren Sie sich schnell in der neuen Position?

Es gibt einige hilfreiche Vorgehensweisen, die Ihnen Ihren Start in einer neuen Position erleichtern. Wir möchten einige vorstellen.

Vorbereitung als Erfolgsfaktor

Die Unternehmenskultur Ihres (neuen) Arbeitgebers lässt sich unter anderen Faktoren auch daran messen, wie die Mitarbeiter auf ihren neuen Chef vorbereitet wurden.

Bei einer Beförderung innerhalb eines Unternehmens sollte es selbstverständlich sein, dass die betroffene Abteilung hinreichend früh über das freudige Ereignis informiert wird. Als rechtzeitig gelten etwa zwei Monate. Zu dieser Information gehört nicht nur, wer wann kommt, sondern auch – und das ist noch viel wichtiger –, *warum* jemand Neues kommt bzw. ausgewählt wurde.

Der Grund für die Änderung wird wahrscheinlich eben sein, dass sich etwas verändern soll, und zwar möglichst zum Positiven. Sonst wäre wohl alles beim Alten geblieben. Es kann jedoch auch sein, dass Sie jemandem nachfolgen, der sich in eine andere Richtung verändert hat.

Kommen Sie von »außen«, dann kann die Vorlaufzeit durchaus länger als zwei Monate sein: Sie werden vertragliche Verpflichtungen zu erfüllen haben, denn es ist insgesamt unwahrscheinlich, dass eine neue Führungskraft sozusagen über Nacht ihre neue Aufgabe antreten kann. Besprechen Sie das Prozedere bereits bei Ihrem Einstellungsgespräch, damit Ihr eigener Vorgesetzter diesen für Sie wichtigen Punkt nicht vernachlässigt.

Wie bauen Sie schnell Vertrauen auf?

Im Idealfall befinden sich die wohlinformierten Mitarbeiter in »freudiger Erwartung«: Wer mag da wohl kommen? Die Gerüchteküche brodelt, auch wenn die Informationen rechtzeitig und umfassend geflossen sind: Welche Ideen bringt der Neue mit, was wird sich ändern? Müssen wir jetzt länger arbeiten? Versteht er überhaupt etwas von unserem Geschäft?

Die letzte Frage wollen Sie sicher ganz schnell beantworten. Aber Vorsicht! Ein beliebter Fehler neuer Führungskräfte ist, begeistert über ihre bereits erbrachten Leistungen zu berichten. Man möchte ja, dass die anderen wissen, mit wem sie es jetzt zu tun haben. Es ist wunderbar, wenn Sie bereits erfolgreich tätig waren. Sparen Sie sich aber diese Geschichten für Ihre Memoiren auf. Natürlich haben Ihre Mitarbeiter ein Anrecht darauf, über Ihre Erfahrungen und Tätigkeiten in der (jüngsten) Vergangenheit zu erfahren. Aber vergessen Sie tunlichst die alte Volksweisheit nicht, die da lautet: »Wer ständig über seine Vergangenheit redet, der hat seine Zukunft bereits hinter sich.«

Nicht alle Erfolgsbeispiele passen zu jedem Unternehmen, manche rufen vielleicht eher negative Gefühle bis hin zur Ablehnung hervor. Altgediente Personalchefs raten: »Mund halten, bis Sie einen Überblick gewonnen haben«. Dieser Tipp ist in vielen Fällen vielleicht ganz hilfreich. Hier sind nicht Ihre Fachkenntnisse gefordert, sondern Diplomatie.

Sprechen Sie über die Zukunft

Sprechen Sie mit Ihren Mitarbeitern über die Zukunft. Das ist der Zeitraum, in dem Sie alle Ihr Gehalt beziehen werden. Entwickeln Sie Vorstellungen über das, was Sie gemeinsam erreichen wollen. Sie können sicher sein, am Anfang Ihrer Tätigkeit hört Ihnen wirklich noch jeder zu. Ob das so bleibt, das hängt ganz von Ihnen ab.

Beschaffen Sie sich qualifizierte Informationen

Natürlich möchten Sie Ihre neue Aufgabe so schnell wie möglich voll ausfüllen. Wenn Sie neu in ein Unternehmen einsteigen, dann fehlen Ihnen meist eine Menge Informationen – das ist Ihr Nachteil. Auf der anderen Seite laufen Sie gegenüber einer firmeninternen Beförderung kaum Gefahr, betriebsblind zu sein. Letzteres wird häufig mit Erfahrung verwechselt. Das ist Ihr unschätzbarer Vorteil. Sie haben jetzt nicht nur viele, sondern ganz viele Fragen. Konzentrieren Sie sich auf die wichtigsten.

Fünf Fragen sollten Sie ganz am Anfang klären:

- Welche Güter/Dienstleistungen werden im Detail von Ihrer Abteilung/Gruppe/Team geliefert?
- Wer genau produziert oder erbringt sie?
- Wie viel Zeit wird im Einzelnen für die Herstellung/Erbringung benötigt?
- Wie viele Güter/Dienstleistungen werden pro Zeiteinheit produziert/erbracht?
- Wie viele Beschwerden erhält Ihre Abteilung bezüglich der Produkte/Dienstleistungen?

Nutzen Sie alle Informationsquellen, die Ihnen zur Verfügung stehen, wie etwa

- **Interne Berichte:** Produktionsberichte, Personalstatistiken, Kundenstatistiken, Finanzberichte, Serviceberichte, Beschwerdeanalysen, Qualitätsberichte, Reklamationsschreiben, Verkaufsberichte, Arbeitspläne und Stellenbeschreibungen.

- **Insider:** Teammitglieder, Kollegen, vielleicht Ihren Vorgänger, Vorgesetzte, den Betriebs- oder Personalrat, Lieferanten.
- **Kunden:** Die Informationsbeschaffung bei Kunden eröffnet Ihnen eine elegante Möglichkeit, sich als neues Mitglied des Unternehmens vorzustellen.
- **Weitere Quellen:** Personalakten, Beurteilungen, Informationen über Gehälter und Positionen, Bewerbungsschreiben und Lebensläufe. Gerade die letzten zwei Punkte geben Ihnen vielleicht nicht immer topaktuelle, aber doch interessante Informationen über den Werdegang und die Interessen Ihrer Mitarbeiter.

Ziel der Informationsbeschaffung ist nicht zuletzt, Ihre Mitarbeiter davon zu überzeugen, dass sich mit Ihrem Einstieg etwas ändern wird. Sammeln Sie alle Informationen, die Ihrer Abteilung oder Gruppe, also Ihrer nächsten Arbeitseinheit, möglicherweise zugute kommen. Ihre Mitarbeiter haben Hoffnungen in Sie gesetzt, zeigen Sie, dass Sie gemeinsam mit ihnen Dinge in Bewegung setzen werden.

Binden Sie Ihre Mitarbeiter von Beginn an ein

Vermeiden Sie einen Fehler, den viele Einsteiger machen: Sie kümmern sich um allgemeine Fragen des Unternehmens und der Weltwirtschaft statt um ihr direktes Umfeld, nämlich die Mitarbeiter mit ihren Erwartungen. Zeigen Sie von Anfang an, dass Sie sofort helfen werden, wenn es die Situation erfordert. Signalisieren Sie, dass Ihre Tür jederzeit offen steht für die Probleme Ihrer Mitarbeiter – für tatsächliche Probleme, bei denen die Mitarbeiter Ihre Hilfe wirklich sofort benötigen.

Aus der Praxis:

Der neue Leiter der Abteilung Service und Support in einem mittelgroßen Unternehmen tritt, mit vielen Vorschusslorbeeren versehen, seinen Dienst an. Er ist der Mann der Stunde, in der Abteilung

»brennt« es. Zu viele neue Projekte mit noch mehr neuen Problemen stehen an. Der Vorgänger ist aus Krankheitsgründen ausgeschieden. Unser neuer Chef hat in ähnlichen Positionen bereits Erfahrung gesammelt, allerdings in Großunternehmen, in denen es etwas anders zugeht als im Mittelstand. In den ersten zwei Wochen beschäftigt er sich mit der Struktur des Unternehmens, mit betriebsinternen Abläufen und der Kontaktpflege zu seinen Abteilungsleiterkollegen. Laufen seine direkten Mitarbeiter mit Problemen bei ihm auf – schließlich hat man ihnen Hilfe versprochen, die sie jetzt mit Recht auch erwarten –, erklärt er, dass er noch in der Einarbeitungsphase sei. Er könne noch nicht kompetent entscheiden. Viele Dinge im Leben regeln sich wie von selbst. Die Mitarbeiter organisieren in ihrer Not selbstständig »Feuerwehrteams« für die dringenden Probleme und helfen sich selbst. Als der neue Chef nach etwa drei Wochen verkündet, er sei nun so weit, da fragt ihn niemand mehr. Seine Mitarbeiter sind ihm inzwischen weit voraus, sie brauchen ihn nicht mehr und lassen ihn das deutlich spüren. Er ist für sie »nutzlos«, denn er hat ihre Erwartungen enttäuscht.

Setzen Sie Prioritäten

Nachdem Sie Unmengen von Informationen gesammelt haben, sortieren Sie Ihren Stapel in zwei Päckchen.

Muss-ich-sehen-Stapel	Kann-warten-Stapel
• Was wird produziert? • Wer macht was? • Wo gibt es Probleme? • Setzen Sie hier Prioritäten: a) Muss ich sofort wissen. b) Muss ich bald wissen. c) Schau ich mir an, wenn ich Zeit dafür habe.	• Wichtig, jedoch nicht eilig • Eilig, jedoch nicht wichtig • Weder eilig noch wichtig (hierzu gehören die meisten Mailings), also Papierkorb.

Sie werden sehr schnell feststellen, dass Sie die meisten Informationen wegwerfen können. Scheuen Sie sich nicht, von Ihrem Papierkorb Gebrauch zu machen, auch vom elektronischen. (Im Kapitel »Mit Mitarbeitern kommunizieren« erfahren Sie mehr zu diesem Thema.)

Noch ein paar Tipps zur Organisation: Nehmen Sie jedes Stück Papier nur einmal zur Hand – im Idealfall. Werfen Sie alle Unterlagen weg, von denen Sie wissen, dass Sie sie nicht wieder anschauen oder benötigen werden. Benutzen Sie nur *eine* Aufgabenliste für berufliche und private Zwecke.

Legen Sie einen »Verschiedenes-Ordner« für Unterlagen an, die nicht wichtig genug sind, abgelegt zu werden, jedoch auch noch nicht weggeworfen werden sollten. Gehen Sie diesen Ordner einmal monatlich durch und handeln Sie dann: ablegen, erledigen, wegwerfen.

Organisieren Sie Ihre Zeit

Verwenden Sie ein Diktiergerät zum Festhalten Ihrer guten Ideen, von denen Sie am Anfang bestimmt sehr viele entwickeln werden (alternativ können Sie einen kleinen Notizblock verwenden). Nutzen Sie das passende Zeitplanbuch, suchen Sie aus der Vielzahl der Angebote das aus, was Ihren Arbeitsstil am ehesten unterstützt. Ändern Sie Ihren Stil nicht wegen einer neuen Zeitplanbuch-Methode, aber verbessern Sie Ihren Stil dort, wo Sie Schwachstellen erkennen.

Zum Thema »Zeitmanagement und Selbstorganisation« gibt es eine Fülle an Literatur. Fragen Sie einfach eine erfahrene Führungskraft, welche Methoden ihr am effektivsten bei der täglichen Arbeit helfen. Jeder redet gern über seine Erfolge, nutzen Sie das Mitteilungsbedürfnis der Menschen. Das erspart Ihnen tagelange Zeitmanagement-Seminare, die sich oft als getarnte »Wie bestelle ich die richtigen Formblätter?«-Veranstaltungen entpuppen.

Es gibt, wie zu jedem der im Buch angesprochenen Themen, eine Menge eigenständige Literatur über »Prioritätensetzung«. Zwei wesentliche – und in der Praxis funktionierende – Hilfen sollen hier kurz vorgestellt werden: Die ABC-Analyse und das Pareto-Prinzip.

Das ABC der Prioritätensetzung

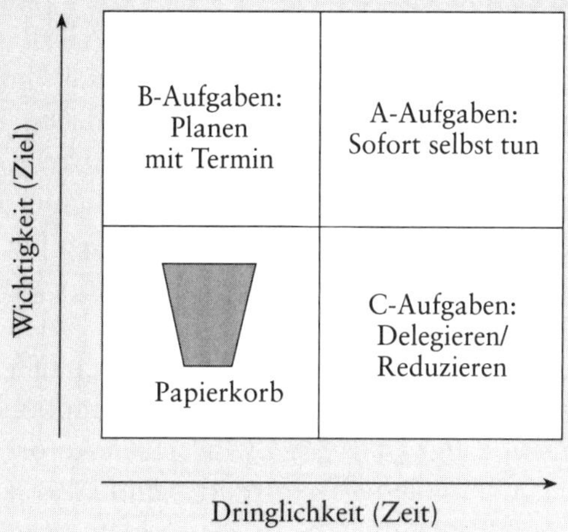

Die ABC-Analyse differenziert nach Wichtigkeit und Dringlichkeit. Wichtig ist alles, was Sie der Erreichung eines definierten Ziels näher bringt. Also alle Punkte, die Sie näher an Ihren Erfolg bringen. Dringend ist alles, was schnell erledigt werden muss, Dinge, nach denen »geschrien« wird. Wenn Sie alles erledigen, was dringend ist (oder zumindest so wirkt), dann stellen Sie nach Ablauf einer Periode fest, dass Sie eigentlich wenig erreicht haben. Sätze wie: »Man kommt hier zu nichts, dauernd ist etwas anderes los« zeigen die Hilflosigkeit des Betreffenden. Vermeiden Sie solche Situationen durch Planung. Sie sind in Ihrer Führungsposition täglich gefordert, Entscheidungen zu treffen.

Die ABC-Matrix (siehe obige Abbildung) bietet hier eine gute und einfache Hilfe. Nehmen wir zuerst den Quadranten unten links, den Papierkorb. Ist ein Vorgang nicht wichtig und nicht dringend, warum sollten Sie sich dann damit beschäftigen? Ab in den Papierkorb damit (bei E-Mails drücken Sie die Löschtaste). Sollten Sie etwas falsch zugeordnet und weggeworfen haben, dann wird es irgendwann wieder auf Ihren Tisch kommen.

Schauen wir uns den Quadranten B näher an: Diese Aufgaben sind weniger dringlich, aber wichtig für die Zielerreichung. Was nicht dringend ist, legen Sie auf Wiedervorlage – und planen Sie Zeit für die Bearbeitung ein.

Der Quadrant C signalisiert höchste zeitliche Priorität, aber geringere Wichtigkeit. Gut, dass Sie nun Chef sind und Ihnen Mitarbeiter zur Erledigung Ihrer Arbeit zur Verfügung stehen. Lassen Sie sie mitarbeiten, delegieren Sie. Und fragen Sie sich bei jeder Tätigkeit: »Muss dieser Job eigentlich von mir oder meiner Abteilung erledigt werden?« Auf diese Art und Weise stellen Sie fest, dass sich vieles reduzieren oder ganz abschaffen lässt. Über Ihre verständlichen Ängste, die beim Delegieren anfangs auftreten, sprechen wir noch in Kapitel 7. Und wenn Sie sich noch tiefer mit dem Thema Delegieren beschäftigen möchten dann empfiehlt sich *Erfolg durch professionelles Delegieren* vom selben Autor.

Im Quadrant A sind Sie voll gefordert – und zwar jetzt. Wenn etwas wichtig und dringend ist, dann gehört es zu Ihren Kernaufgaben, und dann tun Sie es – jetzt.

Wenn Sie sich den »Quadrantenblick« zu Eigen gemacht haben, dann sind Sie eher in der Lage, auch in hektischen Situationen die richtigen Entscheidungen zu treffen, ohne Ihre Mitarbeiter nervös zu machen. Und wenn Sie dafür sorgen, dass Ihre Mitarbeiter immer besser werden, dann können Sie auch schneller Aufgaben aus dem A-Bereich an Mitarbeiter delegieren – und trotzdem nachts gut schlafen.

Je häufiger Sie mit diesem Instrument arbeiten, desto mehr Entscheidungen werden »instinktiv« richtig sein. Wenn Sie auch Ihre Mitarbeiter in die ABC-Methode einführen, dann wird sich die Effektivität Ihrer Abteilung spürbar erhöhen.

Die zweite Methode, die Ihnen die Arbeit und das Leben leichter macht, ist das Pareto-Prinzip. Benannt nach dem italienischen Volkswirtschaftler Vilfrede Pareto (1848-1923), besticht diese Methode immer wieder durch ihre Praxisnähe. Pareto stellte fest, dass 80 Prozent des Volksvermögens sich in den Händen von 20 Prozent der Bevölkerung befanden. Paretos Regel findet sich verblüffenderweise in allen Bereichen des Lebens wieder. So wird in den meisten Firmen 80 Prozent des Umsatzes mit 20 Prozent der Kunden erwirtschaftet. 80 Prozent des Schmutzes auf einem Teppich befindet sich auf 20 Prozent der Fläche, nämlich im Türbereich. In einer Produktion verursachen 20 Prozent der Fehler 80 Prozent der Folgekosten. Weitere verblüffende Beispiele findet man im Buch *Das 80/20 Prinzip* von Richard Koch.

Auf unsere eigene Leistung bezogen: 20 Prozent unserer Aktivitäten bewirken 80 Prozent unseres Erfolgs. Im Umkehrschluss stellen wir fest, dass 80 Prozent unseres Aufwands nur zu 20 Prozent Resultat führen. Die Prozentzahlen können um ein paar Punkte abweichen, aber das Wesentliche bleibt: Wenn wir 10 Aufgaben zu erfüllen haben, dann erreichen wir durch Auswahl der »richtigen« zwei 80 Prozent unseres Erfolges. Das gilt für alles, was Sie tun, sei es beruflich oder privat. Insofern lohnt es sich schon, etwas Zeit bei der Auswahl von Aktivitäten zu investieren, um anschließend erfolgreicher zu sein.

Aufwand und Resultat müssen in einem vernünftigen Verhältnis zueinander stehen

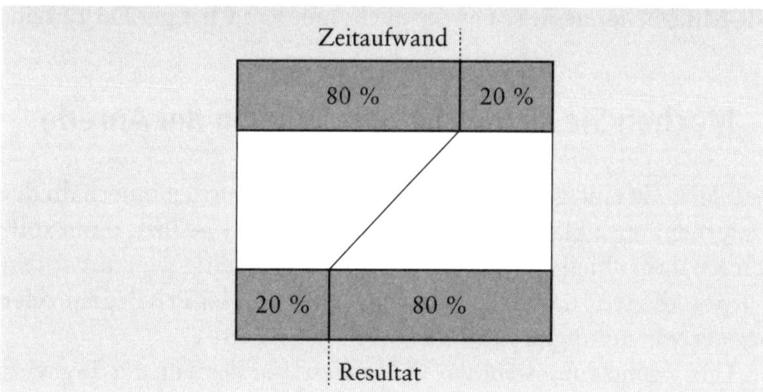

»Sie« oder »du« – Distanz oder Nähe?

Ein interessantes Thema, das Sie beschäftigen wird, ist die Frage der Anrede: Sie oder du? Wir tun uns im deutschsprachigen Raum damit etwas schwerer als Vorgesetzte in Amerika oder in Großbritannien. Manche Zeitgenossen leben bei uns sogar in einer gewissen Schizophrenie: »Im Unternehmen bin ich Herr Meier, privat am Abend bin ich der Paul.« Wirkt irgendwie albern, finden Sie nicht? Hier spüren wir übrigens eine Änderung, die sich in den letzten Jahren verstärkt hat. Wenn Sie Ihr Brot in einer »jungen« Branche verdienen, wie etwa der Softwareentwicklung oder in Multimedia-Unternehmen, werden Sie wissen, dass die direkte Anrede dort eher üblich ist als in traditionsreichen Branchen mit über hundertjährigen Unternehmensgeschichten, wo der Unternehmer früher in der Mittagspause auszureiten pflegte. Einige Untersuchungen schreiben diesen Trend einer zunehmenden Anpassung an angelsächsische Verhältnisse zu. Doch nicht nur in englischsprachigen Ländern ist es üblich, sich im Arbeitsleben über die Hierarchien hinweg zu duzen.

Nun sollte es eigentlich für die Alltagsarbeit keine Rolle spielen, ob man sich duzt oder siezt. Doch dies bleibt keineswegs ohne Folgen. Denn dem Du haftet eher etwas Vertrauliches an – und manche Mitarbeiter genießen es förmlich, mit dem Chef per Du zu sein.

Machen Sie sich nicht zum Sklaven der Anrede

Befolgen Sie eine ganz einfache Regel beim Aufstieg innerhalb des Unternehmens: Haben Sie Ihre Kollegen bisher geduzt, dann sollten Sie dabei bleiben. Zeigen Sie aber gleichzeitig gegenüber den Nichtgeduzten, dass sich mit dem Du keinerlei Privilegien oder Sonderbehandlungen verbinden.

Und irgendwann steht das Du sowieso vor der Tür, der Tag wird kommen. Beim nächsten Betriebsausflug, zu vorgerückter Stunde, fragt Sie ein Kollege nach Ihrem Alter – und entgegnet dann ganz überrascht: »Oh, dann bin ich ja der Ältere und kann Ihnen das Du anbieten.« Natürlich hatte er sich vorher über Ihr Geburtsdatum informiert – die Prozedur war ja geplant. Wie verhalten Sie sich in dieser Situation? Es gibt zwei Möglichkeiten: Entweder verschieben Sie den Akt auf einen späteren Zeitpunkt und begründen dies damit, dass man sich noch etwas besser kennen lernen müsse. Oder

Sie nehmen das Angebot mit der Warnung an, dass Sie bei Geduzten eine noch höhere Qualitätsmesslatte anlegen. Lässt sich Ihr Gegenüber davon nicht abschrecken, dann setzen Sie das Du ohne Zögern, Zweifel oder Gewissensbisse auch ein.

Eine Zwischenform ist die Anrede: »Paul, Sie ...«. Hier entwickeln sich in den Unternehmen automatisch Sprachkulturen, denen Sie sich auch anpassen sollten.

Es soll allerdings Firmen geben, die bei einer Beförderung die Aufgabe des Du vorschreiben. Ob Sie sich in einem solchen Unternehmen so richtig wohl fühlen können, das müssen Sie selbst entscheiden. Wenn Ihre Autorität als Vorgesetzter auf dem Unterschied in der Anrede aufbaut, dann haben Sie ohnehin ein Problem, das sich nicht lange verheimlichen lässt. Vergessen Sie nicht, dass Ihre Autorität als Vorgesetzter Ihnen nicht von Ihrem Chef verliehen wird. Er verfasst lediglich die entsprechende Hausmitteilung. Wenn Sie von Ihren Mitarbeitern nicht anerkannt werden, dann nutzt auch das »Chefdiplom« im Goldrahmen an der Bürowand recht wenig.

In diesem Zusammenhang taucht die Frage der Macht auf. Welche Macht besitzen Sie über Ihre Mitarbeiter? Wollen Sie eigentlich Macht ausüben? Ist Macht nicht etwas Unangenehmes, ja sogar Verwerfliches? Bevor Sie über den Begriff Macht grübeln, lassen Sie uns zwei Anmerkungen machen.

1. In Ihrer neuen Position sollen Sie etwas bewegen, etwas »machen«. Wenn Sie ein Loch in ein Stück Holz bohren wollen, dann brauchen Sie Macht über das Material Holz, sonst wären Sie wirklich machtlos. Deshalb nehmen Sie einen Bohrer zur Hand, ohne philosophische Betrachtungen über Macht und Machtmissbrauch anzustellen. Wenn Sie einen Reifen an Ihrem PKW wechseln müssen, dann brauchen Sie Macht über das Gewicht Ihres Fahrzeugs und setzen ohne große Überlegungen den Wagenheber an. Wenn wir etwas machen, dann üben wir Macht aus.
2. Aufgrund geschichtlicher Tatsachen ist in Deutschland der Begriff Macht allerdings eher negativ besetzt, wenn er in Verbindung mit Menschen benutzt wird. Bei Worten wie Machtmensch, Machtergreifung und ähnlichen Begriffen zeigen sich viele unangenehm berührt.

Und nun sollen Sie Ihre Macht dafür einsetzen, ein Projekt durchzuführen, eine Aufgabe zu erfüllen? Haben Sie überhaupt Macht über andere? Und wer gibt Ihnen die Macht, etwas zu bewegen?

Lassen Sie uns kurz überlegen, worauf Ihre Macht eigentlich aufbaut. Auf drei Faktoren:

1. ihrer fachlichen Überlegenheit,
2. ihrer Stellung in der Hierarchie,
3. ihrer persönlichen Führungsqualität.

Welches Bein ist bei einem dreibeinigen Hocker das Wichtigste? Sie wissen es: Ihre physikalischen Grundkenntnisse signalisieren Ihnen: Ich brauche alle drei. Zum Sitzen – und zum Führen. Inwieweit können Sie sich eigentlich auf die drei Beine verlassen, welchen Einfluss haben Sie auf die drei Faktoren – und wo endet Ihr Einflussbereich?

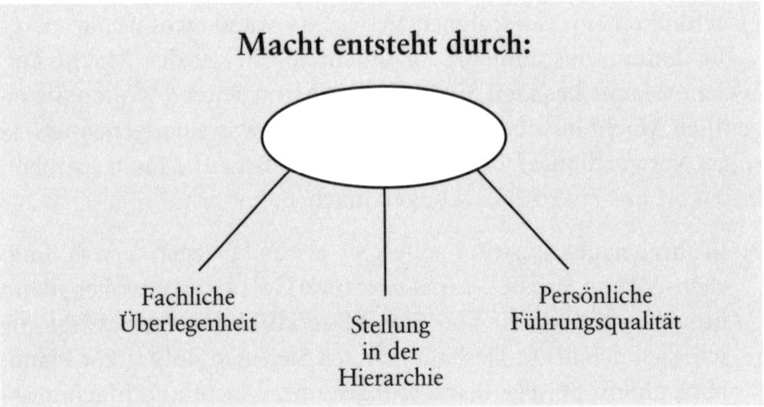

Schauen wir uns das erste »Bein« einmal an, die fachliche Überlegenheit. Dazu gehört all das, was Sie sich einmal mühsam an Wissen angeeignet haben, Ihr Fachwissen. Wie lange hält dieses »Herrschaftswissen« an? Die Halbwertszeit unseres Wissens wird immer kürzer, die Welt dreht sich in manchen Branchen rasend schnell. Die nachrückende Generation, in deren Augen Sie schon zum alten Eisen zählen, lernt heute anders zu lernen – effektiver und schneller. Wenn Sie also nicht permanent am Ball bleiben, dann besteht Ihre fachliche Überlegenheit nur noch aus einer Urkunde an der Wand, deren Verfallsdatum abgelaufen ist. Das erste Bein ist also nicht sonderlich stabil.

Aber wir haben ja noch das zweite Bein: Ihre Stellung in der Hierarchie. Wenn Sie in einem Unternehmen ohne Hierarchie arbeiten, Glückwunsch. Hier können Sie sich ganz auf Ihren Job konzentrieren. Zu einem »richtigen« Unternehmen gehört aber nach allgemeinem Verständnis auch eine »richtige« Hierarchie, zementiert in einem Organigramm. Dort sind Sie namentlich verankert, eine Kopie Ihrer Position ist sicherheitshalber auch auf Ihrer Visitenkarte abgedruckt.

Stellen Sie sich folgende Geschichte vor: Globalisierung und Fusionitis haben auf einer Aufsichtsratssitzung wieder einmal die Wirtschaftswelt optimiert – und dazu gehört Ihr Unternehmen. Am Montagmorgen fällt Ihnen auf, dass das im Flur hängende Organigramm endlich in Farbe veröffentlicht wurde. Bei näherem Hinsehen vermissen Sie allerdings Ihren Namen. Die Organisation wurde »verschlankt«.

Was bleibt Ihnen jetzt noch übrig von Ihrer Macht? Richtig. Ihre persönliche Führungsqualität – und die kann Ihnen niemand abnehmen. Die nehmen Sie überall mit hin, auch zu einem neuen Arbeitgeber, falls es die Situation erfordert. Und genau an dieser persönlichen Führungsqualität werden Sie von Ihren Mitarbeitern gemessen. Deshalb sollten Sie an dieser wertvollen Eigenschaft permanent arbeiten. Ein wesentlicher Faktor Ihrer persönlichen Führungsqualität ist Ihre Intelligenz. Kein Problem, hören wir Sie sagen, der letzte IQ-Test ergab traumhafte Werte. Davon sprechen wir aber nicht.

Gemeint ist Ihr EQ-Wert, Ihre emotionale Intelligenz. Ein Faktor, der bei der Einstellung von Führungskräften eine immer größere Rolle spielt. Vor allem Unternehmen, die den Servicegedanken (wieder neu) entdecken, wissen, dass »emotionale Nieten« nicht mehr in die veränderte Erwartungshaltung der Mitarbeiter passen. Der Umgang mit anderen, Einfühlungsvermögen, Problemlösungsfähigkeiten bei sozialen Konflikten und eine sturmsichere Eigenmotivation – das sind die Faktoren, die Ihren Marktwert in einer globalisierten Wirtschaftswelt weitgehend bestimmen. Zum EQ gehört, dass Sie eigene Emotionen erkennen und managen können und dass Sie sich selbst motivieren und in andere hineinversetzen können. Viele amerikanische Managementtrainer sind der Meinung: »Der emotionale Zustand, in dem wir uns befinden, ist für unseren Erfolg bestimmender als Herkunft, Intelligenzquotient, Kapital und Bildung.«

Sie haben vielleicht schon das Fehlen des EQ bei anderen bemerkt, nämlich dann, wenn sich ein Kollege nicht beherrschen konnte und kein Gespür für die Gefühle anderer zeigte: »Er benimmt sich manchmal wie eine Dampfwalze«, beschweren sich seine Mitarbeiter. Das Urteil kann nur lauten: Fehlende Qualifikation als Vorgesetzter, zurück in die Linie.

Arbeiten Sie an Ihrem EQ, denn das ist der Faktor, der über Ihre zukünftige Karriere entscheidet. Man stellt Sie ein wegen Ihrem IQ, man befördert Sie wegen Ihrem EQ.

Wie verhalten Sie sich in Krisensituationen?

Als Vorgesetzter erwarten die Mitarbeiter von Ihnen, dass Sie über alles Bescheid wissen, vor allem über die Zukunft. Das ist bekanntlich gar nicht so einfach. Es gibt einige Spielregeln, die »böse Überraschungen« zwar nicht verhindern, aber minimieren können: die drei V's.

Das erste V: Vorbereiten

- Behalten Sie den Chef Ihres Chefs im Auge. Achten Sie auf »die Schrift an der Wand«. Viele Entscheidungen und Entwicklungen lassen sich recht genau vorhersagen, wenn die sichtbaren und hörbaren Zeichen richtig interpretiert werden.
- Beobachten Sie die Trends in Ihrer Branche. Lesen Sie außer Fachzeitungen auch Publikationen, die sich mit Wirtschaftstrends und Finanzen beschäftigen. Häufig finden Sie dort bereits Informationen, die innerhalb des eigenen Unternehmens noch gar nicht bekannt sind.

- Sorgen Sie bei einer drohenden Krise für Alternativlösungen. Entwickeln Sie im Voraus mögliche Szenarien, entwerfen Sie den berühmten Plan B, falls Plan A nicht mehr funktioniert.
- Zu Ihren Aufgaben als Vorgesetzter gehört nicht nur die fachliche Führung einer Abteilung, sondern auch die Führung durch Informationen. Und die müssen Sie sich selbst beschaffen.

Das zweite V: Vorbild sein

Bewahren Sie Haltung. Geben Sie Ihr Bestes, ohne dabei jedoch gestresst zu wirken. Strahlen Sie Zuversicht aus – sie wird sich auf Ihre Mitarbeiter übertragen. Sollte Ihnen dieser Punkt ab und zu Schwierigkeiten bereiten, denken Sie an die Ente oder an den Schwan. Oberhalb der Wasseroberfläche strahlen die Tiere majestätische Überlegenheit aus. Gleichmäßig ziehen sie ihre Bahn und verbreiten eine beneidenswerte Ruhe. Könnten Sie allerdings als Taucher unter der Wasseroberfläche sehen, wie mit schnellen, teils hektisch anmutenden Bewegungen die Richtung gehalten wird, dann würde Ihnen sofort klar, wie viel Aufwand für den überlegenen Eindruck erforderlich ist. Ruhe zu verbreiten heißt also nicht, ruhig zu sein und nichts zu sagen.

Aus der Praxis:

Wenn der Vergleich aus dem Tierleben Sie nicht zur Nachahmung anregen kann, hier ein weiteres Beispiel, das wahrscheinlich jeder Geschäftsreisende schon erlebt hat.

Wir befinden uns auf einem Flughafen. Es herrschen Nebel und Glatteis, der Flugbetrieb wird gleich eingestellt werden. Der letzte Flug für heute wird abgefertigt. Die Reisenden stehen diszipliniert und gelassen in einer vorbildlichen Warteschlange – solange der nette Mitarbeiter hinter dem Tresen Ruhe ausstrahlt und lächelt. Wehe, er bricht in hektische, hilflose Bewegungen mit oder ohne

Telefon in der Hand aus, wehe, seine Stimme wird lauter oder schriller. In dem Moment verbreitet sich die Unruhe blitzartig über die ganze Schlange. Die ersten Drängler fallen unangenehm auf. Handys werden aktiviert. Laute Fragen ertönen über mehrere Meter Distanz. Die Zivilisation lässt erste Ausfallerscheinungen erkennen. Was ist geschehen? Wir konnten plötzlich unter die Wasseroberfläche sehen. Keine Spur mehr von Haltung und Ruhe. Das Vorbild hinter dem Schalter hatte sich verabschiedet.

Das dritte V: Vorbeugen

Gehen Sie Probleme an, solange sie sich noch leicht lösen lassen. Handeln Sie, wenn Sie Handlungsbedarf erkennen. Warten Sie nicht, bis alle reagieren, reagieren Sie vorher. Das setzt allerdings voraus, dass Ihr Informationssystem funktioniert. Informationen erhalten Sie mittlerweile eher zu viel als zu wenig. Eine verlässliche Informationsquelle sind immer noch die eigenen Mitarbeiter, deren Informationsnetze im Unternehmen abteilungsüberschreitend funktionieren. Voraussetzung ist allerdings, dass Ihre Mitarbeiter Ihnen vertrauen.

Wie Sie vorbeugend und professionell reagieren – dazu mehr im nächsten Kapitel.

Tipps für Ihren Erfolg:

Stellen Sie die richtigen Fragen.

Lesen Sie die entscheidenden Informationen.

Kümmern Sie sich um Ihr direktes Umfeld.

Beugen Sie Problemen vor.

Geben Sie ein Vorbild.

Bleiben Sie Sie selbst, verbiegen Sie sich nicht.

Wo stehen Sie und Ihre Mitarbeiter?

Leitfragen:

Was bedeutet Mitarbeiterführung?
Was erwarten Ihre Mitarbeiter von Ihnen?
Wo stehen Sie persönlich?
Mit welchen Mitarbeitern haben Sie es zu tun?
Wie können Sie sich Ihren Mitarbeitern gegenüber verhalten?
Welcher Führungsstil passt?

Sie übernehmen nun Verantwortung für eine Gruppe von Menschen, von denen jeder seine eigenen Vorstellungen und Haltungen pflegt. Gleich, ob es sich um eine Gruppe, ein Team oder eine Ansammlung von Einzelkämpfern handelt: Sie möchten, dass diese Mitarbeiter mit Ihnen gemeinsam Nutzbringendes unternehmen.

Was bedeutet Mitarbeiterführung?

Bevor wir herausarbeiten, wie Sie am besten führen, wollen wir zunächst klären, was Mitarbeiterführung eigentlich beinhaltet. Was halten Sie von folgender Definition?

Mitarbeiterführung ist die Kunst, andere Menschen dazu zu bewegen, das, was man von ihnen erwartet, gern zu tun.

Dieser Definition zufolge sind Sie also ein Künstler, Ihre Kunst ist der Umgang mit Menschen. Vielleicht konnten Sie sich bereits durch die Erziehung von Kindern mit dieser Aufgabe vertraut machen. Dann haben Sie – im Erfolgsfall – gelernt, die lieben Kleinen dazu zu bewegen, das zu tun, was Sie von Ihnen erwarten, und, wenn Sie wirklich gut waren, es gern zu tun. Sie weisen nun sicher zu Recht darauf hin, dass man Kinder nicht so ohne weiteres mit erwachsenen Menschen gleichsetzen sollte. Aber fühlen sich bei näherem Hinsehen nicht alle Menschen am wohlsten, wenn sie etwas gern tun, wenn sie bei der Tätigkeit eine persönliche Herausforderung spüren und wenn sie dafür Anerkennung bekommen?

Dies muss man als »Vorgesetzter« wissen. Wenn Sie Menschen führen möchten, gleich welchen Alters, dann sollten Sie wissen, was diese am besten können – und wie sie am ehesten gefordert (=gefördert) werden können. Dies müssen Sie Schritt für Schritt klären. Die nachfolgend erörterten Leitfragen können Ihnen dabei helfen.

Was erwarten Ihre Mitarbeiter von Ihnen?

Welchen Führungs- oder Managementstil erwarten Ihre Mitarbeiter von Ihnen? Beantworten Sie zunächst eine direkte Frage: Fühlen Sie sich eher als Manager oder als Führungspersönlichkeit? Ihre Gegenfrage wird lauten: Ist das nicht dasselbe? Gelegentlich erwachsen aus dem militärischen Umfeld ganz nützliche Einsichten, wie zum Beispiel diese Bemerkung des amerikanischen Generals Rickover zeigt: »You manage things, but you lead people.« Man »managt« Dinge – aber Menschen führt man. Daraus erklärt sich auch, warum viele gute Manager nicht unbedingt gute Führungskräfte sind. Auf der anderen Seite gibt es natürlich auch begabte Führungspersönlichkeiten, deren Managementfähigkeiten nicht ganz so stark entwickelt sind. Ideal ist es, wenn Sie beide Fähigkeiten beherrschen.

Doch die Fähigkeit allein reicht zum Führen nicht aus: Sie müssen auch führen wollen. Viele qualifizierte Fachkräfte wurden zum Chef befördert, spüren aber im tiefen Innern, dass sie eigentlich ungern andere führen. »Ich kann den Kollegen doch schlecht sagen, was sie machen sollen. Das wissen die doch selbst am besten. Was denken die denn jetzt von mir?« Halt, das bringt Sie nicht weiter! Wenn Sie Führungskraft sind, dann zeigen Sie bitte auch unmissverständlich, dass Sie führen wollen! Sie bieten Ihren Kollegen sonst sehr schnell einen mitleiderregenden Eindruck. »Er fühlt sich nicht richtig wohl in seiner Rolle, das sieht man ihm direkt an«, ein Satz, den Sie vielleicht auch schon von Geführten gehört haben. Im Geschäftsleben ist Sympathie etwas Schönes, Mitleid allerdings ist tödlich für die Karriere. Lehnen Sie die Beförderung zum Vorgesetzten lieber ab, wenn Sie sich in der Rolle des Fachspezialisten wohler fühlen, egal, was Ihr Lebensabschnittspartner zu dieser Entscheidung sagt. Wenn Sie nicht »der Typ« sind, der sich zum Vorgesetzten eignet, dann kann auch eine neue Visitenkarte an dieser Tatsache nichts ändern.

Wagen Sie es ruhig, den für Sie falschen Weg nicht zu beschreiten. Für diese Entscheidung ist wirklich Mut erforderlich. Vor allem in einer Gesellschaft, in der Karriere mit linearem Aufstieg gleichgesetzt wird, mit einem »Hochklettern auf der Karriereleiter«. Ihre Gesundheit – und irgendwann auch Ihre Familie – wird es Ihnen danken.

Aber Sie gehören bestimmt zu den geeigneten Personen, sonst würden Sie ja dieses Buch nicht lesen. Vielleicht wollen Sie sogar schon Ihren eigenen Nachfolger aufbauen oder Nachwuchsführungskräfte heranziehen, weil das Wachstum in Ihrem Unternehmen mit atemberaubender Geschwindigkeit fortschreitet. Geben Sie den betroffenen Mitarbeitern zuallererst den Tipp, nicht dem Club der Jammerer beizutreten, dem einzigen Club, der keine Mitgliedsbeiträge erhebt und der stetig steigende Mitgliederzahlen verzeichnet.

Jammerer sind jene Mitmenschen, die sich permanent beklagen, nichts gegen den Trend, »die da oben«, die Ungerechtigkeit in dieser Welt und überhaupt tun zu können. Weisen Sie diese Mitarbeiter auf eines hin: Erstens bestimmen wir alle den Trend durch unser eigenes Verhalten, unsere Entscheidungen und unsere Taten mit – und zweitens gehört zum Jammern und Wehklagen weniger Intelligenz als zum Machen und Verändern. Führen Sie doch einmal den »Jammertest« durch: Stellen Sie sich zu einer Gruppe von Menschen und jammern Sie über ein »trauriges Thema« mit. Sie werden sehen, dass Sie sofort akzeptiert sind. Fragen Sie sich dann anschließend, ob Sie gern gemeinsam mit diesen Personen arbeiten würden.

Führen Sie Ihre Mitarbeiter – zum Erfolg. Sie werden als Chef nicht die ganze Welt verändern können, aber einige Mitarbeiter durch Ihr Vorbild in ihrer weiteren beruflichen und vielleicht sogar privaten Entwicklung beeinflussen. Vielleicht erinnern Sie sich noch an ehemalige Vorgesetzte, die Ihnen als Vorbild dienten und

Ihnen auf Ihrem Weg weiterhalfen. Erinnern Sie sich noch an deren besondere Eigenschaften? Besitzen Sie diese auch?

Testen Sie Ihre Führungspersönlichkeit

Kreuzen Sie Zutreffendes an:

		Ja	Nein
1.	Ich zwinge mich zuzuhören.	❑	❑
2.	Ich verzichte auf Ausreden und Alibis.	❑	❑
3.	Starke Persönlichkeiten schüchtern mich nicht ein.	❑	❑
4.	Ich habe Utopien, bleibe aber Realist.	❑	❑
5.	Ich gönne anderen ihren Erfolg.	❑	❑
6.	Ich arbeite ständig daran, mich noch besser verständlich zu machen.	❑	❑
7.	Ich gebe mein Bestes für mein Unternehmen, aber nicht mein Leben.	❑	❑
8.	Ich übernehme die Verantwortung für meine Aufgabe.	❑	❑
9.	Ich kann mich neben mich stellen – und über mich lachen.	❑	❑
10.	Ich weiß, dass ich die anderen brauche.	❑	❑

Je öfter Sie mit einem entschlossenen »Ja« antworten konnten, desto stärker ist Ihre Führungsbegabung, desto eher werden Sie zum Vorbild.

Vorbild klingt gut, sagen Sie. Aber was erwarten Ihre Mitarbeiter denn nun wirklich von Ihnen?

Das erwarten Ihre Mitarbeiter von Ihnen

In acht Punkten lässt sich zusammenfassen, was Mitarbeiter erwarten. Wir werden in den nächsten Kapiteln immer wieder auf diese Aspekte stoßen.

Entwickeln Sie Ihre Mitarbeiter weiter

Helfen Sie den Ihnen anvertrauten Menschen, sich zu verbessern. Wenn Ihre Mitarbeiter sich weiterentwickeln, werden auch Sie stärker gefordert – und entwickeln sich automatisch selbst weiter. »Ich möchte mich eigentlich in der Abteilung entbehrlich machen können. Wenn alles ohne mich läuft, dann könnte ich mich dem nächsten interessanten Ziel zuwenden.« Könnte der Satz von Ihnen stammen, oder sind Sie noch nicht so weit in Ihrer Bewusstseinsbildung? Dann legen Sie den Satz auf »Wiedervorlage« und lesen Sie ihn noch einmal in zwei Jahren. Es wurden schon erfolgversprechende Karrieren »eingefroren«, weil der Stelleninhaber unersetzlich war – und deshalb seine Funktion nicht verlassen konnte.

Seien Sie Profi in Fragen der Kommunikation

Vermitteln Sie Ihre Botschaften eindeutig – und sorgen Sie dafür, dass Ihre Mitarbeiter ebenfalls professionell kommunizieren. (Die Auswertung von Voicerecordern nach Flugunfällen zeigt übrigens, dass die meisten Flugzeugabstürze durch Kommunikationsprobleme im Cockpit verursacht werden. Hier haben Fachleute aneinander vorbei geredet). Viele Gespräche im Geschäftsleben ließen sich auf einen Bruchteil der verwendeten Zeit reduzieren, wenn Redundanzen und Schleifen vermieden würden. Lassen Sie doch einmal ein Aufnahmegerät bei einem Ihrer Gespräche mitlaufen. Sie werden vielleicht selbst erschrecken, wie unklar und doppeldeutig manches formuliert wurde. Vor allem stellen Sie fest, wie »schwammig« Ihre Aussagen und Anweisungen bei Themen werden, bei denen Sie selbst nicht ganz sicher sind, um was es eigentlich geht. Geben Sie Ihren Mitarbeitern ein Vorbild in der zielgerichteten Kommunikation.

Für eine Führungskraft sollte es eigentlich selbstverständlich sein, dass sie zweisprachig operiert – bei Bedarf in ihrem regionalen Dialekt und ansonsten in Hochdeutsch. Nicht jeder Mitarbeiter stammt aus demselben Postleitzahlengebiet. Missverständnisse oder »Nicht-richtig-Verstehen« aufgrund eines starken Dialekts ist ganz originell in Heimatfilmen, im Berufsleben allerdings unpassend. Und wie wollen Sie sich im Rahmen der Globalisierung und Internationalisierung mit bayrischem, fränkischem, schwäbischem oder sächsischem Englisch, Französisch oder Esperanto eindeutig verständlich machen?

Hier entsteht häufig eine Situationskomik, die Anlass zu einem Kabarettprogramm geben könnte.

Seien Sie Coach

Vom Fußball her wissen Sie, dass der Coach – glücklicherweise – nicht selbst mitspielt. Seine vornehmste Aufgabe aber ist die strategische Planung und das richtige Einschätzen der Fähigkeiten seines Teams. Der Coach macht jeden Spieler auf seine Stärken, seine Schwächen, seine Möglichkeiten und eventuell drohende Gefahren aufmerksam. Gemeinsam mit ihm macht er sich Gedanken über die Verbesserung der Leistungen des Spielers und die Steigerung seines Marktwertes. Denken Sie bitte daran: Sie werden jetzt nicht mehr dafür bezahlt, Dinge zu erledigen, sondern dafür, dass Dinge erledigt werden. »Wenn er sich nicht dauernd einmischen würde, dann wären wir schon längst fertig«, so der Stoßseufzer eines Mitarbeiters, nachdem sein Chef (Firmengründer) den Raum verlassen hat. Spielen Sie nicht mit, aber beobachten Sie vom Spielfeldrand die Gesamtsituation, ahnen Sie Entwicklungen voraus und steuern Sie rechtzeitig gegen. Sie sind der Dienstleister Ihrer Mitarbeiter, Sie sind dafür verantwortlich, dass »das Spiel läuft«.

Seien Sie die treibende Kraft

Das heißt nicht, dass Sie wie ein Sklaventreiber auftreten, sondern eher als positiver Unruhestifter. »Als er den Raum betrat, legte sich eine düstere Stimmung auf die Gemüter der Anwesenden.« Ein solcher Satz sollte eine Situation in einem Kriminalroman charakterisieren, nicht aber Ihren Führungsstil. Sorgen Sie dafür, dass es immer irgendwie weitergeht. So wie der (für das Fernsehpublikum unsichtbare) Animateur bei einer Talkshow, der mit Gesten und Händeklatschen für »Action« sorgt. Gute Stimmung zu erzeugen, ohne Stimmungskanone zu sein, das könnte ein persönliches Ziel sein.

Ebnen Sie Ihren Mitarbeitern Wege

Bereiten Sie Wege vor, ohne die genaue Richtung vorzugeben. Seien Sie kein Bildhauer, der seine Mitarbeiter nach seinem Vorbild formt. (So entsteht nur eine gemeißelte Kopie Ihrer selbst, ein schrecklicher Gedanke, oder?) Seien Sie eher wie der Gärtner, der optimale Wachstumsbedingungen für seine »Pflänzchen« schafft. Dazu müssen Sie aber die Voraussetzungen für deren »Gedeihen« genau kennen, vor allem, wenn Sie es mit unterschiedlichen Gewächsen zu tun haben. Jeder Mitarbeiter hat andere persönliche Vorstellungen, informieren Sie sich darüber. Jeder hat seine individuelle Sensibilitätsschwelle, die Sie beachten müssen, wenn Sie langfristig erfolgreich mit Ihren Mitarbeitern zusammenarbeiten wollen.

Seien Sie der Anwalt Ihrer Mitarbeiter

Vertreten Sie sie, verteidigen Sie sie und empfehlen Sie ihnen vielleicht hin und wieder eine andere Strategie. Als Vorgesetzter haben Sie die Pflicht, auf Wege aufmerksam zu machen, die in eine Sackgasse führen. Leidet Ihr Mitarbeiter unter Kommunikationsproblemen, dann helfen Sie ihm, diese zu überwinden. Reden Sie offen mit ihm über erlebte Situationen. Üben Sie in einem gemeinsamen Rollenspiel, wie seine Kommunikation verbessert werden kann. Wie der Anwalt, der dafür sorgt, dass sein Mandant das richtige Auftreten vor Gericht einübt, sollten Sie dafür sorgen, dass Ihre Mitarbeiter optimal auftreten können, professionell und angenehm. Werden Ihre Mitarbeiter angegriffen, stellen Sie sich schützend vor sie. Sorgen Sie anschließend dafür, dass die Ursache der Angriffe beseitigt wird – oder klären Sie die Situation, wenn es sich um Missverständnisse handelt.

Bremsen Sie die Bürokratie aus

Durchforsten Sie den Paragrafen- und Vorschriftendschungel und räumen Sie gnadenlos auf. Die Ballaststoffe einer Organisation waren früher an den Farben der Durchschläge zu erkennen. Im

Zeitalter der E-Mails steht die Anzahl der »Durchschläge« im CC-Feld. Misten Sie aus. Stellen Sie Organigramme regelmäßig infrage. Machen Sie sich klar: Es gibt keine dynamischen Organisationen, sondern nur dynamische Mitarbeiter. Seien Sie auch hier ein Vorbild.

Reißen Sie Barrieren ein

Beseitigen Sie die Hindernisse, die sich Ihnen in den Weg stellen. Lassen Sie sich nicht aufhalten in Ihrem Drang, gemeinsam mit Ihren Mitarbeitern alles besser zu machen.

Bevor Sie bei der Befolgung der letzten beiden Punkte mit dem Strafrecht in Konflikt kommen, lassen Sie uns diese Themen lieber genauer beleuchten. Mit der Absicht, als Bürokratiebremse und Barrierenbrecher zu wirken, nehmen Sie ein Blatt Papier zur Hand und listen all die Punkte auf, die Sie an Ihrem Arbeitsplatz stören. Das fällt Ihnen am Anfang Ihrer Tätigkeit am leichtesten, da Sie sich noch nicht an »Traditionen« gewöhnt haben. Schreiben Sie beispielsweise auf, welche Firmenrichtlinien, Vorschriften, Auflagen, Leitfäden und Verordnungen Ihrer Meinung nach hinderlich oder sogar nutzlos sind. Wenn Sie Abläufe hinterfragen, werden Sie häufig feststellen, dass manche Vorgänge einfach nur deshalb ausgeführt werden, weil das schon immer so gemacht wurde.

Aus der Praxis:

Ein neuer Abteilungsleiter lässt sich von seinen Mitarbeitern den Weg eines Lieferscheins durch das Unternehmen erläutern. Als er fragt, warum dieser so viele Zwischenstationen durchläuft, erfährt er recht plausibel klingende Gründe. Aber er ist ganz neu im Unternehmen und deshalb noch neugierig. Er zeichnet den Ist-Stand auf, daneben seinen Vorschlag (der zugegebenermaßen etwas laienhaft wirkt), und beruft dann eine Zusammenkunft aller zuständigen Mitarbeiter ein. Zur allgemeinen Überraschung stellt man fest, dass jede Abteilung von Basisdaten ausgegangen ist, die bereits vor geraumer Zeit geändert worden sind. Da man sich nie wegen solcher »Selbstverständlichkeiten« zusammengesetzt hat (»dafür haben wir keine Zeit«), sind jahrelang Zeit und Energie sinnlos verschwendet worden. Der »Neue« gibt anschließend zu, dass auch er sich in drei bis vier Wochen an den Ablauf gewöhnt hätte – und dann bestimmt den Vorgang nicht mehr hinterfragt hätte. Betriebsblindheit setzt schneller ein, als man glaubt.

Notieren Sie auch, was Ihnen am Firmensitz selbst nicht gefällt, wo Ausrüstung und Werkzeuge nicht ausreichen, wo es Lieferprobleme gibt, was Ihnen an der Unternehmensstruktur nicht gefällt – kurz alles, was Sie ändern würden, wenn Sie nur könnten. Nachdem Sie Ihre Träume zu Papier gebracht haben unter dem Motto: »Was ich an meinem Arbeitsplatz alles ändern möchte«, teilen Sie die Informationen auf in zwei Rubriken: in Interessensgebiete und in Einflussbereiche. In die Rubrik Interessensgebiete gehört alles, was für Sie von Bedeutung ist, was Sie aber nicht selbst ändern können, auch nicht mithilfe anderer. Zu den Einflussbereichen gehört, wie der Name bereits andeutet, alles, worauf Sie alleine oder mithilfe anderer Einfluss nehmen können, sprich, es ändern können.

Interessensgebiete	**Einflussbereiche**

Und nun legen Sie los. Räumen Sie auf. Sie haben Angst davor, aufzufallen oder anzuecken? Warum hat man Sie eigentlich als Chef ausgewählt? Damit sich nichts ändert? Arbeiten Sie für eine »Behörde«? Jetzt haben Sie die echte Chance, die Dinge zu verändern, die Sie doch selbst als störend empfinden. Legen Sie los! Und vergessen Sie eins nicht: Sie erhalten leichter Vergebung als eine Genehmigung.

Wenn Sie bei Ihrer Analyse des Ist-Zustands feststellen, dass Sie Dinge nicht alleine verändern können, suchen Sie sich Verbündete, die von Ihrer Idee ebenfalls profitieren könnten.

Wo stehen Sie persönlich?

Um die Frage »Wo stehen Sie und Ihre Mitarbeiter« zu beantworten, sollten Sie mit sich selbst beginnen. Um Ihnen die eigene Einschätzung leichter zu machen, finden Sie auf Seite 43 eine Tabelle, mit deren Hilfe Sie sich selbst beurteilen können. Kreuzen Sie ohne langes Nachdenken an, was auf Ihre Person zutrifft. Spontane Antworten kommen der Wahrheit immer am nächsten.

Nun werten Sie den Teil aus (Seite 44). Addieren Sie zuerst die normal geschriebenen Werte zum so genannten Förmlichkeitsergebnis auf. Anschließend machen Sie dasselbe mit den fett hervorgehobenen Werten für das so genannte Bestimmtheitsergebnis. Dividieren Sie die Resultate jeweils durch 10, markieren Sie das Ergebnis in der nachfolgenden Tabelle auf der zutreffenden Linie und kreuzen Sie dann den Schnittpunkt an.

Wenn Sie nach der Auswertung ganz rechts unten mit Ihrem Kreuz landen, dann sollten Sie Ihre Zukunft lieber nicht an eine Vorgesetztenrolle knüpfen. Je höher Ihr Kreuz nach links oben steigt, desto größer sind jedoch Ihre Erfolgschancen.

Diese Fähigkeiten sollten Sie als Führungspersönlichkeit mitbringen:

- das Engagement, Dinge zu verwirklichen,
- die Fähigkeit, das Ziel im Auge zu behalten,

- den Willen, anderen zum Erfolg zu verhelfen,
- das Gefühl dafür, zum richtigen Zeitpunkt zu motivieren.

Wie sehe ich mich selbst?

Kreisen Sie für jede der 20 Eigenschaften eine der Ziffern 1–4 ein. Füllen Sie den Selbsttest zügig aus und lassen Sie sich von Ihrem ersten Eindruck leiten.

ICH:

bin eher spontan	1	2	3	4	bin eher abwägend
bin eher personenorientiert	1	2	3	4	bin eher aufgabenbezogen
bin eher schlecht organisiert	1	2	3	4	bin eher gut organisiert
bin eher gefühlvoll	1	2	3	4	bin eher kühl
bin eher gesellig	1	2	3	4	bin eher Einzelgänger
bin eher impulsiv	1	2	3	4	bin eher überlegt
bin eher ziellos	1	2	3	4	bin eher zielgerichtet
bin eher ausdrucksvoll	1	2	3	4	bin eher reserviert
bin eher locker	1	2	3	4	bin eher förmlich
bin eher flexibel	1	2	3	4	bin eher unflexibel
bin eher freimütig	1	2	3	4	bin eher zurückhaltend
bin eher dominant	1	2	3	4	lasse mich eher führen
bin eher extrovertiert	1	2	3	4	bin eher introvertiert
treffe eher Aussagen	1	2	3	4	stelle eher Fragen
bin eher entschlossen	1	2	3	4	bin eher zögernd
bin eher mitteilungsbedürftig	1	2	3	4	bin eher schweigsam
bin eher der Initiator	1	2	3	4	bin eher der Ausführer
bin eher aktiv	1	2	3	4	bin eher passiv
bin eher eine Führernatur	1	2	3	4	lasse mich eher führen
bin eher gesprächig	1	2	3	4	bin eher ein guter Zuhörer

Testauswertung

»Förmlichkeitsergebnis« = Summe / 10: ____________

»Bestimmtheitsergebnis« = Summe / 10: ____________

Informell

Bestimmt

		1	
		2	
1	2	3	4
		4	

Passiv

Formell

(Waagerecht = Bestimmtheit, senkrecht = Förmlichkeit)

Mit welchen Mitarbeitern haben Sie es zu tun?

Verhaltensweisen zu klassifizieren ist nicht ganz unproblematisch, da natürlich jeder Mensch jeweils ganz eigene Muster für seine Reaktionen und sein Handeln entwickelt. Dennoch haben Verhaltensforscher so etwas wie Grundkonstanten herausgearbeitet, die sich bei den meisten Menschen, zumindest in Anteilen, wiederfinden. Als Vorgesetzter sollten Sie einen Überblick über diese haben, denn sie erlauben eine grobe Orientierung. Sie werden vielleicht sagen, dass man Menschen nicht in Schubladen stecken sollte. Das ist durchaus richtig. Aber manchmal helfen solche Schubladen im Alltag, schnellere Entscheidungen treffen zu können. Es gibt vier Grundmuster, mit denen Sie in Ihrer Rolle zu tun haben:

- den Fahnenträger,
- den Kumpel,
- den Analytiker,
- den Befehlshaber.

Was die einzelnen Typen charakterisiert und wie Sie am besten mit Ihnen umgehen, das zeigt die Tabelle auf Seite 46. Und da Sie eine gute Führungspersönlichkeit sind, werden Sie wahrscheinlich die letzte Zeile zur Leitlinie Ihres Handelns werden lassen.

Warum können die Menschen nicht alle gleich sein? Gleich logisch, gleich diszipliniert, gleich freundlich, gleich höflich, gleich langweilig? Genau das wäre es, langweilig.

Gehen Sie davon aus, dass jeder sein Bestes gibt – auf seine Art und Weise. Selbst der Kämpfer-Typ, der wie in einem Rambo-Film auftritt. Erschließen Sie seine Motive, achten Sie auf seine Wortwahl. Er will nur Gutes tun – auf seine Weise. Genauso wie der Analytiker, der Ihnen vielleicht ob seiner Genauigkeit »auf den Geist geht«, weil Sie eher der »Laisser-faire«-Typ sind. Betrachten Sie jeden Ihrer Mitarbeiter aus seiner Sicht, dann verstehen Sie seine Motive und Beweggründe. So wie Eltern ihre Sprösslinge betrachten und feststellen, dass alle irgendwie anders (selbstverständlich nett und brav) sind.

Wie können Sie sich Ihren Mitarbeitern gegenüber verhalten?

Sie wissen nun also, dass jeder Ihrer Mitarbeiter Stärken und Schwächen besitzt, so wie Sie auch. Wie gehen Sie mit diesem Wissen um? Was können Sie mit dieser Erkenntnis anfangen? Lernen Sie von berühmten Menschen.

Benjamin Franklin haben wir ein ebenso schlichtes wie wirksames Instrument der Personalführung zu verdanken. Der amerikanische Präsident beherzigte bei der Auswahl seiner Mitarbeiter eine einfache Regel. Er konzentrierte sich auf ihre Stärken und setzte sie entsprechend ihrer »Vorzüge« ein.

Die vier Typen von Mitarbeitern

	»Fahnenträger«	»Kumpel«	»Analytiker«	»Befehlshaber«
Woran Sie sie erkennen	… können andere leicht begeistern	… sind sehr hilfsbereit	… sammeln viele Fakten, sind methodisch	… sind von ihrer Meinung überzeugt; haben Willensstärke
Wie sie fragen	Wer? (personenorientierte Fragen)	Warum? (personenunabhängige Fragen)	Wie? (technisch-analytische Fragen)	Was? (ergebnisorientierte Fragen)
Was sie ablehnen	Langweilige Ausführungen; Zeit mit Fakten zu vergeuden	Ablehnung, verständnisloses Verhalten	Fehler zu machen; unvorbereitet zu sein; Spontanität	Zeitdiebe und Leute, die für sie entscheiden wollen
Ihre Reaktion bei Druck und Anspannung	… suchen nach Argumenten und verteidigen sich	… werden ruhig; ziehen sich zurück	… suchen noch mehr Daten und Fakten	… nehmen Dinge in die Hand und übernehmen die Kontrolle
Wie Sie mit ihnen auskommen	Begeistern Sie sich mit ihnen, zeigen Sie Ihre Gefühle	Unterstützen Sie sie, zeigen Sie, dass Sie Anteil nehmen.	Stellen Sie ihnen viele Informationen zur Verfügung	Überlassen Sie ihnen die Führung
Suchen Anerkennung durch	Zustimmung, Feedback, Lob	Freunde, enge Beziehungen	Aktivitäten, die zu Ergebnissen führen	Ergebnisse
Worauf sie Wert legen	Schnell vorwärts zu kommen; herausgefordert zu werden	Einfühlsamkeit und Anteilnahme von Ihrer Seite	Entscheidungen nicht unter Zeitdruck treffen zu müssen	Herausforderungen und konkurrieren zu können
Sie verbessern sich durch	Anerkennung und einen strukturierten Weg zum Ziel	Nahziele und Methoden zur Erreichung der einzelnen Endziele	Kommunikation und Kontakte	eine Position, die die Zusammenarbeit mit anderen voraussetzt
Was sie nicht verlieren wollen	Energie: Sie vertrauen mehr auf ihren Instinkt als auf Recherche	Beziehungen: Freunde bedeuten ihnen viel	Das Gesicht: Sie hassen es, nicht genug Informationen zu haben	Zeit: Sie lieben es, effizient zu arbeiten
Ein guter Führer von Mitarbeitern wird	sie zu größeren und anspruchsvolleren Aufgaben ermuntern	sich um sie kümmern, Details liefern, konkrete Aktivitäten anregen	eine Struktur vorgeben, der Folge geleistet werden soll	sie Dinge auf ihre Art und Weise tun lassen

Stärken nutzen

Machen Sie es doch einfach so wie Benjamin Franklin. Notieren Sie die Stärken und die Schwächen jedes einzelnen Mitarbeiters. Vielleicht finden Sie, einer Ihrer Leute geht »zu sehr ins Detail«. Ist das eine Schwäche? Zuerst ist es eine – hoffentlich genau beobachtete – Eigenschaft. Wenn dieser Mitarbeiter in der Qualitätskontrolle oder der Revision beschäftigt ist, dann ist diese Eigenschaft auf jeden Fall als Stärke zu sehen. Ein Mitarbeiter, der zum Sarkasmus neigt, ist für den Vertrieb allerdings wohl weniger geeignet als für eine Tätigkeit, die weniger Personenkontakt erfordert.

Ihre Aufgabe ist es nun, relativ schnell eine Analyse für Ihre Abteilung durchzuführen. Dabei konzentrieren Sie sich zuerst auf die Stärken, um die Mitarbeiter dementsprechend optimal einzusetzen. Sie werden in einer bestehenden Abteilung wahrscheinlich nicht alles am ersten Tag umkrempeln können. Wichtig ist, dass Sie die Erkenntnisse aus Ihrer Analyse zur Basis für die zukünftige Aufgabenverteilung machen. Im anschließenden zweiten Schritt betrachten Sie die Schwächen, um dann festzulegen, mit welchen Maßnahmen der Personalförderung und Weiterbildung Sie Gutes tun können.

Die Benjamin-Franklin-Methode

Stärken	Schwächen
Ist intelligent	Ist faul
Denkt logisch	Ist sarkastisch
...	Ist zu kritisch
	Zeigt keine Initiative
	Geht zu sehr ins Detail
	...

Schwächen ausgleichen

Welche Maßnahmen können helfen, Schwächen auszugleichen? Zum Ersten die klassische Weiterbildung mit firmeninternen oder offenen Seminaren. Bieten Sie Ihren Mitarbeitern offene Seminare an, dann kommen von dort vielleicht neue Ideen ins Haus. Zumindest eher als durch firmeninterne Seminare, bei denen sich Bekannte in vertrautem Ambiente treffen. Andererseits lassen sich bei firmeninternen Seminaren lösungsbezogene Übungen eher zielorientiert ohne fremdes Publikum durchführen. Versprechen Sie sich nicht zu viel von Seminaren. Wenn die dort vermittelten neuen Erkenntnisse nicht unmittelbar im Unternehmen umgesetzt werden können, dann ist es schade um Zeit und Geld. Zudem wird der Mitarbeiter frustriert, weil er den Unterschied zwischen »gut« und »noch viel besser« sieht.

Der Grund für die »Versandung« von neuen Denkansätzen liegt häufig schon in der Begrüßung des Rückkehrers vom Seminar: »Sie werden doch jetzt nicht alles umkrempeln wollen, hahaha?« oder »Schauen wir mal, was Sie wohl alles ändern können.« Wenig ermutigend, oder? Das Problem ist vorhersehbar. Eine einzelne Person auf ein Seminar zu schicken, in der Hoffnung, dass anschließend Abläufe im Unternehmen verbessert werden können, ist so naiv wie der Glaube, dass das Lesen eines Wörterbuchs Sprachprobleme im nächsten Urlaub verhindert. Wenn sich etwas ändern soll, dann müssen alle denselben Blickwinkel auf Problem und Lösung entwickelt haben.

Sie glauben, nicht mit der ganzen Abteilung an einem Seminar teilnehmen zu können? Sie fürchten die Kosten? Seien Sie kreativ in der Budgetgestaltung. Sie wollen einen Zeitverlust vermeiden? Dann nehmen Sie sich die Zeit gemeinsam am Wochenende. Verpacken Sie es nett in einen gemeinsamen »Event«, seien Sie erfindungsreich in der Vermarktung Ihrer eigenen Ideen.

Im äußersten Notfall können Sie auf elektronische Hilfsmittel zurückgreifen: CBT. Computer-based-Training erlaubt es dem Mitarbeiter, sich an seinem PC im Unternehmen oder zu Hause einen Wissensstand zu erarbeiten, der dann in einer gemeinsamen Veranstaltung als Grundlage für Entscheidungen und Änderungen dient.

Sollten Sie jetzt als letzten zaghaften Einwurf das Argument vorbringen, Ihre Mitarbeiter hätten zu Hause keinen PC, dann stellen Sie ihnen für die Dauer der »Maßnahme« einfach einen zur Verfügung.

Sie sehen da ein Problem, weil ...? Sind Sie immer noch sicher, die für eine Führungsposition erforderliche Durchsetzungskraft zu besitzen? Sie erlauben in dieser Frage ernsthafte Zweifel?

Ein funktionsübergreifendes Training ermöglicht den Blick über den Tellerrand des eigenen Tätigkeitsbereiches und setzt oft erstaunliche und überraschende Einsichten frei. In vielen Firmen ist das Wissen um die Funktion und die Tätigkeit anderer Abteilungen (abgeteilt von den anderen) oft unterentwickelt. Wenn jeder Softwareentwickler einmal eine Woche bei einem Anwender seines Produktes mitarbeiten dürfte (oder müsste), dann könnten wir bestimmt eine andere Qualität von Programmen verzeichnen. Dasselbe gilt für die Verfasser von Bedienungsanleitungen. Auch Versicherungsklauseln und Beipackzettel würden aus neuem Blickwinkel wohl verständlicher formuliert werden, falls in diesen beiden Fällen überhaupt Interesse an mehr Klarheit besteht.

Orientierung geben

Persönliche Gespräche zur Feststellung der Wünsche und Neigungen eines Mitarbeiters geben oft interessante Anregungen für die Weiterentwicklung der Person, vor allem, wenn solche Gespräche nicht zum Führungsverständnis Ihres Vorgängers gehörten. Eine weitere Maßnahme kann sein: Gespräche über die Verbesserung von Organisationsabläufen. Denken Sie immer daran: SIE sorgen dafür, dass die vorgegebenen Ziele erreicht werden. Dazu brauchen Sie Ihre Mitarbeiter mit all ihrer Unterstützung. Und wenn ein Mitarbeiter feststellt, dass er, vielleicht zum ersten Mal in seinem Leben, von einem Vorgesetzten gefördert wird, dann wird dieser Mitarbeiter sich Ihnen gegenüber besonders verpflichtet fühlen.

Die Benjamin-Franklin-Methode		
Stärken	Schwächen	Maßnahmen

Die obige Tabelle sollten Sie einmal wöchentlich in die Hand nehmen und die Verbesserungen notieren, sodass die Eigenschaften auf der Schwächen-Seite abnehmen und die auf der Stärken-Seite zunehmen. Dabei ist immer zu berücksichtigen, dass Menschen sich

Mitarbeiter			Datum
	Vorschläge	Durchführung	Erledigt
1. Stellen Sie fest, wo sich der Mitarbeiter befindet			
2. Legen Sie die individuellen Ziele und Erwartungen fest			
3. Entwickeln Sie einen Plan zur Erreichung dieser Ziele			
4. Beurteilen Sie die Leistung des Mitarbeiters			
5. Geben Sie Feedback			

Wählen Sie aus den unten angegebenen Antworten jeweils die aus, die auf Ihre Mitarbeiter zutreffen.
Kreisen Sie den betreffenden Buchstaben rechts ein.

1. Das Durchschnittsalter meiner Mitarbeiter liegt bei A) 20-25 B) 25-30 C) 30-35 D) 35-40 E) 40+ Jahren — A B C D E
2. Die durchschnittliche Dienstzeit meiner Mitarbeiter in diesem Unternehmen beträgt A) weniger als 1 Jahr B) 1-2 C) 2-5 D) 5-10 E) 10+ Jahre — A B C D E
3. Die durchschnittliche Dienstzeit in dieser Abteilung beträgt A) weniger als 6 Monate B) 6-12 Monate C) 1-2 Jahre D) 2-5 Jahre e) 5+ Jahre — A B C D E
4. Jahre der berufsbezogenen Ausbildung (Durchschnitt) A) 0 B) weniger als 1 C) 1-2 D) 2-3 E) 3+ — A B C D E
5. In meiner Firma sind ______ % der Mitarbeiter gewerkschaftlich organisiert A) 0 B) 20 C) 50 D) 75 E) 100 — A B C D E
6. Meine Mitarbeiter verbringen _____ % ihrer Arbeitszeit gemeinsam in Projektarbeit A) 0 B) 25 C) 50 D) 75 E) fast 100 — A B C D E
7. Meine Mitarbeiter treffen sich auch nach der Arbeit A) nie B) einmal im Monat C) zweimal im Monat D) wöchentlich E) mehrmals wöchentlich — A B C D E
8. Zur Erledigung einer Aufgabe benötigen meine Mitarbeiter A) weniger als 5 Minuten B) 5-60 Minuten C) 1-2 Stunden D) 2-7 Stunden E) 7+ Stunden — A B C D E
9. ______ % der Arbeit in meinem Team wird unter großem Zeitdruck oder anderen erschwerenden Bedingungen erledigt A) 100 B) 75 C) 50 D) 25 E) fast 0 — A B C D E
10. _____ % der Arbeit meiner Mitarbeiter unterliegt strengen Auflagen und Qualitätskontrollen A) 100 B) 75 C) 50 D) 25 E) fast 0 — A B C D E

Auswertung: Wenn Ihre Antworten vorwiegend im Bereich A und B liegen, tendiert Ihr Team zum »Typ 1«. Liegen die Antworten hauptsächlich bei D und E, lässt sich Ihr Team eher beim »Typ 6« ansiedeln. Bestimmen Sie Ihren Führungsstil:

Situationsbezogener Führungsstil

Typ 1 ←——→ Typ 6

Typ 1	Typ 6
Weniger Erfahrung	Viel Erfahrung
Geringer Zusammenhalt	Starker Zusammenhalt
Hoher Stresslevel	Geringer Stresslevel

nur bedingt ändern lassen. So wird ein Marathonläufer nie den Rekord für Kurzstrecken brechen können. Aber einem Nichtläufer lassen sich durch Training doch beachtliche Reserven entlocken – immer vorausgesetzt, er hat den Willen und die Motivation, an seinem Ist-Zustand etwas zu ändern. Aber dazu später mehr.

Die Tabelle auf Seite 50 unten hilft Ihnen dabei, die Detailpläne für die Weiterbildung eines Mitarbeiters regelmäßig zu überprüfen und fortzuschreiben.

Welcher Führungsstil passt?

Zur richtigen Führung Ihrer Mitarbeiter benötigen Sie den »richtigen« Führungsstil. Dazu müssen Sie mehr über die von Ihnen Geführten wissen. Die Tabelle auf Seite 51 erleichtert Ihnen die Suche nach dem optimalen Führungsstil in Ihrer Abteilung.

Addieren Sie die A/B/C/D/E-Kreuze und stellen Sie fest, wo Ihre Arbeitsgruppe, Ihr Team, Ihre Abteilung sich befindet: irgendwo zwischen Typ 1 und Typ 6.

Zwischen Typ 1 und Typ 6 steht Ihnen die gesamte Bandbreite der Führungsmöglichkeiten offen.

Bei Typ 1 empfiehlt sich eher häufige Kommunikation als bei Typ 6, wohingegen bei Typ 6 die Übernahme von Alleinverantwortung weniger Probleme bereitet als bei Typ 1. Diese Grobeinteilung zeigt Ihnen am Anfang Ihres Einstiegs, mit welcher Gruppe von Menschen Sie es zu tun haben. Wie Sie die einzelnen Personen zielgerichtet führen, werden wir später noch sehen.

Typen von Teams	
Typ 1	Typ 6
Wenig Erfahrung Geringer Zusammenhalt Hoher Stresslevel	Viel Erfahrung Starker Zusammenhalt Geringer Stresslevel

Natürlich sind dies keine verbindlichen Vorschriften, wann Sie wie zu reagieren haben. Aber bleiben wir bei dem Vergleich mit dem Autofahrer. Jeder von uns hat seinen eigenen Fahrstil. Trotzdem reagieren wir alle, unabhängig vom persönlichen Stil, vorsichtiger, wenn sich Glatteis auf der Straße befindet. Wir passen uns der Situation an, wir reagieren situativ. Ob Sie allerdings einen Omnibus, einen Sportwagen oder eine Familienkutsche fahren, das herauszufinden, dazu dient die Einteilung in die Typen 1 bis 6.

Tipps für Ihren Erfolg:

Entwickeln Sie Ihre Mitarbeiter weiter.

Sorgen Sie für Änderungen.

Beurteilen Sie sich selbst – und dann die anderen.

Entwickeln Sie Ihren eigenen Führungsstil.

Die Sandwich-Position

Leitfragen:

Wie können Sie zwischen »oben« und »unten« überleben?
Wie können Sie das Verhältnis zu Ihrem Vorgesetzten gestalten?
Wie können Sie das Verhältnis zu Ihren Mitarbeitern gestalten?

Nehmen Sie sich einmal einen ruhigen Moment, um darüber nachzudenken, wie Sie sich in Ihrer neuen Position fühlen. Wahrscheinlich landen Sie bei Ihren Betrachtungen irgendwann bei einem alten Bild: Sie sitzen plötzlich zwischen vielen Stühlen. Sie können auch den Vergleich mit einem Hamburger heranziehen. Auf jeden Fall sind Sie nun in der Mitte, zwischen oben und unten – in der Sandwich-Position. Aber Sie sind, um im gastronomischen Bild zu bleiben, der beste Teil des Ganzen, die Füllung. Natürlich lassen sich auch alle Bestandteile einzeln verzehren, aber den optimalen Geschmack kann nur der genießen, der alles zusammen gleichzeitig in die Hand nimmt. Zugegeben, keine schöne Vorstellung: als Vorgesetzter verschlungen zu werden. Aber Sie werden sicher zustimmen, dass alle drei Schichten zusammen erst die optimale Kombination ausmachen: »oben« Ihr Chef, »unten« Ihre Mitarbeiter und dazwischen Sie.

Wie können Sie zwischen »oben« und »unten« überleben?

Wer ist wichtiger für Ihre Karriere? Ihr Chef oder Ihre Mitarbeiter? Beide. Sie brauchen beide, um das zu erreichen, was man von Ihnen erwartet: ein vereinbartes Ziel. Mit wie vielen Menschen haben Sie es nun in Ihrer Sandwich-Position zu tun? Mit *einem* Chef (mehr als einen Chef sollten Sie ohnehin nicht akzeptieren, alles andere funktioniert nur in ganz wenigen Ausnahmefällen ohne Reibungsverluste) und mit *mehr als einem* Mitarbeiter. Das heißt, die Mitarbeiter überwiegen. Mit ihnen werden Sie in erster Linie kommunizieren, sie werden den größten Teil Ihrer Zeit beanspruchen.

Wie können Sie das Verhältnis zu Ihrem Vorgesetzten gestalten?

Natürlich müssen Sie, außer zu Ihren Mitarbeitern, auch zu Ihrem Vorgesetzten ein gutes Verhältnis aufbauen. Denn schließlich bestimmt er die Rahmenbedingungen Ihrer Arbeit. Dazu sollten Sie zunächst einiges über die Person in Erfahrung bringen. Zum Beispiel, was sie befürwortet oder ablehnt. Was sind ihre Lieblingsthemen? Wohl jeder von uns hat Lieblingsthemen, für die er besonders zugänglich ist. Worüber regt sie sich am schnellsten auf? Welche Art der Berichterstattung bevorzugt sie? Sind es vorwiegend formelle, schriftliche Berichte? Oder kurze schriftliche Mitteilungen über den Status quo von Projekten und Aktivitäten? Oder sind es vorwiegend mündliche Mitteilungen oder formlose Mitteilungen? Schätzt sie die berühmten »Fünf Minuten auf dem Flur«? Oder E-Mails? Oder hat sie ein Faible für regelmäßige formelle Besprechungen? Oder ...? Denken Sie bitte daran, jeder von uns pflegt seinen eigenen Stil – und er steht zu ihm, sonst hätte er ihn ja bereits geändert.

Mit Vorgesetzten reden

Worüber können, dürfen, sollen Sie mit Ihrem Vorgesetzten eigentlich reden? Auf keinen Fall sollten Sie ihn mit Ihren Problemen belasten. Erzählen Sie ihm von Ihren Lösungen. Und wenn Sie etwas nicht alleine lösen können, dann bitten Sie ihn um Hilfe. Ein guter Chef wird Sie ohnehin fragen: »Was kann ich für Sie tun, damit Sie in Ihrem Job noch erfolgreicher werden?« Aber dazu mehr im nächsten Kapitel.

Ihr Chef braucht Sie, um seine Aufgaben zu erfüllen. Genauso, wie Sie Ihre Mitarbeiter zur Erfüllung *Ihrer* Aufgaben benötigen.

Wenn allen Beteiligten diese Grundvoraussetzungen klar sind, dann lässt sich ohne Hierarchiegerangel auf die jeweils definierten Ziele hinarbeiten. Wenn aber Positionen verteidigt werden, um Macht und Einfluss zu demonstrieren, dann leiden Effektivität, Betriebsklima, Motivation sowie die Zufriedenheit der Mitarbeiter und der Kunden. Und dass selbst eine Behörde von ihren »Kunden« lebt, denn sonst hätte sie ja ihre Existenzberechtigung verloren, sollte allen Beteiligten immer wieder vor Augen geführt werden.

Informationsschaltstelle

Übrigens gehört das Vermitteln solch einfacher Botschaften an die Mitarbeiter zu Ihrer Aufgabe, egal in welcher Branche Sie tätig sind. Aber wer vermittelt Ihrem Chef diese Botschaft, falls hier ein Informationsdefizit besteht? Auf eine einfache Frage gibt es eine einfache Anwort: Sie! Sie zucken zusammen? Nun, dann sind Sie vielleicht doch nicht so ganz die Idealbesetzung für die Chefstelle, dann sind Sie wohl eher der Typ »Befehlsempfänger«?

Informationen in beide Richtungen zu vermitteln, auch das ist ein Teil Ihrer Stellenbeschreibung. Kennen Sie Mitarbeiterstimmen über den nach oben hin katzbuckelnden Vorgesetzten? Vielleicht haben Sie selbst eine bestimmte Meinung über solche Menschen, falls Sie Ihnen je begegnet sind? Möchten Sie zur Gruppe der angepassten, allen Konflikten aus dem Weg gehenden Leute gehören? Na also. Als Chef erwartet man von Ihnen klare Stellungnahmen zu klaren Fragen. Es schadet Ihnen nicht, sich mit der Sprache der Diplomatie auseinander zu setzen, das Verpacken von Nachrichten ist oft wichtiger als die Nachricht selbst. Vermeiden Sie aber bitte Floskeln, die Ihnen niemand »abkauft«. Hüten Sie sich davor, Sprechblasen zu optimieren. Wir alle sind durch das Überangebot an Pseudoinformationen in den Medien sensibler für Worthülsen geworden. Setzen Sie Ihre Glaubwürdigkeit nicht aufs Spiel.

Den Austausch suchen

Wie häufig sollten Sie sich nun mit Ihrem Vorgesetzten treffen? Wenn Ihr Chef sich nicht festlegen will, beobachten Sie, wie er auf die Häufigkeit Ihres Erscheinens reagiert – und stellen Sie sich entsprechend darauf ein. Schön ist, wenn er Ihnen diese Frage selbst beantwortet. Achten Sie auf feine Unterschiede der Begrüßungsformeln: »Sie schon wieder?« und »Ach, sieht man Sie auch mal wieder?«

Nun ist Ihr Chef vielleicht nicht alleine der Chef, die Person, die alle Entscheidungen losgelöst von anderen treffen kann. Es gibt externe Faktoren, die seine Arbeit mehr oder weniger stark beeinflussen: die Geschäftsführung, der Aufsichtsrat, andere Führungskräfte, Gewerkschaften, behördliche Auflagen und gesetzliche Bestimmungen, Kundenanfragen und Kundenforderungen. Je mehr Sie über das Umfeld und die Probleme Ihres Chefs wissen, umso leichter fällt Ihnen das Verständnis für seine Situation. Hier hilft Ihnen auch die Gesprächs-Territoriums-Analyse (GTA), die im nächsten Kapitel beschrieben wird.

Ganz wichtig für das Verhältnis zu Ihrem Chef: Stehen Sie hinter ihm, verteidigen Sie ihn, unterstützen Sie ihn, so wie Sie auch Ihre Mitarbeiter nach außen hin vertreten. Machen Sie es wie die Profipolitiker, wenn ihr Vorsitzender angegriffen wird. Selbst wenn man ahnt, dass Sie inhaltlich nicht voll hinter Ihrem Chef stehen, lassen Sie ihn in Krisenfällen nicht allein. Wenn Sie das nämlich tun, dann wird Ihr Image nicht ohne Kratzer aus der Situation hervorgehen.

Wenn Ihr Chef Ihren zukunftsorientierten Plänen im Weg steht, weil er kurz vor seiner Pensionierung kein »persönliches Risiko« mehr eingehen möchte (das kommt auf allen Führungsebenen häufiger vor, als unserer Wirtschaft gut tut), dann legen Sie ihm bei einer passenden Gelegenheit – diskret und unter vier Augen natürlich – den Satz von Prof. Knut Bleicher, Hochschule St. Gallen, vor:

»Wir arbeiten in Strukturen von gestern mit den Methoden von heute an Problemen von morgen vorwiegend mit Menschen, die die Strukturen von gestern gebaut haben und das Morgen innerhalb der Organisation nicht mehr erleben werden.« Vielleicht lösen Sie dann einen Denkprozess aus, der beiden Seiten hilft. Vielleicht lösen Sie auch ein Donnerwetter aus. Gehen Sie der folgenden Diskussion aber nicht aus dem Weg – im Interesse des Unternehmens.

Botschaften weiterleiten

Eines sollte eigentlich selbstverständlich sein: Seien Sie Ihrem Vorgesetzten gegenüber loyal. Sprechen Sie vor anderen nicht schlecht über ihn. Machen Sie Meinungsverschiedenheiten keinesfalls publik. Tragen Sie Entscheidungen mit und leiten Sie sie an Ihr Team weiter. Die folgenden Textbeispiele zeigen, wie Botschaften weitergeleitet werden können – nämlich mehr oder weniger motivierend.

Aus der Praxis – motivationshemmende Botschaft:

Meine Damen und Herren,

wie Sie wissen, hat unser Chef über eine neue Service-Philosophie nachgedacht. Die neue Philosophie bedeutet für jeden von uns, pro Woche mit zwei Kunden Kontakt aufzunehmen und nachzufragen, wie wir unseren Service verbessern können. Sie können sich denken, dass ich aus guten Gründen einige Bedenken gegen die neue Regelung hatte, und ich informierte unseren Chef über die einzelnen Punkte. Er hörte mich an und entschloss sich trotzdem zur Einführung der neuen Regelung. Ich weiß, dass einige von Ihnen meine Bedenken teilen, aber der Boss ist der Boss. Obwohl die neue Regelung meiner Meinung nach mehr schaden als nutzen wird, glaube ich, wir haben sie alle zu befolgen. Tun Sie Ihr Bestes – und wir werden sehen, wie lange das Ganze laufen wird.

Aus der Praxis – motivierende Botschaft:

Meine Damen und Herren,

der Grund für unser Zusammentreffen ist, dass unser Unternehmen eine neue Service-Philosophie braucht. Neuen strategischen Überlegungen zufolge haben wir alle die Möglichkeit, mit zwei Kunden pro Woche Kontakt aufzunehmen und herauszufinden, was wir tun können, um ihnen einen noch besseren Service und

Support anzubieten. Ich stehe voll hinter dieser neuen Idee und erwarte das Gleiche auch von Ihnen. Um ihr zu einem optimalen Start zu verhelfen, bitte ich jeden von Ihnen um einen Vorschlag, wie wir die Sache von vornherein richtig anpacken können. Treffen wir uns morgen um 10.00 Uhr wieder hier – und ich bin gespannt auf Ihre Ideen. Danke für Ihr Erscheinen.

Versetzen Sie sich in die Lage Ihrer Mitarbeiter. Version zwei motiviert dazu, kreativ und engagiert mitzumachen. Was halten wohl die Mitarbeiter von einem Vorgesetzten, der Version eins vorträgt?

Sie wissen – wenn ich mit dem Finger auf andere zeige, dann zeigen drei Finger in meine Richtung. Das sollte eine Führungskraft nicht riskieren. Glauben Sie, dass die Mitarbeiter einen solchen Vorgesetzten als jemanden sehen, auf den sie sich verlassen können? Der sie im Ernstfall vertritt? Wohl kaum. Ein Mitarbeiter hat diesen Typus treffend als »Weichei« beschrieben.

Denken Sie bitte daran: In der Rolle als Vorgesetzter sind Sie nicht nur Nachrichtenübermittler, sondern auch Sprachrohr Ihres Chefs. Sie können die zu übermittelnden Nachrichten und Informationen bis ins Gegenteil verfremden, ganz wie ein Journalist, der ein Interview wiedergibt.

Informationswege sichern

Wenn Sie Ihrem Chef dabei helfen, seinen Job noch besser zu machen, indem Sie ihn unterstützen, dann dürfte das Verhältnis ungetrübt bleiben. Wie reagieren Sie aber, wenn einer Ihrer Mitarbeiter sich häufig bei Ihrem Chef aufhält, Sie vielleicht sogar im Informationsfluss übergeht? Der Grund könnte vielleicht im Gewohnheitsrecht liegen: Das hat er früher schon so gemacht. Auf jeden Fall sind Sie in einer Situation, die Sie so nicht akzeptieren können. Nehmen Sie keine verbale Brechstange zur Hand, indem Sie etwas verbieten, sondern zeigen Sie beiden die Vorteile eines anderen Vorgehens auf. Ihrem Chef sagen Sie zum Beispiel, dass die anderen Mitarbeiter das Verhalten des Kollegen nicht gut finden und dass dieser Kommunikationskanal auch für ihn einen unnötigen Zeitaufwand darstelle. Noch wichtiger ist allerdings der Hinweis an den Mitarbeiter, dass Sie ihn nur aktuell und optimal unterstützen können, wenn alle Informationen direkt innerhalb der Abteilung fließen. Wenn Sie ihn dann einmal demonstrativ »im Regen stehen lassen«, dann wird er sehr schnell erkennen, welches Vorgehen für ihn mehr Vorteile bringt.

Menschen lassen sich nur durch Vorteile überzeugen, Druck ist ein nur vermeintlich funktionierendes Mittel – für kurze Zeit.

Ein Beispiel aus der Kindererziehung: Der Bruder schlägt die kleine Schwester. Die Mutter droht: »Wenn du noch einmal deine Schwester schlägst, dann werde ich böse.« Er hält sich an die Anweisung, er schlägt sie nicht mehr, dafür kratzt er sie jetzt. Ein Lösungsansatz wäre: »Wenn deine Schwester schön mit dir spielt, dann gibt es heute Abend ein großes Eis für euch beide«. Ohne eine Drohung auszusprechen, wird das Ziel erreicht, er kümmert sich liebevoll um die Kleine, erweckt ihre Aufmerksamkeit im positiven Sinn – und die Mutter hat ihre Ruhe.

Hätten Sie gedacht, dass als Chef so viele Anforderungen an Sie gestellt werden? Sie sind doch kein Erzieher, kein Journalist, kein Moderator, kein Politiker. Nein, das sind Sie nicht, aber ein bisschen von all dem sollten Sie schon sein, »nur« Spezialist zu sein, das reicht nicht aus. Aber keine Sorge, Sie werden noch einige Tipps und Tricks kennen lernen, wie Sie dem Anspruch in der Sandwich-Position gerecht werden können.

Verhalten trainieren

Auf jeden Fall ist zu empfehlen, dass Sie sich einen Sparringspartner suchen, einen Kollegen, der bereits Erfahrungen in der Chefrolle sammeln konnte. Wenn Sie diese Person nicht im eigenen Unternehmen finden, dann suchen Sie eben außerhalb des Unternehmens, im Notfall setzen Sie eine Zeitungsanzeige auf: »Nachwuchsführungskraft sucht Sparringspartner«.

In vielen Unternehmen bietet man den Nachwuchsführungskräften diesen Sparringspartner direkt bei der Stabübergabe an, als Coach für den Coach sozusagen. Ansonsten treffen Sie auf Seminaren für Nachwuchsführungskräfte Menschen mit denselben Wünschen, Sorgen und Nöten. Dort haben sich schon Freundschaften fürs Leben angebahnt. Nutzen Sie auch die vielfältigen Möglichkeiten von Netzwerken im Internet.

Egal wie Sie es anstellen, sorgen Sie dafür, dass Sie gerade in der Anfangsphase Ihrer Karriere jemanden finden, mit dem Sie sich austauschen können – und der Ihnen den Spiegel vorhält. Vermeiden Sie es tunlichst, als Chef in Ihrer eigenen Traumwelt zu leben, ohne Bezug zur Realität der Mitarbeiter.

Zielkonflikte

Sie werden in Zukunft häufiger, als Ihnen lieb ist, in Zielkonflikte geraten. Sie haben eigene Vorstellungen über die Art und Weise, wie Sie eine Aufgabe angehen, und Ihr Vorgesetzter hat eine andere Sichtweise. Vielleicht unterliegt er Vorschriften, die Ihrer Vorgehensweise im Weg stehen. Dann ist Ihre Kreativität gefragt.

Aus der Praxis:

Ein Produktmanager übernimmt die Einführung einer neuen Produktreihe, die Zeit ist knapp, die Messe steht vor der Tür. Er lädt die Vertriebsmannschaft zu einer mehrtägigen Seminarveranstaltung ein, um den optimalen Start der neuen Produktreihe sicherzustellen. Bei der Planung des Termins übersieht er, dass in diesem Bundesland genau in der Mitte seines Seminars einer dieser anachronistischen »nicht bundeseinheitlichen Feiertage« liegt. Er informiert seinen Chef darüber, dass er trotz des Feiertages das Seminar durchführen möchte, die Teilnehmer seien alle einverstanden. Sein Chef erwidert ihm, dass er das gerne erlauben möchte, dass es sich aber um einen religiösen Feiertag handele, den der Firmeninhaber selbst hoch achte und einhalte. Deshalb könne er ihm die Genehmigung nicht erteilen, auf dem Firmengelände am Feiertag aktiv zu sein. Nun steht unser Produktmanager zwischen zwei Zielen. Ziel eins: Einhaltung des Feiertags in der Firma. Ziel zwei: Terminproblem Messe. Wo ein Wille ist, ist auch ein Weg, sagt er sich, bucht in einem nahe gelegenen Hotel einen Seminarraum, zieht am Vorabend des Feiertags mit seinen Gerätschaften dorthin um und führt – wie geplant – seine Veranstaltung durch, fest vom Erfolg seiner Entscheidung überzeugt. Einige Tage später wird unser Produktmanager vom Firmeninhaber angesprochen: »Eins muss ich Ihnen zugestehen, Sie sind wirklich kreativ.«

Seiner Karriere hat dies übrigens nicht geschadet, ganz im Gegenteil. Natürlich gehört zu solchen Entscheidungen Mut zum Risiko, aber wenn Sie diesen Mut nicht besitzen, sind Sie ohnehin nicht die Idealbesetzung für eine Vorgesetztenposition. Dann erfüllen Sie wahrscheinlich auch nicht die Wunschvorstellung der Arbeitnehmer, die laut einer Forsa-Umfrage bei 700 Arbeitnehmern von 55 Prozent der Befragten genannt wurde: Sie wünschen sich einen Chef mit ausgeprägter Führungskraft.

Wie können Sie das Verhältnis zu Ihren Mitarbeitern gestalten?

Bei einer Umfrage des Geva-Instituts zum Thema »Eigen- und Fremdbild von Chefs« ergaben sich Werte, die zum Nachdenken Anlass geben. Jeder vierte Mitarbeiter wusste nicht konkret, was sein Chef von ihm erwartet. Etwa 80 Prozent der Chefs aber waren der Meinung, dass allen Mitarbeitern dieser Punkt ganz klar vermittelt sei. Ein Drittel der Mitarbeiter beklagte, dass sich der Chef keine Zeit für konkrete Rückmeldungen nehme. Auch hier waren etwa 80 Prozent der Chefs ganz anderer Meinung. Noch gravierender waren die Abweichungen bei der Frage: »Sorgen Sie dafür, dass alle Mitarbeiter immer über den gleichen Wissensstand verfügen?« Die Mitarbeiter meinten zu 38 Prozent »Nein«, während die Chefs zu 90 Prozent der Meinung waren, alle seien gleichmäßig informiert. Entweder waren alle »gleich mäßig« informiert, oder nur einige wenige hatten einen höheren Wissensstand. Bei den Fragen »Fällt es Ihnen leicht, Sorgen und Probleme Ihrer Mitarbeiter zu erkennen und entsprechend darauf zu reagieren?« und »Beteiligen Sie alle betroffenen Mitarbeiter an Ihren Entscheidungen?« divergierten die Ergebnisse in vergleichbarer Weise.

Informationen angemessen vermitteln

Woran liegt das wohl? Haben die Mitarbeiter noch nicht erkannt, wie fürsorglich man sich um sie kümmert, oder wurde es ihnen nicht richtig vermittelt? Der Empfänger hat immer Recht. Wenn die Botschaft nicht richtig angekommen ist, dann wurde sie nicht richtig übertragen. Nur der Erfolg zählt. Und erfolgreich ist Ihre Botschaft nur, wenn sie in Ihrem Sinne beim Empfänger ankommt. Wenn Sie sagen: »Ich habe Ihnen das doch erklärt«, heißt das für den Mitarbeiter nicht automatisch: »Das habe ich auch so verstanden«.

Auf jeden Fall hat daher ein Mitarbeiter Recht, der den Eindruck gewinnt, ihm würden Informationen vorenthalten. Irgendetwas stimmt dann an Ihrer Informationsvermittlung nicht, also klären Sie ihn auf.

Und sorgen Sie dafür, dass Ihre guten Taten auch erkannt werden. Denken Sie an den Kernsatz der Werbung: »Tue Gutes und rede darüber«. Noch besser ist allerdings: »Tue Gutes und lass andere darüber reden«.

Was eine Führungspersönlichkeit ausmacht

Chefs dürfen durchaus »kleine Macken« haben, das macht jeden Menschen menschlich, aber erwartet werden

- Kritikfähigkeit,
- ein großes Herz und
- Sachverstand.

Was auf keinen Fall akzeptiert wird, sind Launen und »Chamäleon-Effekte«, der Wechsel der Farbe je nach Stimmung und Umfeld sowie Jasager-Typen.

Aus der Praxis:

Der Produktionsleiter kommt in das Büro des Vertriebsleiters: »Mit der neuen Maschine sollten wir unbedingt auf die Messe

›Stellmaaus‹.« »Ja, da haben Sie Recht.« Kurz darauf betritt der Geschäftsführer sein Büro: »Ich habe mir gerade die Messekonditionen der ›Stellmaaus‹ angeschaut, das rechnet sich nicht, da gehen wir nicht hin.« »Ja, da haben Sie Recht.« Die Sekretärin, die beide Gespräche mit anhörte, wendet sich voller Empörung an ihren Chef: »Sie können doch nicht beiden gleichzeitig Recht geben?« »Da haben Sie jetzt wieder Recht.«

Ein konstruiertes Beispiel, sagen Sie? Das wäre schön, wenn es solche Situationen nicht gäbe, in denen jedem während der Dauer seiner physischen Präsenz nach dem Munde geredet wird.

In den Augen Ihrer Mitarbeiter werden Sie durch mutige Entscheidungen zu dem, was sie von Ihnen erwarten, nämlich zu einer Führungspersönlichkeit, die ihre eigene Meinung auch bei Gegenwind vertritt. Und den Unterschied zwischen kalkuliertem Risiko und einer Harakiri-Entscheidung erkennen Sie sehr schnell, wenn Sie vorher eine kurze Risikoanalyse durchführen.

Vielleicht erinnern Sie sich noch an »Sandwich-Positionen«, die Sie unbewusst erlebt haben, etwa während Ihrer Schulzeit. Der Lehrer, der als »Vorgesetzter« vor Ihnen stand, hatte auch einen Chef, meist sogar mehrere, die über seine Karriere entschieden. Als Schüler haben Sie bestimmt unterschiedliche Lehrer erlebt. Derjenige, an den Sie sich noch positiv erinnern, das war bestimmt der Lehrer, der die Eigenschaften hatte, die von einem Chef gefordert werden: Kritikfähigkeit, ein großes Herz und Sachverstand. Der Lehrer, der Vertrauen ausstrahlte, der hatte Ihr Vertrauen gewonnen.

Tipps für Ihren Erfolg:

Seien Sie mutig.

Seien Sie loyal.

Seien Sie kreativ.

Kommunizieren Sie nach beiden Seiten ohne »Übertragungsfehler«.

Zeigen Sie, dass Sie eine eigene Meinung haben.

Führungsqualitäten entwickeln und zeigen

Leitfragen:

Was sind Führungseigenschaften?
Wie erfahren Sie, ob Ihr Führungsstil »ankommt«?

Was sind Führungseigenschaften?

Dass Sie Führungsqualitäten besitzen, setzen wir voraus. Sonst hätte Sie wahrscheinlich niemand für eine Führungsposition vorgeschlagen oder eingekauft. Woran können aber Ihre Mitarbeiter Ihre Führungsqualitäten erkennen? Der wichtigste Aspekt: Führen darf Ihnen nicht peinlich sein. Wenn Sie diesen Kernsatz befolgen, werden viele Missverständnisse erst gar nicht entstehen. Wenn Sie zeigen, dass Führung für Sie etwas Normales, Alltägliches ist, dann wird niemand Ihren Führungsanspruch anzweifeln. Ob man Ihnen »Chefqualitäten« zutraut, können Sie mit einem kleinen Test überprüfen. Stellen Sie sich in einem Kaufhaus in der Möbel- oder Teppichabteilung hin und versuchen Sie, wie ein typischer Vorgesetzter auszusehen. Erkennbar ist dies am prüfenden Blick, an der Interesse zeigenden Körperhaltung und am unverbindlich freundlich lächelnden Gesichtsausdruck. Nach recht kurzer Zeit werden Sie nach Preisen und Lieferzeiten gefragt werden, man hält Sie für einen Abteilungsleiter. Wenn Sie die passenden Attribute aufweisen, also Jackett und Krawatte, dann werden Sie diese Erfahrung sehr schnell machen. Bei bekleidungstechnischen Erschwernissen, etwa Jeans und offenem Hemd, wird es etwas länger dauern, das Erfolgserlebnis ist dafür aber umso größer. Was ist passiert? Man traut Ihnen aufgrund Ihres Auftretens und des Gesamteindrucks, den Sie machen, zu, eine Führungskraft zu sein. Sie können den Test natürlich in jeder anderen Abteilung Ihrer Wahl durchführen, entscheidend ist, dass Sie angesprochen werden.

Was tun bei Fehlern?

Nun ist das Auftreten noch keine Garantie für Erfolg. Fehler unterlaufen auch Ihnen. Wer handelt, macht Fehler. Tritt in Ihrer neuen Position einmal ein Problem auf, bei dem Sie das Gefühl haben, es verursacht zu haben, dann überprüfen Sie Ihren Führungsstil. Finden Sie heraus, was sich bisher bewährt hat. Informieren Sie sich, was aus der Sicht Ihrer Mitarbeiter und Ihres Vorgesetzten nicht in Ordnung war. Fragen Sie Ihre Mitarbeiter und Ihren Chef, was deren Meinung nach schief gelaufen ist. Alleine durch ihre offenen Fragen zeigen Sie, dass Sie nichts unter den Teppich kehren wollen – und dass Sie über ausreichendes Selbstbewusstsein verfügen, mit Fehlern offensiv umzugehen. Und dann zeigen Sie Stärke, geben Sie Fehler zu. Führen Sie die erforderlichen Veränderungen durch und konzentrieren Sie sich auf die Zukunft.

Machen Sie den folgenden Test und bewerten Sie Ihre Fähigkeiten zur Mitarbeiterführung auf einer Skala von eins (trifft nicht auf mich zu) bis zehn (trifft voll auf mich zu).

Selbsttest: Führungsqualitäten

Erreichbarkeit
Wenn ich nicht im Büro arbeite, hinterlasse ich eine Telefonnummer, unter der ich bei Bedarf zu erreichen bin.

① ② ③ ④ ⑤ ⑥ ⑦ ⑧ ⑨ ⑩

Fairness
Ich mag manche Mitarbeiter mehr als andere, zeige dies jedoch nur minimal oder gar nicht.

① ② ③ ④ ⑤ ⑥ ⑦ ⑧ ⑨ ⑩

Anerkennung teilen
Ich »verkaufe« die Arbeit meiner Abteilung nicht als mein eigenes Werk, sondern als das meiner Mitarbeiter.

① ② ③ ④ ⑤ ⑥ ⑦ ⑧ ⑨ ⑩

Problemlösung
Wenn in meiner Abteilung etwas schief geht, konzentriere ich mich mehr auf die Lösung des Problems als darauf, die Schuld einzelnen Mitarbeitern zuzuweisen.
① ② ③ ④ ⑤ ⑥ ⑦ ⑧ ⑨ ⑩

Übernehmen von Verantwortung
Es bereitet mir keine Schwierigkeiten, vor anderen zuzugeben, dass ich einen Fehler gemacht habe.
① ② ③ ④ ⑤ ⑥ ⑦ ⑧ ⑨ ⑩

Imagebewusstsein
Ich achte darauf, wie ich spreche und wie ich mich kleide, da es einen Einfluss darauf hat, wie ich gesehen werde – und wie meine Mitarbeiter sich selbst sehen.
① ② ③ ④ ⑤ ⑥ ⑦ ⑧ ⑨ ⑩

Takt und Geduld
Ich zeige Geduld, wenn Mitarbeiter mir von ihren neuen Ideen erzählen – die ich schon vor langem hatte.
① ② ③ ④ ⑤ ⑥ ⑦ ⑧ ⑨ ⑩

Inschutznahme
Wenn jemand meine Mitarbeiter kritisiert, ist meine erste Reaktion, sie zu verteidigen.
① ② ③ ④ ⑤ ⑥ ⑦ ⑧ ⑨ ⑩

Entscheidungsfreudigkeit
Ich fälle lieber eine Entscheidung, selbst wenn sie sich als falsch herausstellt und ich den Fehler berichtigen muss, als sie vor mir herzuschieben.
① ② ③ ④ ⑤ ⑥ ⑦ ⑧ ⑨ ⑩

Gerechtigkeitssinn
Mir ist bewusst, dass einige meiner Mitarbeiter auf das Gehalt, den besseren Arbeitsplatz oder die Beförderung von Kollegen eventuell neidisch sind.
① ② ③ ④ ⑤ ⑥ ⑦ ⑧ ⑨ ⑩

Listen Sie jetzt die drei Kategorien mit der niedrigsten Bewertung ihrer Bedeutung nach auf und notieren Sie, welche Maßnahmen Sie ergreifen werden, um diesen besonderen Aspekt Ihrer Mitarbeiterführung zu verbessern. Vergessen Sie nicht, ein Kontrolldatum mit aufzuführen.

Was heißt Coaching?

Dass Sie eine begabte Führungspersönlichkeit sind, erkennen Mitarbeiter an Ihrer Leistung als Coach. Der Begriff Coaching wird häufig in einer gewissen Beliebigkeit gebraucht. Lassen Sie uns doch einen Moment überlegen, was Coaching ist – und was es nicht ist. Es gibt bislang leider noch keinen deutschen Begriff, der das Konzept sinnvoll beschreibt. Schauen wir zuerst, was Coaching nicht ist.

Coaching bedeutet nicht, das Spiel des anderen zu spielen (vergleichbar mit dem Coach beim Fußball). Coaching bedeutet nicht, alle Antworten auf die Fragen der Mitarbeiter zu geben, sondern zu helfen, die Antworten selbst zu finden. Coaching bedeutet nicht, den Job anderer zu übernehmen. Coaching ist keine einmalige Angelegenheit, sondern ein andauernder Prozess – und ist somit nie vorbei, solange Sie für Ihre Mitarbeiter verantwortlich sind.

Nachdem wir wissen, was Coaching nicht ist – was bedeutet es nun eigentlich?

- Coaching heißt, sich mehr um Menschen zu kümmern als um Dinge.
- Coaching ist objektiv, unabhängig und unbeeinflusst von der Person des Gecoachten.
- Coaching ist auf das Geschäftsfeld hin ausgerichtet, denn der Grund für das Zusammenarbeiten mit Ihren Mitarbeitern ist das Unternehmensziel eines Unternehmens, das Ihre Gehälter erwirtschaften muss.
- Coaching ist auf allen Ebenen angemessen, das heißt, jeder Mitarbeiter muss sich angesprochen fühlen.

- Coaching ist teilnehmend, das heißt, jeder Mitarbeiter muss das Gefühl haben, dass Sie sich ernsthaft um sein Weiterkommen bemühen.

Zum erfolgreichen Coaching gehört, dass Sie jederzeit wissen, auf welcher Stufe der Entwicklung und Weiterbildung jeder Ihrer Mitarbeiter sich jederzeit befindet. So mancher Abteilungsleiter mag dies für eine Aufgabe des Personalmanagements halten. Für den hervorragenden Mitarbeiterführer stellt sich diese Frage erst gar nicht, denn er weiß, wo seine Mitarbeiter stehen und was ihnen als nächster Schritt zur Weiterentwicklung noch fehlt. Er spricht mit den Mitarbeitern über ihre Wünsche und Erwartungen. Er geht auf sie zu mit der Frage: »Was kann ich für Sie tun, damit Sie noch erfolgreicher in Ihrem Job werden?« Denn er weiß: Der Erfolg seiner Mitarbeiter ist auch sein Erfolg. Die Praxis zeigt es uns täglich: Ein erfolgreicher Verkäufer wird immer erfolgreicher, wenn er seinen Kunden hilft, immer erfolgreicher zu werden. Ein erfolgreicher Chef wird immer erfolgreicher, wenn er seinen Mitarbeitern hilft, immer erfolgreicher zu werden. In vielen Vorgesetztenköpfen konnte sich dieser Gedanke allerdings noch keinen Platz schaffen. Da werden Mitarbeiter bewusst »unten« gehalten – aus Angst vor Konkurrenz. Dieses Denken hatte noch eine Chance in wilhelminischer Zeit, in preußischen Beamtenstuben – und ähnlichen Einrichtungen, die mit der Vorstellung von verstaubtem Denken verbunden sind. In einer Zeit, in der die Halbwertszeit des Wissens täglich geringer wird, in der Wissen nichts mehr mit »Herrschaftswissen« gemein hat, in der jedem alle Informationskanäle offen stehen, in dieser Zeit steht sich jeder Vorgesetzte selbst im Weg, der Wissen nicht weitergibt, um seinen Mitarbeitern die erfolgreiche Arbeit zu erleichtern.

Die Gegenüberstellung auf Seite 70 hilft, zwischen altem und neuem Führungsstil zu unterscheiden.

Für Sie als neu angetretene Führungskraft kann die Devise nur lauten: Wissen ist das einzige Gut, das sich vermehrt, wenn es weitergegeben wird. Deshalb gehört zum Coaching die Weitergabe eigenen Wissens und die Feststellung, welches Wissen und welche Fertigkeiten den Mitarbeitern noch fehlen, um das gemeinsame Ziel zu erreichen.

Typ 1900	Typ 2000
Jäger und Sammler: hortet Informationen (auf Vorrat)	Teilt Informationen mit anderen (im Austausch)
Bevorzugt Papier (und diktiert seiner Sekretärin die E-Mails)	Vermeidet Papier, wo es geht, und schreibt seine E-Mails selbst
Neue Technologien verursachen ihm Magenbeschwerden	Magenbeschwerden entstehen, wenn neue Technologien fehlen
Orientiert sich bei der Führung an Stellenbeschreibungen	Führt durch gemeinsam vereinbarte Ziele
Der Dienstweg ist unabdingbar	Pfeift auf Hierarchien, setzt auf zielorientierte Kommunikation

Qualitätsmerkmale

Wodurch zeichnet sich hervorragende Führung eigentlich aus? Durch dieselben Merkmale wie gute Hintergrundmusik: Sie ist unauffällig, man nimmt sie nicht bewusst wahr. Fehlt sie, fällt dies jedem sofort auf. Hervorragende Führung ist angenehm für die Mitarbeiter, nicht störend, aber beruhigend und anregend.

Als Führungskraft wissen Sie um die Bedürfnisse und Probleme der Mitarbeiter, weil Sie sich informiert haben. Durch Gespräche, die über die rein dienstlichen Belange hinausgehen. Warum sollte Sie das außerdienstliche Umfeld Ihrer Mitarbeiter interessieren? Weil diese Informationen hilfreich sind zum Verständnis. Nehmen wir ein Beispiel aus dem Alltag.

Aus der Praxis:

Ihr Chef besteht darauf, dass Sie mit Ihrer Crew ein Projekt unbedingt zu einem vorgezogenen Termin fertig stellen. Das bedeutet für Sie, Ihren Mitarbeitern die Notwendigkeit von Überstunden »zu verkaufen«. Eine für die Fertigstellung unbedingt erforderliche Mitarbeiterin weigert sich aber, noch mehr Arbeit zu leisten. Da Sie selbst unter Druck stehen, ist die Versuchung groß, in militärische Befehlsrituale zu verfallen mit dem Hinweis auf besondere Situationen, arbeitsvertragliche Pflichten, Appell an das Zusammengehörigkeitsgefühl und letztendlich der Androhung von Sanktionen. Der Mitarbeiterin haben Sie den Druck von oben geschildert, sie versichert Sie ihrer Sympathie und ihres Mitgefühls, aber sie verweigert trotzdem die geforderten Überstunden. So kommen Sie also nicht weiter.

Die Gesprächs-Territoriums-Analyse (GTA)

Eine Methode, die Ihnen hilft, solche – und andere – Konflikte zu lösen, ist die GTA von Wolfgang Maderthaner. GTA steht für »Gesprächs-Territoriums-Analyse«, zugegeben, kein besonders eingängiger Begriff. Die Methode findet ihren Einsatz hauptsächlich bei der Verbesserung von Kundenbeziehungen und der Ausarbeitung treffender Verkaufsargumente. In der Praxis zeigte sich aber, dass mit dieser Methode sämtliche Beziehungsprobleme bearbeitet werden können, und beim Gespräch mit Ihren Mitarbeitern handelt es sich letztendlich auch um Beziehungen.

Grundlagen der GTA

Die GTA geht davon aus, dass jeder von uns einen eigenen Themenkreis (das Gesprächsterritorium) besitzt, auf dem er sich auskennt und den er beeinflussen kann. Bei einem Gespräch Verkäufer und Kunde oder Chef und Mitarbeiter bringt jeder unsichtbar seinen Themenkreis, sein Gesprächsterritorium mit. Entscheidend für den Erfolg des Gesprächs oder der Verhandlung ist nun, dass Sie sich auf dem Gesprächsterritorium Ihres Gegenübers sicher bewegen. Um den Erfolg zu garantieren, sollten Sie sogar über das Gesprächsterritorium Ihres Gesprächspartners hinausgehen. Nach dieser Kurzbeschreibung der Methode sind Sie zu Recht verwirrt.

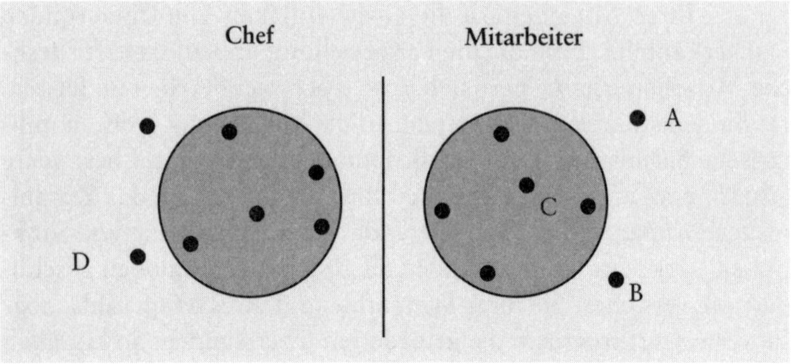

Spielen wir das Ganze anhand einer konkreten Situation durch (siehe die obige Abbildung).

Der schraffierte Kreis auf der Mitarbeiterseite stellt sein Gesprächsterritorium dar. Die einzelnen Punkte sind Themen, die den Mitarbeiter beschäftigen, tangieren und die er beeinflussen kann. Das können Dinge sein wie der Wissensstand zum Projekt, Menge und Zustand seiner Werkzeuge und Hilfsmittel, seine Einstellung seiner Tätigkeit gegenüber, sein Know-how. Dieselben oder ähnliche Punkte finden Sie auf Ihrem Gesprächsterritorium. Das sind Stellenbeschreibungen, Arbeitspläne, Organisationsabläufe, kurz alles, was Sie betrifft und was Sie beeinflussen können.

Bei der Betrachtung der Punkte ist Ihnen bestimmt aufgefallen, dass es auch Punkte außerhalb des eigenen wie auch des gegenüberliegenden Gesprächsterritoriums gibt. Das sind die Knackpunkte eines jeden Gesprächs, einer jeden Diskussion. Nehmen wir zuerst den Punkt D auf Ihrer Seite. Das ist Ihr Chef mit seiner Forderung nach Projektfertigstellung. Auf diese Forderung haben Sie offenbar keinen Einfluss, denn sonst läge der Punkt *innerhalb* Ihrer schraffierten Gesprächsfläche.

Der Punkt C auf der Mitarbeiterseite könnte das für das Projekt entscheidende Spezialwissen der Mitarbeiterin sein – ein Punkt, der im Einflussbereich der Mitarbeiterin liegt und den Sie gerne berühren möchten.

Die GTA anwenden

Wie läuft nun »normalerweise« ein solches Überstunden-Gespräch ab? Der Chef bewegt sich auf seiner Gesprächsfläche, das heißt, er erzählt über Liefertermine, Materialthemen, Arbeitsabläufe und den Punkt, den er nicht beeinflussen kann, den Punkt D, die Forderung seines Chefs. Er tangiert nicht im Geringsten die Gesprächsfläche, die Intereressensphäre seines Gesprächspartners.

Dies ist daran erkennbar, dass sein »Gesprächskreis« nur auf der linken Seite liegt.

Schauen wir uns doch mal die Punkte außerhalb Ihres Gegenübers an, die Punkte A und B. Was könnten diese Punkte darstellen? Nehmen wir an, Punkt A steht für den Französischkurs des Ehepartners Ihrer Mitarbeiterin. Dieser Kurs ist für sein berufliches Weiterkommen unbedingt erforderlich. Gut, werden Sie sagen, was hat das mit mir und meinem Problem zu tun? Eine ganze Menge. Denn da wäre noch der Punkt B, der Führerscheinverlust des Ehepartners Ihrer Mitarbeiterin. Und wegen eben diesem Punkt, über den Ihre Mitarbeiterin sich aus nachvollziehbaren Gründen noch nie geäußert hat, kann der besagte Führerscheinlose nicht zu seinem abendlichen Kurs gelangen, wenn ihn seine Frau nicht dort hinfährt und wieder abholt ... Das ist doch ein verständlicher Grund für einen geregelten Dienstschluss, oder?

Sie sehen, wie wichtig es ist, mehr als nur die Stellenbeschreibung und den Wissensstand eines Mitarbeiters zu kennen. Für die Lösung *Ihres* Problems sind diese Fakten wichtig. Denn jetzt kön-

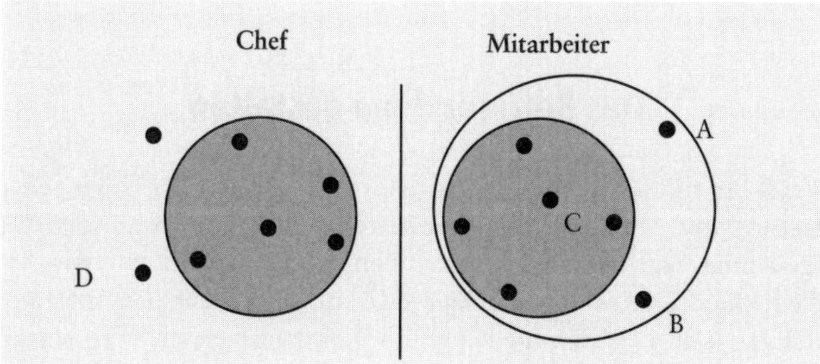

nen Sie eine Problemlösung gemeinsam erarbeiten. Das könnte sein, einen Fahrdienst zu organisieren – oder was immer Sie Ihrem Ziel näher bringt, dem gemeinsamen Abteilungsziel. Wenn Sie also ihr Gesprächsterritorium erweitern, wie in der Grafik auf Seite 73 dargestellt, dann sind Sie der Problemlösung einen ganzen Schritt näher gekommen. Für Ihre Mitarbeiterin signalisiert übrigens Ihr Wissen und Ihr Verständnis, dass Sie sich menschlich um sie kümmern, dass Sie wahrnehmbare Führungsqualitäten besitzen.

Kommen wir noch einmal zurück auf *Ihren* Punkt D. Wenn einer Ihrer Mitarbeiter sich über *Ihre* Probleme informiert und über Ihr Gesprächs-Territorium hinausgeht, dann kann er Ihnen bei der Problemlösung helfen, indem er Ihren externen Punkt D anspricht. Damit schafft er sich geschickt eine Verhandlungsposition für zukünftige Gespräche. »Chef, wenn Ihr Chef das von Ihnen erwartet, dann helfe ich Ihnen gerne dabei, die Aufgabe zu lösen.«

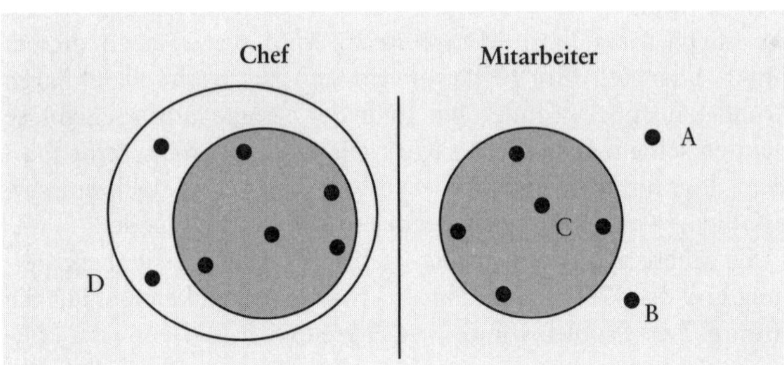

Das Betriebsklima gestalten

Wenn Sie einen solchen Satz hören, dann können Sie sicher sein, dass in Ihrer Abteilung ein gutes Betriebsklima herrscht. Das richtige Klima, was ist das? Nun, nehmen Sie den Begriff, wie wir ihn alle kennen. Das richtige Klima am Urlaubsort: nicht zu warm und nicht zu kalt. Das richtige Klima im Wohnzimmer: nicht zu warm und nicht zu kalt. Das richtige Klima am Arbeitsplatz: nicht zu warm und nicht zu kalt. Was heißt das konkret? In den Worten der Werbewelt ausgedrückt: Ein gutes Betriebsklima hat »Wohlfühltemperatur«. Jeder Mitarbeiter soll sich an seinem Arbeitsplatz wohl fühlen, sonst bringt er nicht die Leistung, zu der er fähig wäre. So wie eine Pflanze sich nur bei den »passenden« Temperaturen voll entwickelt. Nun gibt es aber Pflanzen mit unterschiedlichem Temperaturbedarf. Aus diesem Grund platzieren Sie die verschiedenen Pflanzen an verschiedenen Stellen Ihres Wohnzimmers. Als Chef operieren Sie gegenüber verschiedenen Mitarbeitern mit unterschiedlichen Temperaturen, mit unterschiedlichem Vorgehen. Die eine Person braucht ihre täglichen (verbalen) Streicheleinheiten, die andere erwartet einmal in der Woche eine Rückmeldung über die Qualität ihrer Arbeit, jeder hat also seine eigenen Bedürfnisse. Als Gärtner, pardon, als Chef, geben Sie jedem, was zum Gedeihen erforderlich ist.

»Dann käme ich ja gar nicht mehr zum Arbeiten, wenn ich mich um jeden so intensiv kümmern müsste.« Ja, was ist eigentlich Ihre Aufgabe als Chef? Dafür zu sorgen, dass die vereinbarten Ziele erreicht werden. Und wenn dazu erforderlich ist, sich intensiver um die Mitarbeiter zu kümmern, dann müssen Sie das tun. Ansonsten arbeitet jeder so vor sich hin, bis er am Feierabend zu Hause sein Wohlfühlklima erleben darf.

In vielen Firmen wird der »Schraubendreher« zum »Oberschraubendreher« ernannt – und glaubt nun, dass er nicht nur mehr Schrauben drehen muss, sondern auch noch den Ärger (die Verwaltung) der »unter« ihm drehenden Mitschraubendreher verwalten muss. Hier ist bei der Stabübergabe etwas schief gelaufen. Ein Sprichwort sagt: »Wer selber arbeitet, verliert den Überblick«. Wie in jedem Sprichwort ist auch hier eine Menge Lebensweisheit enthalten. Ihre primäre Aufgabe als Chef ist es jetzt, Resultate zu erzielen. Das mussten Sie vorher auch. Der Unterschied ist nun allerdings, dass Sie noch mehr Resultate (=Arbeitsleistung) gemeinsam mit anderen erzielen müssen. Das ist Ihre Haupttätigkeit, und nicht mehr das »Schraubendrehen«. Viele Fachleute erkennen an dieser Stelle ein Problem. »Wenn ich geahnt hätte, wie viele andere Dinge auf mich zukommen, dann hätte ich die Position als Vorgesetzter nicht übernommen.« Vorher informieren sollte man sich nicht nur beim Autokauf, sondern auch beim Wechsel auf eine neue Stelle. Nur wenn Sie sich in Ihrer Position wohl fühlen, können sich Ihre Mitarbeiter wohl fühlen. Sie sind das Vorbild. Positive wie negative Gefühle pflanzen sich von oben nach unten fort. Das Klima einer Abteilung wird von dem bestimmt, der am Regler sitzt. Das sind jetzt Sie.

Praxistipps zur Gestaltung des Betriebsklimas:

1. Versetzen Sie sich in die Lage Ihrer Mitarbeiter. Nutzen Sie dazu die GTA. Dann fällt es Ihnen leichter, Verhalten und Widerstände zu analysieren und zu verstehen. Sie erkennen die Ansatzpunkte für die Eigenmotivation der Mitarbeiter.
2. Informieren Sie regelmäßig über die gemeinsame Aufgabe und den erzielten Fortschritt. Sorgen Sie dafür, dass der aktuelle Stand eines Projekts nicht aus den Augen verloren wird. Hängen Sie aktuelle Informationen an den Stellen auf, die jeder zwangsweise sehen muss: vor der Kantine, an der Ausgangstür, in der Cafeteria, im Flur. Beugen Sie vor: »Aus den Augen, aus dem Sinn«, ein altes Sprichwort, das in unserer reizüberfluteten Welt eine neue Bedeutung erhält.
3. Lösen Sie Probleme gemeinsam mit den Mitarbeitern, machen Sie Betroffene zu Beteiligten. Damit vermeiden Sie die »Damit habe ich nichts zu tun«-Einstellung.
4. Sorgen Sie für Meinungsvielfalt, unterdrücken Sie keine neuen Ideen. Provozieren Sie neue Ideen, wenn Ihre Mitarbeiter noch nicht die nötige Kreativität entwickeln konnten.
5. Veranstalten Sie Ideenwettbewerbe. Sorgen Sie für ein akzeptiertes, betriebliches Vorschlagswesen, das Mitarbeiter zum Mitmachen motiviert. Seien Sie bei der Honorierung von Vorschlägen kein »Erbsenzähler«. Erkennen Sie Vorschläge auch dann als belohnenswert an, wenn sie sich nicht buchhalterisch erfassen lassen. Belohnen Sie Kreativität mit kreativen Belohnungen. Viele gute Ideen blieben in den Köpfen der Mitarbei-

ter stecken, weil ihnen die Diskussion mit einer »Vorschlagswesenkommission« zu mühsam erschien: »Bis die mal was anerkennen ... «

6. Reden Sie aufrichtig über Ihre eigenen Vorstellungen. Nur dann weiß jeder, welches Ziel Sie anstreben. Stellen Sie sich der offenen Diskussion. Geben Sie jedem die Chance, seine Meinung frei zu äußern.
7. Wer fragt, der führt. Ein Sprichwort, das täglich bestätigt wird. Fragen Sie nach, wenn Ihnen Gedanken und Verhalten Ihrer Mitarbeiter nicht ganz klar sind – und sorgen Sie dafür, dass Ihre Mitarbeiter nachfragen. Üben Sie gemeinsam die richtigen Fragetechniken im Rollenspiel.
8. Sorgen Sie dafür, dass in Diskussionen niemand sein Gesicht verliert. Es geht um die Sache und nicht um Personen. Gewinner zu werden, ohne die andern als Verlierer zurückzulassen, das muss das Ziel eines jeden sein.
9. Gehen Sie mit jedem Mitarbeiter so um, wie er es erwartet. Sie müssen die Wünsche des Einzelnen berücksichtigen und dürfen trotzdem keine Extrawürste für jeden zulassen.
10. Miteinander reden, bevor aus Mangel an Informationen Gerüchte entstehen. Wenn Menschen keine Informationen erhalten, dann schaffen sie sich ihre eigenen Wahrheiten. Und Gerüchte haben nun einmal eine schnellere Verbreitungsgeschwindigkeit als E-Mails.
11. Ein Tipp, wie Sie Gerüchten begegnen können: Schreiben Sie einen Brief über das aktuelle Thema, klären Sie auf – und schicken Sie diesen Brief per Post an die Privatadressen der Mitarbeiter. Am Abend zu Hause wird die Information ernsthafter verarbeitet als im Unternehmen.
12. Kanalisieren Sie Emotionen, Ihre eigenen und die Ihrer Mitarbeiter. Unterdrücken Sie nichts »um des lieben Friedens willen«. Zu viel Friedlichkeit und zu viel Höflichkeit ergibt eine gewisse Friedhöflichkeit. Menschen brauchen Emotionen zum

Leben. Sorgen Sie dafür, dass gezielt »Dampf abgelassen« werden kann. Initiieren Sie eine Diskussionsrunde.

Wenn Sie diese Tipps beherzigen, dann dürfte das Betriebsklima in Ihrem Umfeld stimmen. Dann wird Ihr Führungsstil akzeptiert werden.

Wie erfahren Sie, ob Ihr Führungsstil »ankommt«?

Die Kontrolle, ob Ihr Führungsstil ankommt, erfolgt von zwei Seiten: von oben und von unten. Von oben stellt Ihr Chef fest, wie die Kommunikation zwischen Ihnen und Ihren Mitarbeitern abläuft, ob es Reklamationen und Beschwerden über Ihren Stil gibt und wie groß die Fluktuation in Ihrer Abteilung ist. Von unten erfahren Sie es am schnellsten, wenn Sie einfach danach fragen. Hiermit tun sich viele Vorgesetzte sehr schwer. Sei es aus »Angst vor der Wahrheit« oder weil sie der Meinung sind, die Mitarbeiter könnten diese Frage nicht eindeutig beantworten. Ihre Mitarbeiter sind Ihre nächsten Kunden! Sie sind der Dienstleister für Ihre Mitarbeiter. Und so wie jeder Kunde die Dienstleistung seines Lieferanten beurteilen kann, so können auch Ihre Mitarbeiter recht gut beurteilen, wie sie mit dem von Ihnen gelieferten Service zufrieden sind. Wenn Sie befürchten, dass Ihre Mitarbeiter diese Frage von Angesicht zu Angesicht nicht offen beantworten, dann sollten Sie sich Gedanken über das Klima in Ihrer Abteilung machen. Offenbar befürchten Ihre Mitarbeiter unangenehme Konsequenzen, wenn sie Sie offen mit ihren Eindrücken konfrontieren. Arbeiten Sie am Betriebsklima in Ihrer Abteilung!

Vielleicht starten Sie die Datenerhebung erst einmal in anonymer Form, etwa mit Fragebögen. Gehen Sie der Frage nach Ihrem Führungsstil auf keinen Fall aus dem Weg. Die Verdrängung eines Problems war der Problemlösung noch nie dienlich. Lassen Sie sich auch nicht durch Abteilungsleiterkollegen, die eine solche Befragung noch nie durchgeführt haben, von Ihrem Vorhaben abbringen. Es handelt sich um *Ihre* Mitarbeiter, um *Ihr* tägliches Umfeld und um *Ihren* Führungsstil. Das ganze Leben ist ein permanenter Lernprozess, lernen Sie auch von Ihren Mitarbeitern.

Unternehmenskultur als Erfolgsfaktor

Aber gegenseitige Offenheit und Information haben nicht nur etwas mit einem »angenehmeren Miteinander« zu tun, sondern auch mit knallharten finanziellen Aspekten. Spätestens an dieser Stelle sollte der Controller in Ihnen hellhörig werden: Es geht um Geld. Wo sollte hier ein messbarer Zusammenhang bestehen, fragen Sie?

Nun ist es immer sehr schön, wenn zur eigenen Beruhigung Zahlen auf dem Tisch liegen. Zahlen, mit denen man sich und vor allem den anderen gegenüber seine Theorien und Anschauungen untermauern kann. Manuela Dollinger von »WissensManagement & Transfer« hat für ihr Buch »Führen in eine(r) Lernkultur« interessante Zahlen zusammengestellt, Zahlen, die eigentlich für sich selbst sprechen. Die Zahlen zeigen die enge Verzahnung zwischen Wertschätzung füreinander, Offenheit untereinander, Umgang miteinander und Verantwortungsgefühl füreinander. In einer zeitaufwendigen Studie wurden zwei Unternehmen miteinander verglichen. Die Basis für die Unterteilung in den »Erfolgsbetrieb« und den »Vergleichsbetrieb« waren Kennziffern wie Personalstand, Umsatz und Gewinn. Verglichen wurden zwei mittelständische Unternehmen der Metallbranche. Der »Erfolgsbetrieb« verdreifachte in den letzten drei Jahren Umsatz und Belegschaft und verdoppelte seinen Gewinn. Der »Vergleichsbetrieb« kämpfte mit stagnierenden Umsätzen, erlebte eine geringfügige Gewinnsteigerung und baute 15 Prozent seines Personals ab. Also schon recht eindeutige »Qualitätsunterschiede« in der Unternehmensführung. Betrachten Sie nun die Zusammenhänge und ziehen Sie Ihre eigene Schlussfolgerung.

Da Sie bestimmt lieber in einem Erfolgsbetrieb arbeiten, sollten Sie sich an der linken Ergebnisspalte der Tabellen auf den Seiten 80 und 81 orientieren. Schmerzhaft ist zu sehen, dass es eine ganz logische Gesetzmäßigkeit zwischen Firmenkultur und Erfolg gibt.

Bei der ersten Frage ist klar ersichtlich, dass die Mitarbeiter in wenig erfolgreichen Unternehmen auch die Vorgesetzten für wenig erfolgreiche Führungskräfte halten. Die Mitarbeiter wissen zwar, dass das Unternehmen als Ganzes nicht zur Spitzenklasse der Wirtschaft gehört, die Schuld dafür wird aber eher dem Chef als sich selbst zugewiesen. Das Vertrauen der Mitarbeiter in die Führungsqualitäten des Vorgesetzten hängt eng mit dem Erfolg des Unternehmens zusammen. »Der Fisch beginnt am Kopf zu stinken«, dieses deutliche Sprichwort trifft den Kern der Sache. »Unser Chef kann das nicht«, das äußern Mitarbeiter zum Thema Misserfolg. Hier sind nicht die fachlichen Qualitäten des Chefs angesprochen. Die sind meist bei den »Fachleuten« vorhanden. Nein, hier wird anderes vermisst: klare Führungsautorität.

Für wie erfolgreich halten Sie Ihren Chef als Führungskraft?

	Erfolgsbetrieb	Vergleichsbetrieb
Sehr erfolgreich	75	3
Erfolgreich	21	19
Durchschnittlich	3	11
Weniger erfolgreich	1	53
Erfolglos	0	14

Offenheit untereinander, Dinge auszusprechen, die vielleicht nicht populär sind – dazu gehört mehr Mut, als sich mancher zugestehen möchte. Da stürzt sich der Mensch in seiner Freizeit zwecks Erlangung des erwarteten Kicks mit oder ohne Seil von Bergeshöhen. Denselben Adrenalinstoß kann er sich – ohne Verletzungsgefahr – verschaffen, wenn er seinem Gegenüber offenes »Feedback« gibt, seine Meinung über dessen Verhalten oder Fähigkeiten äußert. Auch der Vorgesetzte sollte, nein, er muss wissen, was seine Mitarbeiter von ihm denken. Wie die Statistik zeigt, hängt der Unternehmenserfolg sehr stark mit seinem »Mut zur Wahrheit« zusammen. Wenn Sie hier als Nachwuchsführungskraft noch Nachholbedarf verspüren, dann schalten Sie den dafür vorgesehenen Dienstleister in Ihrem Unternehmen ein: die Personalabteilung. Zeigen Sie den Mut, auf ein noch vorhandenes Defizit hinzuweisen, und lassen Sie sich helfen. Mit Schwächen offensiv umgehen, auch das zeichnet eine Führungskraft aus. Gegenseitiges Feedback, ohne Wunden zu hinterlassen, kann man lernen.

Weiß Ihr Vorgesetzter, was Sie wirklich von ihm halten?

	Erfolgsbetrieb	Vergleichsbetrieb
Ja, sicher	31	11
Wahrscheinlich	62	26
Eher nicht	6	60
Nein, niemals	1	3

Kommunikation als Erfolgsfaktor

Kommunikation ist keine Einbahnstraße. Wenn in beiden Richtungen kommuniziert wird, dann wird gegenseitiger Einfluss ausgeübt. Vielen Mitarbeitern ist die Möglichkeit der Einflussnahme auf ihren Vorgesetzten nicht bekannt, deshalb wird erst gar nicht versucht, den Chef zu beeinflussen. Und viele Chefs »alter Schule« sind ganz zufrieden damit, wenn niemand ihre Kreise stört und Unruhe in den Alltag bringt.

Unternehmen, die auf eine optimale Kommunikation zwischen Chef und Mitarbeiter – und umgekehrt – setzen, lassen beide Seiten genau auf diesen Punkt hin trainieren, die Vorgesetzten zum Beispiel mit einem Programm wie »Situativ führen« und die Mitarbeiter mit dem Gegenstück »Situativ handeln«. Der bestechend einfache Grundgedanke dieser Programme ist, dass wir uns dauernd in verschiedenen Entwicklungszuständen befinden und deshalb, je nach Situation, unterschiedlich verhalten. Die Schlussfolgerung daraus: Ich muss jeden Mitarbeiter auf seiner derzeitig aktiven Entwicklungsstufe situationsgerecht behandeln. Als erfolgreicher Vorgesetzter müssen Sie die ganze Palette des unterschiedlichen Führungsverhaltens beherrschen, Sie müssen situativ führen können.

Entwicklungsstufen der Leistungsfähigkeit

Ein Mitarbeiter, der begeisterte Anfänger E 1, übernimmt eine neue Position. Er ist sehr engagiert und begeistert (sonst hätten Sie ihn nicht eingestellt), hat aber noch wenig Kompetenz (weil er neu im Job ist). Er befindet sich auf der Entwicklungsstufe eins. Auf dieser ersten Stufe benötigt der Mitarbeiter stark dirigierendes, aber wenig unterstützendes Verhalten. Dirigierend, um ihn in seine neue Aufgabe schnell einzuführen. Unterstützung benötigt er auf dieser Stufe wenig, da sein Begeisterungsvermögen noch sehr hoch ist.

Er arbeitet sich ein, seine Kompetenz steigt. Das ist Entwicklungsstufe zwei, die des enttäuschten Einsteigers E 2. Auf der zweiten Stufe, der trainierenden Stufe, benötigt er stark unterstützendes und stark dirigierendes Verhalten. Warum? Die anfängliche Begeisterung hat etwas nachgelassen, die Kompetenz hat das angestrebte Niveau noch nicht erreicht; Zweifel entstehen: »Schaffe ich das alles?« Lob und Unterstützung sind auf dieser Stufe stärker gefragt, um das Selbstvertrauen aufzubauen oder zu stabilisieren.

Er hat sich eingearbeitet. Er befindet sich auf Entwicklungsstufe drei, ist ein leistungsfähiger Aufsteiger E 3. Die dritte Stufe erfordert stark unterstützendes und wenig dirigierendes Verhalten. Warum? Der Mitarbeiter ist kompetent, sein Engagement ist allerdings als wechselnd einzustufen, denn ab und zu ist er sich nicht ganz sicher, ob er alles richtig macht.

Der tüchtige Könner E 4 hat seinen Job im Griff, besitzt hohe Kompetenz und engagiert sich voll. Das ist Entwicklungsstufe vier. In der vierten Stufe, der Delegationsstufe, ist nur noch wenig unterstützendes und wenig dirigierendes Verhalten nötig. Der Mitarbeiter ist in der Lage, Aufgaben und Projekte selbstständig und ohne Überwachung und Unterstützung durchzuführen. Er wird von

Entwicklungsstufen der Mitarbeiter

Hoch	Mäßig		Niedrig
Hohe Kompetenz Hohes Engagement	Mittlere bis hohe Kompetenz Veränderliches Engagement	Einige Kompetenz Wenig Engagement	Wenig Kompetenz Hohes Engagement
Entwicklungsstufen			
E 4	E 3	E 2	E 1
Entwickelt ⟵⟶ Entwicklungsfähig			

anderen um Rat gefragt, sein Selbstbewusstsein ist stark. Er »marschiert allein«.

Zwischen Stufe eins und vier schwankt das Engagement, je nach Erfahrungslage, Erfolgserlebnissen und eventuellen Zweifeln.

Wird der Mitarbeiter mit einer anderen Aufgabe betraut, dann fällt er von Stufe vier unter Umständen wieder auf Stufe eins zurück. Meist wird diese Entwicklung mit Unverständnis quittiert: »Er war doch früher so ein guter Mitarbeiter, was ist nur mit ihm passiert?« Der Grund liegt auf der Hand, er befindet sich wieder auf einer anderen Entwicklungsstufe.

Aus der Praxis:

Peter F. ist ein hervorragender Fachmann, was die Einführung neuer Produkte betrifft. Er erobert neue Märkte, aktiviert neue Zielgruppen, kurz – er bringt Bewegung in das Unternehmen und die Bilanz. F. hat auf der ganzen Linie Erfolg. Nun erhält er eine Aufgabe, die in seinen Arbeitsbereich »Marketing« gehört. Er soll eine Datenbank zur Analyse des Käuferverhaltens einrichten. Da er auf diesem speziellen Gebiet so gut wie keine Erfahrung vorweisen kann, ist er unsicher. Er ist auf Stufe E 1 oder E 2. Und hier erwartet er eine andere Führung durch seinen Vorgesetzten.

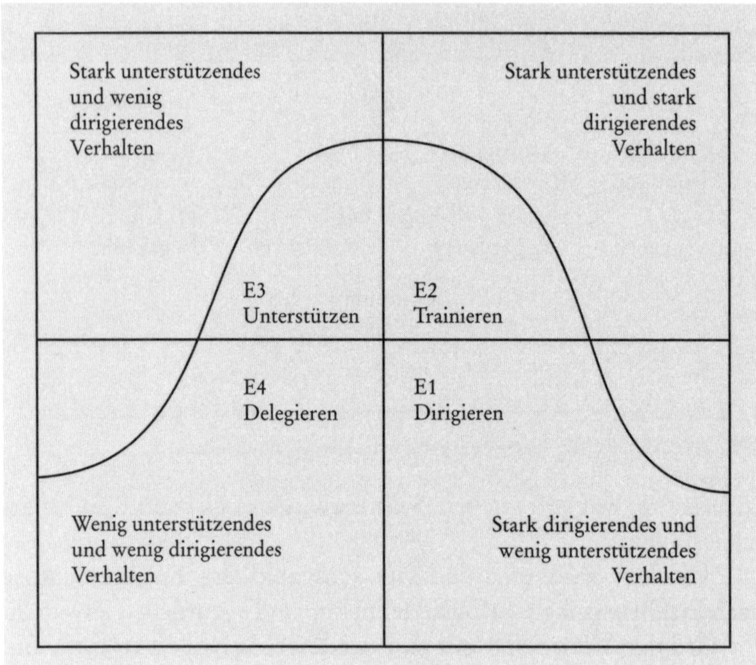

Die obige Abbildung zeigt die vier Führungsstile, die den vier Entwicklungsstufen angemessen sind:

- E 1 – Dirigieren,
- E 2 – Trainieren,
- E 3 – Unterstützen,
- E 4 – Delegieren.

Das Entscheidende bei der Betrachtung der Entwicklungsstufen ist, dass sich eine Entwicklungsstufe immer nur auf eine bestimmte Aufgabe bezieht und nie auf den Menschen an sich. Deshalb kann ein Mitarbeiter sich bei unterschiedlichen Aufgaben gleichzeitig in unterschiedlichen Entwicklungsstufen befinden.

Egal, auf welcher Stufe der Mitarbeiter steht, es ist immer die Aufgabe des Vorgesetzten:

- Ziele zu setzen,
- Leistung zu überprüfen,
- Rückmeldung zu geben.

Wichtig ist für den Wachstumsprozess, dass die eine Seite die gerade erforderliche Unterstützung bietet und die andere Seite die gewünschte Unterstützung erhält oder einfordert. Der Satz »Wenn der Chef sich oft blicken lässt, kann sich die Leistung bald sehen lassen« gilt ganz besonders in den Entwicklungsstufen E 1 bis E 3.

Ein beliebter Fehler von Führungskräften ist, einem unerfahrenen Mitarbeiter auf der Entwicklungsstufe eins eine Aufgabe zu erteilen und ihn dann damit allein zu lassen, also wenig unterstützendes und dirigierendes Verhalten an den Tag zu legen. Er lässt den Mitarbeiter »alleine laufen«. Wenn das Resultat auf sich warten lässt, springt er wieder zurück in einen stark dirigierenden und wenig unterstützenden Führungsstil – und glaubt dabei, dem Mitarbeiter zu helfen. Mit diesem Führungsverhalten gibt er dem Mitarbeiter keine Chance, jemals seine Anfangsstufe zu verlassen. Und damit gibt er sich keine Chance, den Mitarbeiter jemals auf Stufe vier zu erleben, der Stufe, auf der dieser endlich ohne seinen Chef »loslegen« könnte.

Mit kombinierten Trainingsmaßnahmen werden beide Seiten erfolgreich zusammengeführt. Die Chefs lernen »situativ zu führen«, und die Mitarbeiter lernen »situativ zu handeln«. Nur der Erfolg zählt. Und den haben eindeutig die Unternehmen, in denen auch die Mitarbeiter ihre Chefs positiv beeinflussen – zu deren Vorteil.

Mitarbeiter wissen oft genau, wenn der Vorgesetzte eine schlechte oder falsche Entscheidung trifft. »Der wird schon sehen, was er davon hat, geht mich nichts an« zeigt eindeutig, dass hier keine Verantwortung für den »Ranghöheren« übernommen wird. Der Grund für diese Einstellung liegt oft in schmerzhaften Erfahrungen der Vergangenheit. Situationen, in denen der Mitarbeiter ein »Das geht Sie nichts an« hörte, vergisst er nicht so schnell. Auch wenn die Ablehnung weniger schroff und vielleicht diplomatischer übermittelt wurde, die Botschaft war dieselbe: »Nimm deine Nase aus meinen Angelegenheiten.« Schade, dass durch solche

Wie beurteilen Sie Ihren Einfluss auf Ihren Vorgesetzten?		
	Erfolgsbetrieb	Vergleichsbetrieb
Ich habe sehr großen Einfluss	34	3
Ich habe großen Einfluss	44	9
Ich habe etwas Einfluss	16	31
Ich habe wenig Einfluss	4	31
Ich habe keinen Einfluss	2	26

unbedachten Bemerkungen Interesse und Verantwortungsgefühl »abgeschaltet« wurden. Zum Erfolg des Unternehmens tragen solche Verhaltenmuster nicht bei.

Zusammenfassend zeigt die Untersuchung von WissensManagement & Transfer, dass sich Erfolg oder Misserfolg eines Unternehmens an vier Faktoren tatsächlich vorhersehen lassen:

1. An der Akzeptanz und Loyalität, die Mitarbeiter ihren Vorgesetzten entgegenbringen. (»Ich möchte fair behandelt werden, deshalb behandle ich andere ebenso fair.«)

Fühlen Sie sich für die Entscheidungen Ihres Vorgesetzten verantwortlich?		
	Erfolgsbetrieb	Vergleichsbetrieb
Ja, sicher	13	8
Überwiegend schon	39	17
Eher weniger	31	26
Nein, gar nicht	17	49

2. An der Offenheit, dem gegenseitigen Vertrauen zwischen Mitarbeiter und Chef. (»Ich sage es, wenn ich etwas nicht gut finde – und erwarte das auch von anderen.«)
3. An der Wahrnehmung der Einflussmöglichkeiten von »unten« nach »oben«. (»Ich bestimme durch meinen Einfluss mit, was hier geschieht.«)
4. An der Art und Weise, wie Mitarbeiter sich für die Entscheidungen ihres Vorgesetzten verantwortlich fühlen (»Da muss ich ihn unterstützen, sonst wird er Probleme bekommen.«)

Ahnen Sie nun, welchen Einfluss Sie als zukünftiger Chef auf den Erfolg des Unternehmens haben werden? Vergleichen Sie noch einmal die Zahlen in den vier Tabellen auf den Seiten 80, 81 und 86 – und entscheiden Sie sich für Offenheit und Ehrlichkeit.

Es gibt einen Riesenunterschied in der Praxis zwischen den beiden Sätzen »Ich habe alles unter Kontrolle« und »Bei uns wissen alle Bescheid«.

Eine Abteilung ist wie ein Orchester. Jeder trägt seinen Teil zum Applaus bei, mit seinen Instrumenten, mit seiner Ausbildung und mit seinen Fähigkeiten. Beim Konzert weiß jeder, was gespielt wird, und es gibt klare »Spielregeln«. Am vereinbarten Schlusstermin, am Ende des Projekts, stecken alle den Applaus ein, den Applaus für befriedigte Kundenbedürfnisse.

Den kurzfristigen Ausfall des Dirigenten kann man mit Improvisation überbrücken, aber wenn er mehrere Takte lang fehlt, spielt jeder nur noch vor sich hin: Katzenmusik.

Der Marktwert des gesamten Ensembles sinkt, das nächste Engagement ist in Gefahr. Die Einkommen der Musiker sind nicht mehr garantiert. Und in der nächsten Saison spielt eine neue Band.

Tipps für Ihren Erfolg:

Betrachten Sie Ihre Mitarbeiter mit Respekt.

Kümmern Sie sich um das Umfeld Ihrer Mitarbeiter.

Fragen Sie, was man von Ihrem Führungsstil hält.

Verbessern Sie Ihren Führungsstil, wenn erforderlich.

Bleiben Sie authentisch.

Sorgen Sie für Offenheit.

Wählen Sie den passenden Führungsstil – je nach Situation.

Mitarbeiter motivieren und fördern

Leitfragen:

Wie motivieren Sie Ihre Mitarbeiter?
Welche Motivationsfaktoren sind für Ihre Mitarbeiter interessant?
Was tun, wenn die Leistung nachlässt?
Was hilft gegen Mobbing und sexuelle Belästigung?
Wie finden Sie die richtigen Mitarbeiter?
Worauf sollten Sie bei Auswahlgesprächen achten?
Wann können Sie was an wen delegieren?

Wenn Sie Mitarbeiter führen, stellen Sie sich immer wieder die alte Frage: Wie kann man Mitarbeiter motivieren? Über dieses Thema gibt es endlose Diskussionen, viele Bücher, Diplom- und Doktorarbeiten, Vorträge, mehr oder weniger schlaue Referate – und viel Verwirrung. Die Gretchenfrage lautet eigentlich: Kann man Mitarbeiter überhaupt motivieren? Können Sie einen Mitarbeiter dazu motivieren, sich morgens nach dem Klingeln des Weckers zu erheben und gut gelaunt zur Arbeitsstelle zu kommen? Sicherlich nicht. Diese Motivation muss aus ihm selbst kommen. Vielleicht hilft sein Lebenspartner bei der Entscheidungsfindung etwas mit, unterstützt vielleicht den Motivationsprozess. Für Sie als Chef liegen diese Vorgänge außerhalb Ihrer Einflusssphäre. Und wir sollten gleich an dieser Stelle festhalten, dass ein Mitarbeiter, der sich nicht motivieren kann, zu seiner Arbeit zu gehen, am besten gleich zu Hause bleibt. Das erspart allen Beteiligten einen unerfreulichen Tag. Wie kann ich aber einen Mitarbeiter motivieren, der nun tatsächlich den morgendlichen Weg zu seinem Arbeitsplatz geschafft hat? Antwort: gar nicht. Das kann nur er selbst. Sie können ihn höchstens dabei unterstützen.

Wie motivieren Sie Ihre Mitarbeiter?

Schauen wir uns doch einmal einen typischen Mitarbeiter an. Gehen wir von der Person aus, die uns am nächsten steht, nämlich von uns selbst. Genau genommen von Ihnen, lieber Leser oder liebe Leserin, genauer: liebe Führungskraft. Betrachten wir einmal konkret, wer oder was Sie motivieren könnte – gegen Ihren Willen. Es gibt eine zwingende Motivationskraft, die Sie aus Filmen wie »Der Pate« kennen, das ist das unwiderstehliche Angebot – verstärkt durch den Lauf einer Pistole an Ihrem Körper. Natürlich motiviert dieses Argument, solange das Metall spürbar ist oder Sie sich im direkten Einflussbereich der Kugel befinden. Diese »Motivation« hält aber nur so lange an, bis wieder normale Zustände hergestellt sind und Sie Ihren freien Willen äußern können. Natürlich sagen Sie: Ich wollte ja gar nicht, man hat mich irgendwie gezwungen.

Bedürfnisbefriedigung als Erfolgsfaktor

Machen wir einen Sprung ins Berufsleben und betrachten den Motivationsfaktor Gehaltserhöhung. Hat Sie jemals jemand gezwungen, mehr Geld anzunehmen? Wahrscheinlich nicht. Hat eine Gehaltserhöhung bei Ihnen als Motivationsfaktor gewirkt? Wahrscheinlich ja. Und wie lange? Nur bis zur nächsten Gehaltsabrechnung, bei der Ihnen der Unterschied zwischen Bruttogehalt und Nettogehalt deutlich vor Augen geführt wurde? Die Halbwertszeit von materiellen Motivationsfaktoren ist auf jeden Fall bedeutend kürzer, als der Gebende sich erhofft hat. Ist Geld also unwichtig? Natürlich ist Geld wichtig, als Hygienefaktor, zum Bestreiten des Lebensunterhalts, zur Erfüllung der Wünsche, zur Finanzierung des Urlaubs. Und je tiefer ein Mensch auf der Gehaltsskala angesiedelt ist, umso entscheidender ist Geld als Thema. Aber Sie wissen, dass wir auf der Maslowschen Bedürfnispyramide (siehe Seite 91) schnell den Punkt erreichen, bei dem es um mehr geht. Nämlich um Anerkennung, Selbstverwirklichung und was immer der Einzelne unter diesen »weichen« Faktoren versteht. Schauen wir uns doch einmal die »Prioritätenliste« unserer Bedürfnisse an.

Auf der untersten Ebene liegen die einfachsten Bedürfnisse des Lebensunterhalts. Hier unterscheidet sich der Mensch eigentlich nicht wesentlich von seinem Haustier. Ein Dach über dem Kopf

Maslowsche Bedürfnispyramide

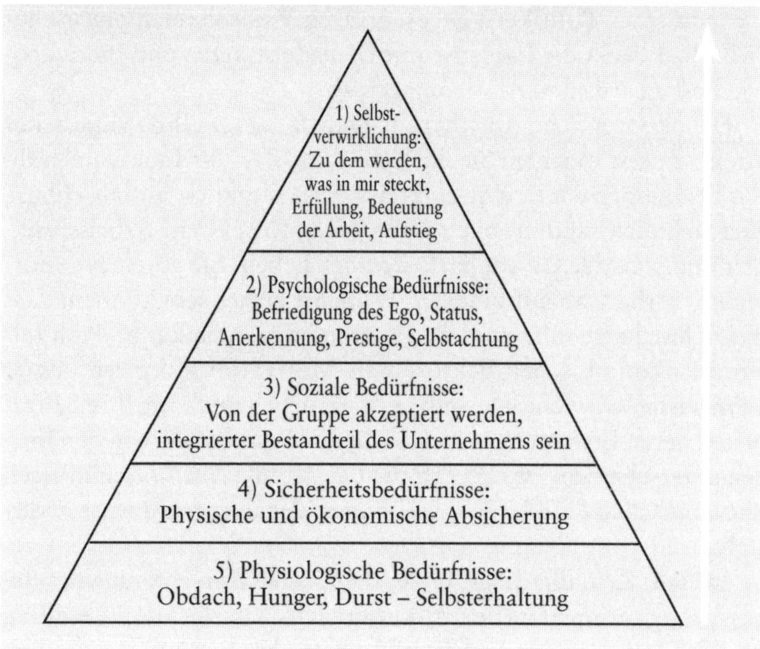

oder zumindest eine zum Überleben ausreichende Unterkunft, etwas zum Essen, etwas zum Trinken und die Sicherung der Selbsterhaltung – damit ist man erst einmal zufrieden. Diogenes und seine Tonne geben das Musterbeispiel für die Befriedigung von Grundbedürfnissen.

Sicherheitsstreben

Bald strebt der Mensch nach Höherem, nämlich der nächst höheren Ebene, den Sicherheitsbedürfnissen. Bei den Sicherheitsbedürfnissen unterscheiden wir zwei Arten: physische und ökonomische Sicherheitsbedürfnisse. Zu den physischen Sicherheitsbedürfnissen zählt der Wunsch, auch am Abend über die Straße gehen zu können, ohne Teile seines Besitzstands zu verlieren. Sei es, dass man persönlich angegriffen wird, oder dass während der Abwesenheit die Wohnung leer geräumt wird. Die Befriedigung dieser Bedürfnisse wird in regelmäßigen Abständen – vor allem im Wahlkampf – von unseren Politikern zugesagt. Den Wunsch nach physischer Sicherheit deckt die Industrie mit Dienstleistungen und Produkten wie Bodyguards und Alarmanlagen ab.

Die ökonomische Absicherung betrifft Sie und Ihre Mitarbeiter direkt. Zuerst möchten Sie die Sicherheit, dass Ihr Einkommen Ihren Leistungen entspricht und dass diese Situation auf absehbare Zeit sich nicht ändert, auch wenn Alter, Krankheit, Arbeitslosigkeit und sonstige Unwägbarkeiten des Lebens Sie an einem »normalen« Arbeitsablauf hindern. Wenn Sie sicher sein können, dass das »Gesicherte« Ihnen nicht genommen werden kann, dann fallen die ökonomischen Faktoren als Motivationsfaktoren immer weniger ins Gewicht. Dasselbe gilt natürlich auch für Ihre Mitarbeiter, deren Erwartungen sich in diesem Punkt nicht von den Ihrigen unterscheiden. Das Ziel ist die Bewahrung eines »vernünftigen ökonomischen Standards«, was immer der Einzelne darunter versteht.

In einer Zeit allerdings, in der die Existenzberechtigung des Berufsbeamtentums straflos diskutiert wird, in der die Bezahlung nach Leistung für alle Berufstätigen gefordert wird, in der das Bismarcksche Rentenmodell angezweifelt wird, in einer solchen Zeit des Umbruchs – kann man sich da noch auf bisherige Finanz- und Karriereplanungsmethoden verlassen? Wohl eher nicht. Insofern nimmt die Bedeutung der Ebene vier wieder zu, je nach der wirtschaftlichen Lage einer Region unterschiedlich stark. Das heißt, der Weg auf der Pyramide führt nicht zwangsläufig immer empor, er kann auch »Rückschritte« enthalten. Bergsteiger wissen, dass der Weg zum Gipfel nicht immer gradlinig nach oben führt.

Ist nun die Ebene vier – wieder? – erreicht, strebt der Mensch nach Höherem, denn Geld ist nicht alles im Leben. Die Befriedigung seiner sozialen Bedürfnisse ist sein nächstes Ziel. Niemand ist eine Insel. Wir möchten von den anderen akzeptiert werden (sonst rächen wir uns bitter). Für Sie als Führungskraft bedeutet das, dass Mitarbeiter in der Gruppe, der Abteilung, im Unternehmen integriert sein wollen, dass sie anerkannt werden wollen. Das gilt übrigens auch für den »Einzelgänger«, der sich anscheinend nirgendwo integrieren lassen will. Bei ihm ist lediglich der Schlüssel zu seinen Bedürfnissen noch nicht entdeckt worden. Übrigens eine große Chance für neue Chefs!

Die Befriedigung sozialer Bedürfnisse geschieht häufig in Vereinen. Wenn ein Mitarbeiter stark im Vereinsleben engagiert ist, fragen Sie ihn doch einmal nach seinen Motiven. Warum bringt er sich dort mit so viel Zeit und Kraft ein? Meist findet er hier die Anerkennung, die ihm im Unternehmen versagt wird. Häufig sind die Mitarbeiter, denen man wenig Verantwortung zutraut, die oft »übersehen« werden, diejenigen, die in Vereinsvorständen sitzen. Ein klassisches Führungsthema: ungenutzte Ressourcen zu aktivierren.

Kaum hat der Mensch die Ebene drei erreicht, ist der Blick »nach oben« gerichtet. Als Nächstes steht die Erfüllung seiner psychischen Bedürfnisse an. Hier wird es etwas komplizierter für uns Menschen – und für Sie als Chef. Hier verlangen wir nach wenig messbaren Faktoren wie Status, Prestige, Selbstachtung, Befriedigung des Ego und Anerkennung.

Anerkennung

Was Mitarbeiter, Menschen, dort häufig erleben müssen, sind demotivierende Signale. Da werden Kollegen im Fahrstuhl von Vorgesetzten ignoriert, nicht unbedingt von ihrem direkten Chef, das wäre ganz unverzeihlich, aber von einem Mitglied der obersten »Unternehmensführung«, das den Bezug nach »unten« verloren hat. Da werden Mitarbeiter im Gespräch übergangen, wie Luft behandelt, nur weil plötzlich ein ranghöheres Wesen den Raum betritt. Solche Momente der Wahrheit bleiben im Gedächtnis hängen. Betriebsklima und Wir-Gefühl, auf der letzten Betriebsversammlung noch als vorbildlich propagiert, bleiben nun auf der Strecke. Gewiss, in manchen Fällen mögen Hektik und Gedankenlosigkeit dazu geführt haben, andere nicht wahrzunehmen. Entschuldigen lassen sich solche Demotivationsfaktoren nicht. Nun erwartet wohl niemand auf dem Parkplatz, im Fahrstuhl oder auf dem Flur eine Grundlagendiskussion über die zukünftige Geschäftspolitik, aber ein Lächeln wäre schon ganz toll. Und so preiswert.

Für die Befriedigung des Prestiges und die Demonstration von Status hat sich die Industrie eine ganze Menge einfallen lassen. Das geht von der handgeschnitzten Mahagoni-Schreibtischplatte über den Teppich mit dreifacher Florhöhe bis zu den Insignien an der Rückseite von Firmenautos, bestehend aus kreativen Kombinationen der verschiedenen Buchstaben unseres Alphabets. Hier kann oft auf Mangelerscheinungen des Symbolträgers geschlossen werden: Je weniger »inside«, umso mehr »outside«. Gehen Sie als Chef vorsichtig mit Statussymbolen um. Fragen Sie sich häufiger: »Habe ich das eigentlich nötig?« Statussymbole sind oft von der Unternehmensgröße abhängig. So stehen der reservierte Parkplatz und die Möblierung des Büros in Großbetrieben ganz oben auf der Wunschliste, während in Kleinbetrieben der Firmenwagen als das größte Statussymbol ermittelt wurde.

Denken Sie bitte daran, dass zur Ebene zwei auch der Begriff »Selbstachtung« gehört. Ohne Selbstachtung werden Sie vermutlich auch von Ihren Mitarbeitern nicht geachtet, trotz »GTI-TDX-Super-SL«-Emblem an Ihrer Karosse.

Selbstverwirklichung

Wenn nun die Spielzeuge auf der Ebene zwei »langweilig« werden, dann geht es auf zur Ebene eins, der letzten Stufe in der Bedürfnishierarchie, der Selbstverwirklichung. »Ich möchte zu dem werden, was in mir steckt« gibt ein Gefühl der Erfüllung. Das »erfüllte Leben des Verblichenen« gehört zu den Standardsätzen der Trauerredner, selbst wenn der Betroffene nie über die Ebene drei hinausgelangte. Sie scheint aber ein ultimatives Ziel zu sein, diese Erfüllung. Für manchen Manager ist die Erfüllung seines Lebens der Gang ins Kloster, wo er all das sucht, was er bisher vermisste: Ruhe, Abgeschiedenheit, Besinnung, Zeit zum Lesen und Nachdenken. Bei einem Vollblut-Manager besteht allerdings die Gefahr, dass er das Kloster reorganisiert, die Leitung übernimmt und neue Filialen gründet.

Die Ebene eins spielt eine große, wenn nicht sogar die entscheidende Rolle bei Ihrem Versuch, andere zu motivieren. Denn Menschen motivieren sich selbst – durch anspruchsvolle Ziele, die sie sich selbst (!) setzen möchten und die sie auch erreichen können. Mit Messlatten, an denen sie ihre eigenen Fähigkeiten austesten können. Motivieren basiert auf freiem Willen. Sonst hält die Motivation nicht an, sondern lässt sofort nach, wenn der »Druck« oder die Kontrolle nicht mehr spürbar ist. Wie ist das bei einem Hochleistungssportler, werden Sie fragen, der unter enormem Leistungsdruck und permanenter Leistungskontrolle steht? Woher kommt hier die Motivation? Die Antwort: von innen heraus, von ihm selbst. Weil er, egal welche Widrigkeiten sich ihm in den Weg stellen, sein selbst gesetztes Ziel vor Augen hat. Und weil er einen Coach oder Trainer an der Seite weiß, der ihn bei der Eigenmotivation bei Bedarf unterstützt. Das ist Ihre Rolle als Chef!

Motivationsfaktoren

Nachdem wir die fünf Ebenen der Bedürfniserfüllung betrachtet haben, schauen wir uns einmal die bekannten Motivationsfaktoren an.

Vergütung

Mehr Geld ist der Motivationsfaktor, der uns allen wohl zuerst in den Sinn kommt. Musikalisch ist er verewigt in dem Song »Hey, Boss, ich brauch mehr Geld«. Aber wie viel mehr Geld? Inflationsausgleich? Mindestens, sonst brauchen wir gar nicht erst miteinander zu verhandeln – bekanntes Ritual der Tarifverhandlungen. Aber wenn mehr Geld, wie viel dann? Mindestens in Höhe der Produktivitätssteigerung, der Umsatzsteigerung, der Gewinnsteigerung? Oder mehr als der Kollege, der noch nicht so lange im Unternehmen ist? Bei dieser Diskussion sind Sie als Chef gefordert. Legen Sie Zahlen auf den Tisch, beschaffen Sie sich die erforderlichen Informationen von der Geschäftsleitung oder vom Controlling und erklären Sie Ihren Mitarbeitern die Zusammenhänge. Aber bitte realistisch und nachvollziehbar. Sie wollen Ihre Glaubwürdigkeit doch nicht aufs Spiel setzen, oder? Machen Sie klar, dass nur der vorhandene Kuchen verteilt werden kann, dass der wirtschaftliche Erfolg eines Unternehmens oder einer Abteilung nicht aus dem Statistischen Jahrbuch, sondern nur aus den konkreten Zahlen des eigenen Unternehmens abgelesen werden kann.

Viele Mitarbeiter haben bei diesem Thema absolut unrealistische Vorstellungen, weil ihnen noch niemand den Unterschied zwischen Umsatz und Gewinn erklärt hat, weil ihnen noch niemand die Kostenrechnung des eigenen Unternehmens gezeigt hat, kurz, weil man den Mitarbeitern nicht zutraut, »vertrauliche« Daten richtig zu interpretieren. Ein Informationsmangel, der erklärt, warum bei Gehaltsritualen oft so wenig Sachlichkeit herrscht. Derselbe Mitarbeiter, der für das Budget einer mehrköpfigen Familie verantwortlich ist, der seinen Hausbau inklusive der Finanzierung plant, der sein Urlaubsbudget verwaltet, derselbe Mitarbeiter soll überfordert sein, betriebswirtschaftliche Zusammenhänge an seinem Arbeitsplatz zu interpretieren? Wer glaubt das eigentlich?

»Menschen lassen sich über den Geldbeutel erziehen«, dieser provokant klingende Satz hat sich in der Praxis immer wieder als treffend herausgestellt. Was immer an Philosophien und Weltanschauungen bei Diskussionen in den Vordergrund gestellt wird, relativiert sich sofort, wenn direkt spürbare Kosten auf den Einzelnen zu kommen. Verteilt werden kann nur, was vorhanden ist. Wenn jeder Kassenpatient eine Kopie der Abrechnungen seines Arztes mit seiner Krankenkasse erhielte, dann würde das Thema »Kosten der Gesundheit« auf einem anderen, realeren Niveau geführt werden, wie Beispiele aus anderen Ländern zeigen.

Wenn ein Mitarbeiter wüsste, welche Wartungskosten durch die rechtzeitige Pflege eines Werkzeugs eingespart werden können, angefangen vom PC bis zur CNC-Maschine, dann hätte er einen anderen Bezug zum Thema »vermeidbare Kosten«. Und wenn er dann noch an den Einsparungen beteiligt würde, dann wäre seine Verhaltensänderung für ihn direkt messbar.

Eine Untersuchung der Zeitschrift *Impulse* (MIND-Studie) zeigte, dass jedes fünfte Unternehmen in Deutschland eine Form von gewinnabhängiger Vergütung eingeführt hat, bei den »kreativen« Branchen war es bereits jede vierte Firma. Der Trend zeigt in die Richtung Partizipation am Unternehmensgewinn, ein erfreuliches Zeichen. Eine Form der Beteiligung, die durch die steigende

Anzahl von auch kleineren Aktiengesellschaften forciert wird, ist die Herausgabe von Aktien an die Mitarbeiter. Der Shareholder bestimmt dann seinen eigenen Shareholder-Value mit. Derselben Zeitschrift war übrigens zu entnehmen, dass in Zukunft Gehaltsverhandlungen immer stärker vor Ort geführt werden, zwischen den direkt Betroffenen, den Betriebsräten, Arbeitnehmern und Arbeitgebern. Hier kommt viel in Bewegung, kreative Lösungen ersetzen immer häufiger »gute, alte« Traditionen.

Natürlich kann es keine 100-prozentige Gerechtigkeit auf der Welt geben, aber es wäre für Ihren Job bestimmt hilfreich, wenn Sie ein von den Mitarbeitern akzeptiertes Vergütungs- und Belohnungssystem vorfinden. Wenn nicht, arbeiten Sie daran. Sie sind doch Barrierenbrecher, oder?

Arbeitsbedingungen

Wenn man sich die Arbeitsbedingungen in manchen Büros anschaut, stellt man oft fest, dass die gesetzlichen Mindestvorschriften gerade erfüllt sind, mehr aber auch nicht. Wie können sich Mitarbeiter an einem Arbeitsplatz, an dem sie in Zukunft wahrscheinlich wieder mehr Zeit als früher verbringen werden, wohl fühlen, wenn sie kein Mitspracherecht bei der Gestaltung ihres engsten Umfeldes haben? Kein Wunder, dass da der Fluchtgedanke nach Hause eher aufkommt. Hier bietet sich für Sie gerade am Anfang eine dankbare Aufgabe, mit Ihren Mitarbeitern das Thema aufzugreifen und bessere Lösungen zu suchen, die nicht sofort mit Budgetfragen verbunden sind. Warum sollen KVP-Prozesse, die komplette Abläufe in Unternehmen auf den Prüfstand stellen, sich nicht auch mal mit dem Ambiente am Arbeitsplatz befassen? (KVP steht für »kontinuierlicher Verbesserungsprozess«.)

Sie werden bei dieser Arbeitsplatz-Diskussion wahrscheinlich auch auf das beliebte Thema stoßen: »Der Nichtraucher und die Grenzen der Toleranz«. Als Chef sind Sie in der Lage, solche Probleme mit der Ihnen eigenen Kreativität zu lösen. Wenn nicht, lesen Sie ein Buch über Brainstorming oder Mindmapping – Kreativitätstechniken, die immer funktionieren. Wenn Sie die »Weiterbildung« gemeinsam mit Ihren Mitarbeitern betreiben, dann können Sie sicher sein, dass in Ihrer Abteilung Probleme kreativer und schneller gelöst werden als im restlichen Unternehmen.

Zu den angenehmen Arbeitsbedingungen kann auch die neue Espresso-Maschine gehören, die als Belohnung für die vorzeitige Fertigstellung eines Projekts beschafft wurde.

Arbeitszufriedenheit

Interessante Tätigkeiten, das wünscht sich jeder Mitarbeiter. Die Frage ist, was versteht der Einzelne unter einer interessanten Tätigkeit. Was für den einen die tägliche Herausforderung darstellt, kann für den anderen ein »stinklangweiliger« Job sein. Wenn Sie jetzt über die Wünsche, Neigungen und Fähigkeiten Ihrer Mitarbeiter Bescheid wissen, dann fällt es Ihnen bestimmt nicht schwer, den verschiedenen Interessen gerecht zu werden. Sprechen Sie mit Ihren Mitarbeitern über das Thema. Das heißt nicht, dass Sie sofort alle Wünsche und Vorstellungen erfüllen können. Sie zeigen aber auf jeden Fall, dass Ihnen daran gelegen ist, dass jeder eine seinen Interessen und Fähigkeiten entgegenkommende Tätigkeit ausführt. Interessant ist auch, die Meinung der Kollegen untereinander zu hören. Offene Diskussionen haben hier schon interessante Anregungen für neue Aufgabenverteilungen ergeben. Vielleicht haben Sie auch die Chance, Jobrotation einzuführen. Das heißt, jeder übernimmt für einen im Voraus definierten Zeitraum die Arbeit eines Kollegen. Außer dem besseren Verständnis von Zusammenhängen und Abläufen innerhalb des Unternehmens stellen Sie somit sicher, dass die Stellvertreterfrage auch bei Grippeepidemien als gelöst betrachtet werden kann.

Qualifikation

Weiterbildungsmöglichkeiten gehören zum Alltag des Berufslebens. Weiterbildung ist aber keine Belohnung für Wohlverhalten, sondern unabdingbare Voraussetzung für den Erfolg Ihrer Abteilung. In einer Zeit, in der jeder im Laufe seines Lebens mehrere Berufe ausüben wird, in der die Halbwertszeit des Wissens sich dramatisch verkürzt, gehört Weiterbildung ebenso zum Berufsleben wie die regelmäßige Nahrungsaufnahme. Nun wird bei der Weiterbildung meist unterschieden nach den drei Kategorien:

- erforderlich für die unmittelbare Tätigkeit,
- erforderlich für eine zukünftige Tätigkeit oder
- erforderlich für die Weiterentwicklung der Persönlichkeit.

Die Maßnahmen, die zur Ausübung der unmittelbaren Tätigkeit erforderlich sind, gehören, wie das erforderliche Handwerkszeug, zur Voraussetzung, die Tätigkeit hier und heute optimal auszuführen. Bei der Weiterbildung, die für eine zukünftige Tätigkeit qualifiziert, wird schon eher gefragt, ob der Mitarbeiter denn diese neu erworbenen Fähigkeiten nicht irgendwann an anderer Stelle, vielleicht sogar bei der Konkurrenz, einsetzen könnte. Machen Sie sich weniger Gedanken um diejenigen Mitarbeiter, die sich weiterbilden und dann vielleicht weggehen, sondern um diejenigen, die sich nicht weiterbilden und bleiben. Denn das ist Ihr Problembereich in der Zukunft. Geht es um allgemeine Weiterbildung, die der Persönlichkeitsentwicklung dient, dann wird diese Frage auf jeden Fall gestellt. Um vor einem Investitionsverlust sicher zu sein, bindet man den Mitarbeiter mit einer Rückzahlungsklausel. »Wenn du unser Vertrauen enttäuschst, dann wirst du bestraft.«

In welcher Welt leben wir eigentlich? Sklavenhandel und Leibeigenschaft sind doch schon lange abgeschafft, oder? Glauben Sie ernsthaft, Sie könnten mit solchen Vereinbarungen einen Mitarbeiter von einem geplanten Wechsel abhalten? Reisende soll man nicht aufhalten – man kann es sowieso nicht. Fragen Sie sich lieber, warum ein Mitarbeiter Wechselgedanken hegt. Wahrscheinlich deshalb, weil es ihm bei Ihnen nicht mehr gefällt. Weil etwas anderes attraktiver ist – oder wenigstens attraktiver wirkt. Sprechen Sie offen miteinander, bevor Wechselgedanken sich verfestigen. Sprechen Sie über Vor- und Nachteile der geplanten Änderung. Manche Mitarbeiter haben wegen des höheren Gehalts die Gegend verlassen und stellten am neuen Wohnort erst fest, dass die Mieten und Grundstücke dort teurer sind, dass die Fahrt zu Arbeit, Schule oder Kindergarten bedeutend länger dauert und dass die Hin- und Rückreise in den Wochenendurlaub nun noch mehr Zeit und Nerven frisst. Achten Sie auf Signale, die in jedem Fall vorher sichtbar sind.

Die innere Kündigung ist immer spürbar, lange bevor sie schriftlich fixiert ist. Das erste Anzeichen ist eine freizeitorientierte Schonhaltung, gefolgt von Desinteresse (»Ich kann hier doch nichts ändern«). Auch der veränderte Umgang mit Firmenfahrzeugen kann ein Indiz sein. Und wenn Sie einen Mitarbeiter nicht zum Bleiben bewegen können, denken Sie bitte daran, dass die Welt so klein ist, dass man immer wieder dieselben Menschen trifft. Jede Trennung sollte so stattfinden, dass immer wieder ein Neuanfang möglich ist. Der Mitarbeiter, den Sie heute wegen seiner »Undankbarkeit« abstrafen, das ist morgen vielleicht derjenige, der Ihnen eine neue Stelle anbieten könnte – wenn er dann noch will.

Warum sollten Sie einem Mitarbeiter nicht ein Seminar finanzieren, das keinen unmittelbaren Bezug zu seiner derzeitigen Tätigkeit hat? Einen Sprachkurs zum Beispiel? Auf der einen Seite zeigt der Mitarbeiter mit seiner Aktivität, dass er lernwillig und aufnahmebereit ist, auf der anderen Seite zeigen Sie ihm, dass Sie sein Engagement honorieren. Ein zufriedener Mitarbeiter ist nicht nur zu Hause zufriedener, sondern auch im Unternehmen. Vielleicht ergibt sich sogar die Möglichkeit, die neu erworbenen Fähigkeiten eines Tages im Unternehmen einzusetzen, bei Geschäftsbesuchen oder Verhandlungen?

Bei Weiterbildungsmaßnahmen, die nicht unbedingt zum direkten Arbeitsumfeld des Mitarbeiters gehören, teilen sich Unternehmen und Mitarbeiter übrigens immer häufiger die Kosten: Das Unternehmen investiert die Seminargebühren, der Mitarbeiter investiert seine persönliche Zeit. Ein fairer Kompromiss.

Loyalität

Die Loyalität von Vorgesetzten ist ein nicht zu unterschätzender Motivationsfaktor. Spätestens dann, wenn komplette Teams mit ihrem Vorgesetzten ein Unternehmen verlassen, ahnt man, wie stark die Bindung aneinander war. Vorgesetzte, die sich ihren Mitarbeitern gegenüber nicht loyal verhalten, haben – außer dem Einsatz von kurzfristigen Machtmitteln – keine Einflussmöglichkeiten mehr. Mitarbeiter, die, ob zu Recht oder zu Unrecht, das Gefühl haben, ihr Vorgesetzter verhalte sich nicht loyal, leiden häufiger unter Magen- und Darmgeschwüren. Wollen Sie den Krankenstand gezielt nach oben treiben?

Vertrauen

Entgegengebrachtes Vertrauen, das von den Mitarbeitern auch so empfunden wird, bewirkt eines der schönsten Gefühle, die ein Mensch überhaupt verspüren kann. Wie fühlen Sie sich, wenn Sie wissen, es gibt in Ihrem engsten Umfeld jemanden, der Ihnen vertraut? Stärkt das nicht Ihr Selbstbewusstsein, Ihr Selbstwertgefühl, Ihren Widerstand gegen die Widrigkeiten des Alltags? Sehen Sie, genauso geht es Ihren Mitarbeitern. Hier bestehen in der Praxis allerdings noch große Defizite, denn wir leben in einer Misstrauensgesellschaft.

Aus der Praxis:

Ein Versandhaus, das eine in Deutschland absolut unübliche »lebenslange Garantie« auf seine Produkte gibt, wird immer wieder gefragt, ob mit dieser zeitlich unbegrenzten Garantie nicht oft Missbrauch getrieben wird. Die Frager sind dann überrascht zu hören, dass die Missbrauchsquote in Deutschland genauso gering ist wie zum Beispiel in den USA oder den Niederlanden. Die verblüffte Reaktion: »Das hätten wir in Deutschland nicht erwartet« (von den andern).

Ein anderes Unternehmen hat im Rahmen seiner kompletten Umstrukturierung auch die Geräte zur Erfassung und Kontrolle der Arbeitszeit abgeschafft. Der Geschäftsführer wird von seinen Besuchern häufig gefragt, ob denn nun nicht dem Arbeitszeitbetrug Tür und Tor geöffnet sei. Auf seine Standardfrage: »Würden Sie denn Ihr Unternehmen betrügen?« kommt regelmäßig die Standardantwort: »Nein, ich auf gar keinen Fall, aber für die andern könnte ich nicht garantieren.«

Vertrauen setzt den Glauben an andere Menschen voraus. Wenn ich anderen keinen Vertrauensvorschuss einräume, dann erhalte ich das Resultat meiner Erwartungen: Misstrauen. Seien Sie auch hier Vorbild für Ihr nächstes Umfeld.

Solidarität

Ein Zugehörigkeitsgefühl schafft Solidarität mit Ihnen, den Kollegen, dem Unternehmen und der gemeinsamen Aufgabe. Zu einer Gruppe, vielleicht gar einer Elitegruppe zu gehören, das ist häufig nicht mit Geld aufzuwerten. Sie erinnern sich an Punkt eins? Ob Ihre Abteilung zu einer Elitegruppe wird, das bestimmen Sie allein, durch Ihren Führungsstil und Ihre Persönlichkeit. Zugehörigkeitsgefühl kann nicht verordnet werden, es entsteht einfach aus dem Miteinander und der respektvollen Behandlung durch die Kollegen. Es entsteht, indem alle Beteiligten daran arbeiten, sich gegenseitig zu unterstützen.

Herausforderungen

Herausfordernde Tätigkeiten wirken anregend. Herausforderungen gibt es nicht nur beim Duell, sondern bei allen Tätigkeiten, die über den »Normaleinsatz« hinausgehen. »Das wäre doch gelacht, wenn ich das nicht schaffe.« Und schon wird der geballte Ehrgeiz aktiviert, Hindernisse und Hemmschwellen ignoriert, nur noch das Ziel gesehen – und erreicht. Der positive Einfluss auf die umstehenden oder -sitzenden Kollegen: »Wenn der/die das kann, dann kann ich das auch.« Nun werden in Ihrer Abteilung nicht dauernd Tätigkeiten anfallen, die zu Heldentaten ermuntern. Beachten Sie aber die motivierende Wirkung von Herausforderungen, vielleicht können Sie zusammen mit Ihren Mitarbeitern noch ganz andere Aufgaben übernehmen – die dann für alle eine entsprechende Belohnung versprechen.

Karrierechancen

Aufstiegschancen sind für die meisten Mitarbeiter ein lohnendes Ziel, aber nicht für alle. Mancher ist mit seiner derzeitigen Rolle und Verantwortung ganz zufrieden. Dann sollte man ihn nicht zu etwas zwingen, vor dem er vielleicht sogar ausgesprochene Angst hat. Die Frage ist, was der Einzelne für sich persönlich unter Aufstieg versteht. Wenn Sie Bergsteiger sind, wissen Sie, dass mit dem

Aufstieg auch der Abstieg verbunden ist – und der ist häufig schwieriger. In unserem klassischen Organigramm-Denken ist der Aufstieg klar definiert, in der Hierarchie nach oben. Wieso ist das die einzige Aufstiegsform? In einer Teamstruktur kann die Übernahme einer zeitlich begrenzten Teamleiterrolle durchaus als Aufstieg betrachtet werden, ohne dass damit eine hierarchische Veränderung verbunden ist. Der Mitarbeiter ist zu Leistungen und Fähigkeiten aufgestiegen, die er vorher noch nicht besaß, bevor er Sie als Coach zur Verfügung hatte. Auch hier gilt wieder: Sie müssen wissen, welche Vorstellungen und Erwartungen der Mitarbeiter tagtäglich mit ins Unternehmen bringt.

Incentives

Die Aussicht auf Reisen ist für viele Mitarbeiter ebenfalls ein Motivationsfaktor. Dies können Geschäftsreisen oder Incentives, also Belohnungsreisen, sein. Hat ein Mitarbeiter allerdings schon alle Flughäfen der Welt und die interessantesten Autobahnstaus erlebt, dürfte die Aussicht auf Reisen nicht mehr zu den stärksten Motivationsfaktoren gehören. Ebenso sind schon manche in bester Absicht ausgesprochenen Einladungen zur Messeteilnahme an Lebenspartnern gescheitert, die Bedenken hatten, ihr bestes Stück unbeaufsichtigt in eine fremde Stadt reisen zu lassen. Sie sollten als Chef also auch etwas mehr über die privaten Umfeldbedingungen Ihrer Schützlinge wissen, um ihnen nicht »gut Gemeintes« anzutun, das eher das Gegenteil Ihrer Intentionen bewirkt.

Faire Anerkennung

Die Anerkennung durch den Vorgesetzten gibt dem Mitarbeiter konkret die Bestätigung, dass man mit seiner Tätigkeit zufrieden ist. Nun sollten Sie nicht jeden Handgriff Ihrer Mitarbeiter mit Begeisterungsrufen begleiten, aber anerkennende Äußerungen, vor allem über unerwartete und nicht selbstverständliche Aktivitäten, sind schon angebracht. »Erwisch ihn, wenn er gut war.« Aber bitte nicht nur bei einem »Vorzeigemitarbeiter«, sondern gerecht verteilt. Manche Führungskräfte tun sich etwas schwer damit, Anerkennung und Lob problemlos zu übermitteln. »Nicht gemotzt ist Lob genug«, diese Einstellung, in Süddeutschland noch hie und da verbreitet, sollte auf keinen Fall zu Ihrer Philosophie gehören.

Arbeitsplatzsicherheit

Die Sicherheit des Arbeitsplatzes ist natürlich ein starker Motivationsfaktor – in den klassischen Branchen. Lassen Sie uns einen Moment nostalgisch werden. Es gab eine Zeit, in der nicht nur der Vater, sondern auch der Großvater schon »beim Daimler geschafft hat«. Abgesehen davon, dass das Unternehmen heute Daimler-Chrysler heißt, hat sich hier die Welt doch schneller gedreht, als vielen bewusst ist. Welches Unternehmen mit welchem fusioniert, welche Arbeitsplätze wann von wo nach wo verlagert werden, das kann nur Spekulation sein. Selbst finanzstarke Unternehmen trennen sich von Abteilungen, verschlanken, konzentrieren sich auf Kerngeschäfte. Die Begründungen für Veränderungen sind selbst für Wirtschaftsfachleute nicht immer nachvollziehbar. Ab und zu kann schon der Verdacht aufkommen, dass hier Vorstandsvorsitzende ungelöste Fehden aus der Jugendzeit mit anderen Mitteln beenden wollen. Egal, was die Gründe für solche Einschnitte in das Erwerbsleben des Einzelnen sind, sie gehören zum Berufsalltag. Aber mancher Vorgesetzte, der vor seinen Mitarbeiter überzeugt vom sicheren Arbeitsplatz sprach, traf seine ehemaligen Kollegen auf dem Flur des Arbeitsamtes wieder. Fakten sind Fakten, Nostalgie hat ihren Platz nur in Kinofilmen und auf Flohmärkten. Entscheidend ist für Sie, dass Sie bei diesem Thema gegenüber Ihren Mitarbeitern mit offenen Karten spielen und das Bewusstsein dafür schärfen, dass die größte Sicherheit für den Einzelnen in der permanenten Weiterbildung und in der Flexibilität liegt, sich auf Änderungen einzustellen. In neu entstandenen Unternehmen wie Multimedia-Spezialisten und Softwareherstellern, die nicht zu den traditionsreichen Branchen zählen, lassen sich Mitarbeiter ohnehin kaum mit Stichworten wie Arbeitsplatzsicherheit motivieren. Hier wird die persönliche Zukunft eher im Wechsel gesehen, im Wechsel zu neuen, noch interessanteren Aufgaben, in Firmen, die es heute vielleicht noch gar nicht gibt. Ein Paradigmenwechsel, der für die meisten Arbeitnehmer heute noch unvorstellbar ist.

Nochmals: Hüten Sie sich davor, einem Mitarbeiter einen sicheren Arbeitsplatz zu versprechen, es könnte ein Versprecher werden. Selbst wenn Sie Alleininhaber des Unternehmens sind, eine Garantie für die Zukunft können auch Sie nicht abgeben.

Welche Motivationsfaktoren sind für Ihre Mitarbeiter interessant?

Wir haben in der Abbildung auf Seite 106 zwölf Punkte aufgeführt, die als die wesentlichen Motivationsfaktoren gelten. Damit Sie sich bei der Übernahme Ihrer neuen Aufgabe möglichst schnell ein Bild über die Motivationslage Ihrer Mitarbeiter machen können, hier ein Vorschlag.

Listen Sie die zwölf Punkte auf, geben Sie jedem Mitarbeiter eine Kopie mit der Bitte, jedem der Punkte eine eigene Gewichtung zu geben. Bei zwölf Punkten kann allerdings jeder Gewichtungsfaktor nur einmal vergeben werden, erhält zum Beispiel der Punkt »Aufstiegschancen« die Gewichtung drei, dann kann die Drei nicht noch einmal vergeben werden. Sie können selbstverständlich noch weiter untergliedern, beispielsweise beim Thema Weiterbildungsmöglichkeiten. Dann erhöht sich dementsprechend die Anzahl der zu vergebenen Ziffern. Und bevor Sie Ihren Mitarbeitern dieses Blatt in die Hand geben, füllen Sie es natürlich für sich selber erst einmal aus. Was ist Ihre Nummer eins?

Manchmal lässt sich das Leben mit einfachen mathematischen Formeln erklären.

Bedürfnis + Anreiz = Motivation, etwas zu tun (Aktion)

Motivation muss von den Bedürfnissen der Betroffenen ausgehen. So hat ein Mensch im Marketing wahrscheinlich andere Bedürfnisfaktoren als ein Buchhalter, ein Mitarbeiter im Vertrieb andere Bedürfnisfaktoren als der Maschinenbediener. Würden Sie alle

Thema	Lfd. Nummer	Persönliche Gewichtung
Mehr Geld	1	
Angenehme Arbeitsbedingungen	2	
Interessante Tätigkeiten	3	
Weiterbildungsmöglichkeiten	4	
Die Loyalität von Vorgesetzten	5	
Entgegengebrachtes Vertrauen	6	
Zugehörigkeitsgefühl	7	
Herausfordernde Tätigkeiten	8	
Aufstiegschancen	9	
Die Aussicht auf Reisen	10	
Die Anerkennung durch den Vorgesetzten	11	
Die Sicherheit des Arbeitsplatzes	12	
....	.....	

gleich behandeln wollen, dann würde man zu Recht von einem Manipulationsversuch sprechen. Jeder von uns hat im Leben eine Richtung eingeschlagen, die, wenn auch nicht immer exakt, so doch weitgehend unserer Bedürfnislage entspricht.

Wenn ich im Unternehmen meinen Vorstellungen entsprechend meine Wünsche erfüllen kann, mein Leitbild leben darf, dann macht mir die Arbeit »Spaß«. Und wenn mir etwas Spaß macht, dann tue ich es gern, selbst wenn Probleme auftreten. Der Satz eines Unternehmers zum Thema Spaß: »Die sollen keinen Spaß haben, sondern arbeiten«, zeigt, dass hier noch nicht jeder verstanden hat, dass Arbeit nur mit vollem Engagement betrieben wird, wenn sie eben auch Spaß macht.

Zielsetzung als Motivationsfaktor

Zum Thema Motivation gehört auch die Beurteilung von Leistungen. Ohne Messlatte weiß ich nicht, ob ich mein gesetztes Ziel erreicht habe, ob ich hoch genug oder weit genug gesprungen bin. Wozu dient eigentlich das gesetzte Ziel? Um auf einem zu gehenden Weg ein definiertes Stück weiterzukommen. Unterstützen Sie Ihre Mitarbeiter darin, die Bedeutung ihrer Tätigkeit zu erkennen und sich damit zu identifizieren. Helfen Sie Ihren Mitarbeitern, Ziele zu setzen und diese auch zu erreichen. Dazu sollten Sie aber Ihr eigenes Ziel zuerst definieren. Nehmen Sie sich alle erforderliche Zeit und vervollständigen Sie diesen Halbsatz.

Mein Ziel

Meine Tätigkeit besteht – auf einen Nenner gebracht und positiv formuliert – darin,

....

....

Was halten Sie davon, diesen komplettierten Satz, vielleicht farbig, fett gedruckt und gerahmt, für jeden Besucher sichtbar auf Ihren Schreibtisch zu stellen? Dann weiß jeder, wozu Sie dort sitzen – und jeder, selbst Sie, kann beurteilen, ob Sie sich noch im Zielkorridor befinden.

Ein gut formuliertes persönliches Ziel ist spezifisch, messbar, mit den Zielen des Unternehmens vereinbar und realistisch. Das gilt für Ihr Ziel und natürlich auch für die Ziele Ihrer Mitarbeiter.

Realistische Ziele

Im Hinblick auf den Realitätsgehalt von Zielen treten in der Praxis die meisten Probleme auf. Viele Ziele sind einfach unrealistisch angesetzt, nach dem Motto »Wir setzen das Ziel möglichst hoch, dann werden wir schon irgendwie weiterkommen«. Die Motivation, sich für etwas Unerreichbares einzubringen, können Sie durchaus bezweifeln, und das zu Recht. Wenn ich weiß, dass ich das geforderte Ziel nicht erreichen kann, warum soll ich mich dann anstrengen – ich schaffe es doch so oder so nicht. Hinzu kommt, dass Ziele meist auf einer Zeitachse geplant werden, die kein Mensch überschauen kann: ein Jahr oder zwölf Monate. Wer von uns kann denn die nächsten drei Monate realistisch überblicken? Und wenn uns zwölf Monate zur Verfügung stehen, dann stellen wir fest, dass die Zeit am Ende immer knapper wird. Vielleicht kennen Sie dies auch aus Erfahrung: Messen beginnen grundsätzlich plötzlich, obwohl der Termin mindestens ein Jahr vorher bekannt ist.

Zielüberprüfung

Zum Motivieren gehört, dass regelmäßig Fortschritte auf dem Weg zum Ziel gemeinsam mit den Mitarbeitern betrachtet werden. Die Betonung liegt auf regelmäßig und nicht nur einmal im Jahr. Eine gute Praxis ist, auf der Zeitachse etwas zu »mogeln«. Das bedeutet, dass bereits nach 50 Prozent der Zeit schon zwei Drittel der Etappenziele erreicht sein müssen. Dadurch gewinnen Sie Spiel- und Zeitraum für Korrekturmaßnahmen. Warum sollten eigentlich Ziele nicht, so wie Umsatzzahlen, im Quartalsrhythmus überprüft werden? Dann steht jeder näher am Ziel, das Ziel ist leichter erkennbar. Aber Vorsicht: Wer immer trifft, steht wahrscheinlich zu dicht am Ziel.

Nun kann es sein, dass Sie bei der Überprüfung der Zielvorgaben feststellen, dass von vereinbarten Spielregeln abgewichen wurde. Mitarbeiter erbringen nicht die vereinbarte Leistung, sie verhalten sich gegenüber Kollegen in einer Weise, die ebenfalls nicht vereinbart war, kurz, es stimmt etwas nicht. Sie sind als Koordinator gefordert. Der erste Schritt: Sammeln Sie Fakten, »hard facts«, die jeder Überprüfung standhalten (wo, wann, wie, wer). Bereiten Sie sich auf das erforderliche Gespräch vor, legen Sie sich Ihre Argumentation zurecht, überdenken Sie die Tragweite der Angelegenheit und informieren Sie sich über alles, was zum Thema gehören könnte. Für das Gespräch mit den Betroffenen gilt:

- Schlagen Sie Lösungswege vor – schreiben Sie nicht vor! – versuchen Sie zu überzeugen, fordern Sie und stellen Sie ein Ultimatum, ohne zu drohen.
- Verletzen Sie niemanden in seiner Würde.
- Machen Sie Ihre Erwartungen unmissverständlich deutlich. Erklären Sie die Folgen, die aus dem Fehlverhalten resultieren (können).
- Legen Sie fest, was bis wann geändert werden soll.
- Bitten Sie um Feedback und Unterstützung des Betreffenden, denn es geht letztendlich um ihn.
- Motivieren Sie Ihre Mitarbeiter durch Leistungsbeurteilungen.
- Machen Sie bei solchen Gesprächen klar, dass es nicht um Vorwürfe geht, sondern einzig und allein um die neutrale Gegenüberstellung von IST und SOLL, um die gemeinsame Prüfung, ob eine Vereinbarung eingehalten wurde.

Was tun, wenn die Leistung nachlässt?

Wenn die Leistung eines Mitarbeiters mangelhaft (mit Mängeln behaftet) ist, sollten Sie diesen Zustand keinesfalls ignorieren. Warum sollte der Mitarbeiter sonst sein Verhalten ändern?

Es gibt mehrere Gründe, warum ein Mitarbeiter nicht die erwartete Leistung bringt:

- Er weiß nicht, was von ihm erwartet wird. (Ein Führungsproblem: mangelnde Kommunikation.)
- Er weiß nicht, wie die Qualität seiner Arbeit ist. (Ein Führungsproblem: mangelndes Feedback.)
- Er kann seine Aufgabe nicht erledigen, weil er nicht weiß, wie er es tun soll. (Ein Führungsproblem: mangelnde Information.)
- Er erhält nicht die erforderliche Unterstützung mit Material

und Informationen. (Ein Führungsproblem: mangelnde Unterstützung.)

Je schneller diese Punkte auf den Tisch kommen, umso schneller lassen sich Lösungen finden. Sie sehen auch, dass in allen Fällen die Führungsaufgabe nicht richtig wahrgenommen wurde. Das heißt, nicht der Mitarbeiter hat seine Hausaufgaben nicht gemacht – sondern Sie haben etwas versäumt.

Das Gespräch suchen

Wenn nun ein Mitarbeiter mit der Beurteilung seiner Leistung oder seines Verhaltens nicht einverstanden ist, fragen Sie ihn: »Was würden Sie an meiner Stelle tun?« Dadurch bringen Sie ihn dazu, sich aus seiner Sicht zu dem Thema zu äußern. Bestehen anschließend immer noch wesentliche Unterschiede in der Betrachtung, empfiehlt es sich, einen »neutralen Dritten« hinzuzuziehen. Mehrheitsentscheidungen überzeugen leichter als Einzelentscheidungen.

Sachlich argumentieren

Gibt es Diskussionen über Abweichungen, dann lassen Sie sich nicht von Ihren Gefühlen leiten. Attackieren Sie das Verhalten, nicht die Person. Denken Sie immer daran, es geht um die Sache, nicht um die Person. Persönliche Wunden heilen langsam, ein Gesichtsverlust wird nie verziehen. Und rhetorische Altlasten haben eine lange Halbwertszeit.

Nun sind Sie von Hause aus ein friedliebender Mensch. Konflikte sind Ihnen zuwider, Sie möchten auch niemandem wehtun. Das spricht für Sie. Denken Sie an das Thema Kindererziehung. Viele Erwachsene leiden heute noch unter einer Entwicklungsphase der Menschheit, die sich antiautoritäre Erziehung nannte und eine Zeit lang als modern galt. Leiden darunter, dass ihnen nie jemand ihre Grenzen aufgezeigt und *Konsequenzen versprochen* hat, für den Fall, dass vereinbarte Spielregeln nicht eingehalten wurden (weil es so gut wie keine Spielregeln gab). Sie werden immer wieder in die Situation kommen, als Disziplinarvorgesetzter (zugegeben, kein allzu schönes Wort) dafür zu sorgen, dass eine vereinbarte Disziplin auch eingehalten wird. Wenn Sie dann mit roten oder gelben Karten operieren müssen, dann orientieren Sie sich an den sechs Grundregeln:

1. Fairness: Behandeln Sie alle Mitarbeiter gleich. Das ist besonders dann wichtig, wenn Sie nicht mit allen per du sind.
2. Unmittelbare Reaktion: Wenn Sie irgendwie reagieren müssen, dann schlafen Sie maximal eine Nacht darüber – spätestens dann müssen Sie sich des Themas annehmen. Es muss behandelt werden, solange es noch »heiß« ist.
3. Gelassenheit: Nehmen Sie sich die Zeit, mit etwas Distanz und Ruhe zu urteilen.
4. Authentizität: Zeigen Sie, dass Sie von der Richtigkeit Ihres Vorgehens absolut überzeugt sind. Sie sollten alle Aspekte im Vorfeld gründlich abgewogen haben.
5. Berechenbarkeit: Verfolgen Sie eine klare Linie, gehen Sie keine faulen Kompromisse ein.
6. Offenheit: Dokumentieren Sie die Fakten. Für jeden nachlesbar und nachvollziehbar.

Entlassungsgespräche

Jede Disziplinarmaßnahme kann möglicherweise irgendwann zu einer Entlassung führen. Dies müssen Sie dem Mitarbeiter gegebenenfalls mitteilen. Gerade in der Anfangsphase Ihrer Führungsrolle wird Ihnen das eher unangenehm sein. Einstellungsgespräche führt man gerne, Entlassungsgespräche delegiert man lieber an die Abteilung »Personalwesen«.

Seien Sie kein Feigling, denn das Entlassungsgespräch bietet Ihnen die einmalige Chance, angstfrei etwas über *Ihren* Teil des Unternehmens in Erfahrung zu bringen – vielleicht nicht ganz objektiv, aber auf jeden Fall ungeschminkt. Sie fürchten sich doch nicht vor der Wahrheit? Na also, gehen Sie das Ganze professionell an. Koordinieren Sie die Details mit der Personalabteilung, die über Routine in solchen Dingen verfügt. Wählen Sie den optimalen Zeitpunkt, das ist meist das Ende des Arbeitstages. Bei sehr sensiblen Mitarbeitern ist es eher sinnvoll, den Morgen zu nutzen. Der Mitarbeiter kann sich dann während des Tages mit der neuen Situation auseinander setzen, bevor er sich vielleicht aufgewühlt oder frustriert auf den Heimweg macht. Lassen Sie einen Zeugen für das Unternehmen, und, falls sinnvoll, auch für den Mitarbeiter, am Gespräch teilnehmen. Seien Sie dem Mitarbeiter gegenüber rücksichtsvoll. Lassen Sie ihm ausreichend Zeit für die Formalitäten. Wirken Sie Gerüchten entgegen, informieren Sie Ihre Mitarbeiter über die Entlassung des Kollegen, und zwar mit Respekt und Diskretion.

Seien Sie als Chef Ihren Mitarbeitern gegenüber immer taktvoll. Denken Sie daran: Takt ist der ungesagte Teil dessen, was man denkt, und er schließt die Fähigkeit mit ein, seine Meinung deutlich zu machen, ohne sich Feinde zu schaffen.

Regelmäßige Mitarbeitergespräche

Damit es gar nicht erst zur Trennung kommt, sollten Sie Ihre Mitarbeiter regelmäßig beurteilen. Beurteilt wird in der Regel von oben nach unten. Dies ist der klassische »Top-Down-Approach«, so wie die Vorväter es von ihren Vorvätern lernten.

Warum nicht auch einmal umgekehrt? Wenn Sie als Vorgesetzter von Ihren Mitarbeitern erfahren, wie man *Ihre* Leistungen beurteilt, dann wüssten Sie genau, wo Raum für Verbesserungen vorhanden ist, wo Schwachstellen liegen, die Sie ohnehin nicht verheimlichen können. Es gäbe in den Unternehmen bedeutend weniger Krankheitstage, wenn sich beide Seiten offen und fair gegenseitig beurteilen würden. Wenn Mitarbeiter aus dem Kundenkreis, also von Betriebsfremden, gefragt werden: »Was habt ihr denn da für einen komischen Chef?«, dann wäre es doch ein Zeichen von offener Firmenkultur, wenn hier ein Austausch innerhalb der Betroffenen stattfinden könnte.

Das Thema »Aufwärtsbeurteilung« fällt oft vorgeschobenen vermeintlichen Sachzwängen zum Opfer. Der wahre Grund ist die Angst vor den Änderungen, die mit einer solchen Entscheidung einhergehen. Wäre es denn so »schlimm« für einen Vorgesetzten, wenn er sich einmal pro Jahr dem Votum seiner Mitarbeiter stellen würde? Wahrscheinlich wäre es nur für diejenigen unangenehm, bei denen die Mitarbeiter nur noch wegen wirtschaftlicher Sachzwänge durchgehalten haben, schlimm für diejenigen, bei denen festbetonierte Hierarchiedecken die Denkvorgänge blockieren. Hier tun sich neue Unternehmen bedeutend leichter, die ohne Traditionszöpfe und ohne gewachsene Hierarchien ihre Mitarbeiterführung zukunftsorientiert angehen können.

Was hilft gegen Mobbing und sexuelle Belästigung?

Ein Thema, das oft im Gespräch ist, ist das »Mobbing«. Ein Schlagwort, das immer mehr Firmen betrifft und viele Mitarbeiter in eine Krankheit führt, manche bis hin zum Selbstmord, den sie als letzten Ausweg aus einer Situation sehen, die offenbar niemand wahrhaben wollte.

Was ist Mobbing?

Mit Mobbing sind nicht die zwischenmenschlichen Konflikte gemeint, die immer wieder auftreten und bisweilen sogar zur Steigerung der Produktivität und Kreativität im Unternehmen beitragen können. Mobbing bedeutet, andere Mitarbeiter gezielt zu verunsichern, bis die Betroffenen die Schuld für die Situation bei sich selbst suchen, sich als Versager fühlen. Im Buch *Schluss mit Mobbing!* vom selben Autor finden sich Beispiele für die vielfältigsten Mobbing-Situationen, die im Berufsleben vorkommen können. Mobbing findet seltener dort statt, wo manuell gearbeitet wird, etwa in Produktionsbetrieben oder gar in der Landwirtschaft. Es greift dort Raum, wo man eigentlich eher Problemlösungsfähigkeiten von den Mitarbeitern erwarten sollte. Aber die Problemlösungfähigkeiten werden häufig in Problemschaffungsmöglichkeiten umgewandelt. Krankenhäuser sind ein beliebtes Feld für die krankmachende Mobberei. Erschreckend war auch die Zeitungsmeldung, dass die Kriminalpolizei in einer bayrischen Stadt ihr internes Mobbing so weit trieb, dass der Chef der Behörde »weggemobbt« wurde. Um etwas Ordnung in das Unternehmen zu bringen, wurde eigens ein Psychologe abgestellt.

Wenn die eigentlich unglaubliche dpa-Meldung stimmt, dass in etwa 70 Prozent der Mobbing-Fälle Vorgesetzte beteiligt sind, dann kann bezweifelt werden, ob diese »Führungskräfte« jemals über ihre Aufgaben und ihre Verantwortung aufgeklärt wurden. Eine andere Statistik sagt aus, dass in 40 Prozent der Fälle von Vorgesetzten gemobbt wird, in 40 Prozent von den Mitarbeitern und in 20 Prozent von beiden gemeinsam. Also auch dieser Statistik zufolge mischen die Chefs kräftig mit.

In Zeiten, in denen die Luft am Arbeitsplatz dünner wird, in denen häufiger von Arbeitsplatzabbau gesprochen wird, scheint Mobbing als eine Art »Flurbereinigung« verstanden zu werden. »Bevor ich meinen Arbeitsplatz verliere, soll der andere seinen räumen.«

Auf Mobbing reagieren

Wenn Sie als Vorgesetzter von dem Thema erfahren, dann müssen Sie reagieren. Hören Sie öfter auf das, was zwischen den Zeilen gesagt wird. Sammeln Sie Fakten. Wenn Sie die Fakten auf dem Tisch liegen haben, machen Sie den Betroffenen unmissverständlich klar, dass Sie das Verhalten nicht akzeptieren, dass Sie alle erforderlichen Schritte konsequent durchführen werden. Das bedeutet die Trennung von den Verursachern, egal, um wen es sich handelt. Wenn Sie nicht rechtzeitig und konsequent vorgehen, sind Sie der Nächste, der gemobbt wird.

In manchen Fällen kann noch »reparierend« eingegriffen werden, nämlich dann, wenn den Mobbern die Tragweite ihrer Aktivitäten nicht bewusst ist. Ein erstes, ganz offenes Gespräch zwischen den Betroffenen schafft Klarheit, ob es sich um »Flapsigkeit« handelt oder um Absicht. Auf keinen Fall dürfen Sie diese Erscheinungen bagatellisieren oder verharmlosen.

Hie und da gibt es den Tipp, den Mobbingopfern aus ihrer Opferrolle zu helfen, indem man Sie auf die Wirkung ihrer Körpersprache hinweist, sie vielleicht auf ein Seminar zur Verbesserung ihrer Körpersprache oder ihres Auftretens schickt. Abgesehen davon, dass ein solches Seminar bisher niemandem geschadet hat, wird hier das Pferd doch vom falschen Ende her aufgezäumt. Hier werden Ursache und Wirkung verwechselt. Der Gemobbte hat auf jeden Fall ein Anrecht auf Ihren Schutz – und nicht auf Scheinlösungen. Ganz abgesehen davon: Vor Gericht können Mobbing-Opfer mittlerweile Schadensersatz fordern, im Ernstfall werden also Sie zur Kasse gebeten.

Vorsicht bei psychischen Problemen

Trotzdem muss der Fairness halber auch auf eine Einstellung hingewiesen werden, die vielen Menschen eigen ist. Es gibt Menschen, die argwöhnen Schlimmes, wenn ihr Chef sich mit einem Kollegen (oder gar einer Kollegin) in sein Büro zurückzieht und die Tür schließt. Die Fantasie dieser Menschen reicht von »Was die jetzt wohl wieder aushecken?« über »Jetzt geht es bestimmt wieder gegen mich« bis zu allen weiteren denkbaren Kombinationen von menschlichen Beziehungen. Dieses »Weltbild« kann zum Teil krankhafte Züge aufweisen. Nicht nur, dass die Betreffenden sich selbst »fertig machen«, sie provozieren auch sehr schnell ihre Kollegen, um im Sinne der Selffulfilling Prophecy den Vermutungen eine reale Basis zu geben. Diese Menschen zeigen ein sehr geringes Selbstvertrauen, dafür ein um so größeres Misstrauen gegenüber ihrer Umwelt.

Nach dem bekannten Schema »Ich bin nicht o. k., du bist nicht o. k.« werden hier Feindbilder aufgebaut, die nur in der Fantasie bestehen.

In diesen Fällen wäre es hilfreich, wenn Sie als Vorgesetzter durch (diskrete) Einschaltung von Fachleuten versuchen, hier zu helfen. Inwieweit allerdings meist vor langer Zeit entstandene Zerrbilder sich schnell korrigieren lassen, sei dahingestellt. Im Rahmen Ihrer Fürsorge für Ihre Mitarbeiter sollten Sie trotzdem den Versuch wagen.

Abhilfe sichert Überleben

Aber: Wer bewusst andere Menschen mobbt (übersetzt: anpöbelt, bedrängt), hat bei Ihnen im Unternehmen nichts zu suchen. Selbst wenn man sich vielleicht von einem Großteil der Mitarbeiter trennen muss und deshalb Umsatzeinbußen erleidet. Lieber jetzt in kleinerem Maß als später, wenn das ganze Unternehmen an der Krankheit zugrunde geht. Die Stimmen aus der Praxis weisen immer wieder eine gemeinsame Aussage auf: »Hätten wir damals doch rechtzeitig eingegriffen – aber wir haben das Thema unterschätzt.«

Hier gilt eine medizinische Grundregel: »Je früher man ein Krebsgeschwür erkennt, umso größer die Heilungschancen.« Zuerst werden Medikamente eingesetzt. Helfen keine Medikamente, wird der Tumor entfernt. Ist es dafür zu spät, ist bald der gesamte Körper befallen.

Dann endet die Geschichte, vorhersehbar, wie das Spiel »Die Reise nach Jerusalem«. Immer dann, wenn ein Spieler ausscheidet, wird ein (Arbeits-)Platz entfernt, bis ... Das Ende ist bekannt. Wollen Sie dieses Spiel mitspielen? Wenn Sie nach diesen Sätzen erkennen, dass Sie sich bereits mitten in einer solchen Spielrunde befinden, dann suchen Sie sich sofort eine neue Spielgruppe! Denn in diesem Unternehmen werden Sie den Beginn Ihrer Pensionierung ohnehin nicht erleben.

Sexuelle Belästigung am Arbeitsplatz

Ein weiteres unangenehmes Kapitel ist die sexuelle Belästigung, ein Begriff, der naturgemäß sehr dehnbar ausgelegt werden kann. Auch hier gab es – wie beim Mobbing – eine unbekannte Dunkelziffer. Das Thema war bei uns tabu, bis es sich durch Prozesse in den USA auch hier zum aktuellen Thema entwickelte – und darüber gesprochen wurde. Da die Sensibilitätsschwelle bei jedem Menschen unterschiedlich hoch liegt, ist es nahezu unmöglich, eine klare Trennlinie zu ziehen zwischen »normalem Flirtverhalten« und »Belästigung«.

Sie sind auf jeden Fall auf der »sicheren Seite«, wenn Sie den

Kantschen Imperativ in abgewandelter Form zu Ihrem Motto machen: »Handle jederzeit so, dass selbst deine größten Feinde unter keinen Umständen auf die Idee kommen können, es wäre etwas passiert.«

Wenn in Ihrem Mitarbeiterkreis die Gefahr des *sexual harrassments* bestehen sollte, gibt es nur eine Strategie: offen mit allen darüber zu reden. Welche Ausmaße das Thema annehmen kann, zeigen die Anweisungen deutscher Firmen an ihre nach USA entsandten Mitarbeiter: »Benutzen Sie keinen Fahrstuhl, in dem sich eine einzelne Frau aufhält.« Die Gefahr einer Klage wegen angeblichem *sexual harrassment* ist im amerikanischen Rechts- und Anwalt-System nicht gering einzuschätzen.

Da wir gerade beim Themenkreis »Männlein/Weiblein« und dem Zusammenleben im Unternehmen sind: Wenn Sie Ihre Aufgabe als Vorgesetzter erfolgreich ausführen wollen, dann bauen Sie bitte keine sexuellen Verbindungen zu Mitarbeitern auf, egal welchen Geschlechts. Ihre Autorität sinkt sofort auf einen symbolischen Rest zusammen. Die menschliche Kontrolle versagt dort, wo Hormone das Kommando übernehmen. In diesem Fall suchen Sie sich eine andere Abteilung oder, wenn sich diese Chance nicht bietet, ein anderes Unternehmen. Alle Beteiligten werden von dieser weisen Lösung profitieren.

Neue Mitarbeiter einstellen

Die Einstellung von neuen Mitarbeitern ist eine hervorragende Chance, gravierende Fehler zu begehen. Nicht nur, dass der betreffende Mitarbeiter vielleicht nicht die erhofften Leistungen bringt, damit könnten Sie vielleicht noch eine Zeit leben, aber dass er Unruhe in den bestehenden Mitarbeiterstamm bringt oder andere von ihren Tätigkeiten abhält – das kann wertvolle Arbeitszeit Ihrer Abteilung kosten. Da entstehen Kosten, die weit über die Schaltung einer Stellenanzeige und das Honorar für einen »Headhunter« hinausgehen können.

Wie finden Sie die richtigen Mitarbeiter?

Nun können Sie bei der Einstellung eines neuen Mitarbeiters nie 100-prozentig sicher sein, dass beide Seiten miteinander glücklich werden. Deshalb ist wichtig, dass Sie ganz am Anfang die richtigen Fragen stellen. Nicht nur nach Ausbildung, nach Zeugnissen und Erfahrung, diese Punkte haben Sie recht schnell ermittelt. Fehlende Fachkenntnisse können oft nachgeholt werden und Erfahrung kann in manchen Situationen sogar eher hinderlich sein. Personalchefs berichten von Fällen, in denen die jahrzehntelangen Erfahrungen von Mitarbeitern der Akzeptanz neuer, anderer Methoden im Wege standen. Konzentrieren Sie sich also nicht zu sehr auf die Fachthemen. Natürlich sind auch diese wichtig, ohne Zweifel. Es gibt aber Aspekte, die für die Zusammenarbeit noch wichtiger sind. Darauf sollten Sie bei der Einstellung von Mitarbeitern achten:

- Positive Einstellung,
- Belastbarkeit,
- Enthusiasmus und
- die Bereitschaft, Herausforderungen anzunehmen.

Diese Anlagen sind entweder vorhanden – oder nicht. Hier kann nur zu einem ganz geringen Teil, und das auch nicht bei allen Personen, durch Weiterbildung nachgeholfen werden. Diese Eigenschaften werden hauptsächlich im Elternhaus geformt und gefördert, nicht in Lehranstalten.

Das unterstreicht das Zitat eines erfahrenen Personalchefs: »Wir lassen unsere Mitarbeiter im Elternhaus ausbilden.«

Worauf sollten Sie bei Auswahlgesprächen achten?

Es ist wichtig, dass Sie bei dem Erstgespräch mit dem Bewerber die entscheidenden Informationen erhalten. Einige Fragen können Ihnen bei der Auswahl weiterhelfen:

- Nennen Sie mir eine Leistung, auf die Sie besonders stolz sind.
- Warum ist diese Leistung für Sie von so großer Bedeutung?
- Welche Auswirkung hatte sie auf Ihr Weiterkommen?

Fragen Sie intensiv nach dem Grund für einen Wechsel, wenn der Mitarbeiter weniger als zwei oder länger als zehn Jahre in derselben Position war.

Planen Sie ausreichend Zeit für das Gespräch ein. Nehmen Sie sich viel Zeit zum Zuhören, wenn Sie diese Fragen stellen. Haben Sie den Mut zu langen Pausen während solcher Gespräche. Sie erfahren jetzt viel mehr, als in all dem bedruckten Papier steht, das zu »ausführlichen Bewerbungsunterlagen« gehört.

Erfolgreiche Firmen berichten immer wieder über ein einfaches Konzept bei der Personalrekrutierung: Stellen Sie die besten zehn Prozent ein. Dehnen Sie Ihr Budget etwas aus, falls erforderlich. Lediglich fünf Prozent der Unternehmen in Deutschland arbeiten mit einem kundenorientierten Vergütungssystem. Sorgen Sie dafür, dass in Ihrem Bereich hier neue Denkansätze realisiert werden. Denn wenn Gehaltsanteile aus dem zu erwirtschaftenden Gewinn entstehen, dann ergeben sich hier finanzielle Spielräume, die nicht auf alle Zeiten festgeschrieben sein müssen. Mitarbeiter, die wissen, welchen direkten Einfluss sie auf ihr Einkommen nehmen können, haben zu dem Stichwort »Kundenzufriedenheit« ein anderes Verhältnis als Mitarbeiter mit einem tariflich zementierten Festgehalt.

Kundenorientierung prüfen

Sie wissen, dass jeder Mitarbeiter, vorhandene wie neue, den Unterschied zwischen »internen« und »externen« Kunden verinnerlicht haben sollte. Jan Carlzon hat in seinem Buch »Alles für den Kunden« den für das Überleben von Unternehmen entscheidenden Satz geprägt: »Es darf in einem Unternehmen nur zwei Arten von Mitarbeitern geben. Die, die sich um die Kunden kümmern, und die, die sich um die kümmern, die sich um die Kunden kümmern.« Alle anderen haben in einem Unternehmen keine Existenzberechtigung!

An einem kleinen Beispiel können Sie Ihren Mitarbeitern verdeutlichen, was damit gemeint ist. Wir alle leben davon, dass ein Produkt oder eine Dienstleistung den Gefallen eines anderen findet und deshalb gekauft wird.

Aus der Praxis:

Ein Vertriebsmitarbeiter kommt beschwingten Schrittes in seine Firma: »Hurra, ich habe den Auftrag. Seit einem Jahr bin ich an dem Projekt dran, endlich hat sich die Mühe ausgezahlt.« Reaktion der Kollegen: »Glückwunsch, toll gemacht.« Jetzt begeht er den verhängnisvollen Fehler. Er sagt: »Ich habe nur ein kleines Problem, ich muss morgen liefern.« An dieser Stelle distanzieren sich bereits einige seiner Kollegen räumlich (»ich habe noch zu tun«), andere bedauern ihn wegen des unverschämten Kunden, aber keiner schlüpft in die Rolle des von Jan Carlzon genannten »zweiten Mitarbeitertyps«, desjenigen, der für die da ist, die für die Kunden da sind. Es fehlt in diesem Moment derjenige, der die Bedeutung des Kunden erkennt und den Vertriebsmitarbeiter voll unterstützt.

Diese Menschen sind wichtig, weil sie das Problem des Unternehmens als gemeinsames Problem sehen und sich deshalb nicht hinter »Org-Richtlinien« und Arbeitszeitregelungen verschanzen. Solche Mitarbeiter sorgen dafür, dass der Finanzier des eigenen Arbeitsplatzes, der Kunde, mit höchster Priorität behandelt wird. Prüfen Sie dabei die Einstellung des Bewerbers zu diesem Punkt, der überlebensnotwendig ist für Ihr Unternehmen.

Planen Sie in längerfristigen Perspektiven. Meist können Sie heute noch gar nicht beurteilen, welchen Typus Mitarbeiter Sie in zwei Jahren dringend benötigen. Denken Sie über die aktuelle Stellenanforderung hinaus. Sie werden gleich ein Hilfsmittel kennen lernen, das Ihnen die Entscheidung bei Einstellungen erleichtert. Einige »Hausaufgaben« müssen Sie vor der Einstellung allerdings selbst machen.

Strategien für Einstellungsgespräche

1. Definieren Sie die betreffende Tätigkeit genau und realitätsgetreu.
2. Stellen Sie die Tätigkeit unter Einbeziehung von Angaben zukünftiger Kollegen, Mitarbeiter und Vorgesetzter des Kandidaten ausführlich vor.
3. Machen Sie die Hauptverantwortlichkeiten sowie die Erwartungen an die Leistung, Erfahrung, Persönlichkeit und die erforderlichen Fachkenntnisse deutlich.
4. Führen Sie sich die für die betreffende Position bedeutendsten Eigenschaften vor Augen.
5. Stellen Sie Bewerbern die komplette Tätigkeitsbeschreibung *vor* dem Vorstellungsgespräch zur Verfügung! Dadurch können Sie sich bereits beim Vorstellungsgespräch ein Bild von den Ideen und der Kreativität des Bewerbers machen. Es sei denn, Sie sind in einem Unternehmen tätig, das Mitarbeiter »auf Vorrat« einkauft, um sie dann die passende Stelle selbst auswählen zu lassen. Damit ist natürlich die optimale Übereinstimmung zwischen »Angebot« und »Nachfrage« sichergestellt.
6. Schauen Sie sich den Lebenslauf genau an, lassen Sie sich vom Mitarbeiter selbst die Zeiträume und die Wichtigkeit der einzelnen Phasen erklären.
7. Schaffen Sie eine angenehme, ungestörte Atmosphäre und stellen Sie jedem Bewerber dieselben Fragen.
8. Konzentrieren Sie sich, nachdem Sie die Frage gestellt haben, ganz aufs Zuhören und lassen Sie den Bewerber ausreden. Geben Sie sich nicht mit der ersten Antwort zufrieden, haken Sie nach. Ertragen Sie Gesprächspausen.
9. Machen Sie sich Notizen und werten Sie die Informationen zu einem Gesamtergebnis aus.
10. Verwenden Sie ein numerisches Bewertungssystem, mit dem Sie Ihre Entscheidung begründen können.
11. Stellen Sie den Kandidaten mit dem besten Ergebnis ein.

Das Formular zur Kandidatenbeurteilung auf Seite 122 hilft Ihnen bei der Auswahl. Notieren Sie zuerst im Feld »Bereich« alle für das

Formular zur Kandidatenbeurteilung

Bereich	Kandidat	Bedeutung	Notizen
Anpassungsfähigkeit	1 2 3 4 5	1 2 3 4 5	
Kompetenz	1 2 3 4 5	1 2 3 4 5	
Erfahrung	1 2 3 4 5	1 2 3 4 5	
»Umgänglichkeit«	1 2 3 4 5	1 2 3 4 5	
Soziales Verhalten	1 2 3 4 5	1 2 3 4 5	
Einstellung	1 2 3 4 5	1 2 3 4 5	
Engagement	1 2 3 4 5	1 2 3 4 5	
Reife	1 2 3 4 5	1 2 3 4 5	
Belastbarkeit	1 2 3 4 5	1 2 3 4 5	
Ausgeglichenheit	1 2 3 4 5	1 2 3 4 5	
Integrität	1 2 3 4 5	1 2 3 4 5	
Wertvorstellungen	1 2 3 4 5	1 2 3 4 5	
....			
....			
Summe	A:	B:	

Ergebnis Kandidat / Ergebnis Bedeutung (A / B): __________

Idealwert: 1

Ermittelter Wert: ___

Name: ____

Datum des Vorstellungsgesprächs: ______________________

Unternehmen und die Stelle wichtigen Anforderungen. Denken Sie dabei auch an Anforderungen, die in der nächsten Zeit wichtig sein könnten. Dann kreuzen Sie nach dem Schulnotensystem die Bedeutung für die zu besetzende Stelle an. Kreuzen Sie im Feld »Bedeutung« an, wie wichtig dieser Punkt für Sie und Ihr Unternehmen ist. Ist er extrem wichtig, dann markieren Sie die Eins. Ist der Punkt wichtig, dann erhält er eine Zwei, wie in unserem Beispiel. Nun kreuzen Sie das Ergebnis des Kandidaten an. Zeigt der Kandidat beispielsweise hohes Engagement, dann erhält auch dieses Feld eine Zwei.

Nun dividieren Sie das Ergebnis »Kandidat« durch das Ergebnis »Bedeutung« – und erhalten eine Eins als Resultat. Ein Resultat von Eins entspricht Ihrer Wunschvorstellung, hier stimmen Angebot und Nachfrage perfekt überein. Nehmen wir nun an, im Gespräch zeigt der Kandidat, dass Engagement nicht zu seinen hervorragendsten Eigenschaften zählt. Sie bewerten deshalb diesen Punkt mit einer Fünf. Fünf geteilt durch zwei ergibt 2,5, also eine wesentliche Abweichung von der gewünschten Eins.

Mathematisch erreichen Sie Werte zwischen 0,2 und fünf. Je näher der Wert bei fünf liegt, umso weniger erfüllt der Kandidat Ihre Anforderungen. Je mehr der Wert bei 0,2 liegt, umso mehr »übererfüllt« er Ihre Anforderungen. Denn genau erfüllt hätte er die Anforderungen bei einem Wert von exakt eins.

Nun könnte man auf die Idee kommen, nur Kandidaten mit dem Idealwert von 0,2 einzustellen. Halt, der Idealwert ist eins. Wenn ein Bewerber für die Stelle »zu gut« ist, also überqualifiziert, dann passiert dasselbe wie mit dem Klassenprimus in der Schule – er langweilt sich, weil er nicht genügend gefordert wird. Wahrscheinlich stellt er das in der Probezeit schon fest – und geht wieder. Wenn er bleibt, kann er sehr schnell eine Belastung für die Kollegen werden. Sie sehen, wie wichtig es ist, die Bedeutung der Eigenschaften für die Stelle vorher genau auszuarbeiten. Zur Auswertung der gesamten Tabelle bilden Sie bitte nicht die Quersumme aller Zeilen, dann hätten Sie einen Wert ohne Aussagekraft, sondern übertragen Sie die Werte in eine Kalkulationstabelle, die Ihnen dann eine schöne Grafik der Abweichungen liefern kann. Natürlich funktioniert das Ganze auch ohne PC, wichtig ist nur, dass Sie anschließend Basisdaten für eine Entscheidung vorliegen haben.

Bemühen Sie sich, beim Bewerberinterview möglichst objektiv zu urteilen, soweit Menschen überhaupt objektiv sein können, und bevorzugen Sie niemanden. Selbst dann nicht, wenn ein Bewerber alle Ihre guten Eigenschaften in sich vereint. Sie möchten doch keine geklonte Gruppe von Mitarbeitern, sondern Individualisten, die sich gegenseitig ergänzen, oder?

Natürlich spielt bei der Auswahl zweier »gleich guter« Kandidaten Sympathie oder Antipathie eine Rolle. Es wäre unehrlich, sich von diesen Faktoren freizusprechen. Wenn Sie mit einem Neuen zusammenarbeiten müssen, dann werden Sie natürlich denjenigen einstellen, bei dem Sie am ehesten das Gefühl haben, es könnte klappen. Zum Glück unterscheidet sich unser logisches Denken noch durch einen Schuss Unlogik, den wir selbstverständlich mit logischen Argumenten untermauern.

Suchen Sie die besten Mitarbeiter aus – und suchen Sie dann für sich und Ihre Mitarbeiter lohnende und interessante Aufgaben aus, die Top-Aufgaben des Unternehmens.

Kritisch prüfen

Die Bewerber sind heute ihrerseits bestens auf Einstellungsgespräche vorbereitet. Das »Herrschaftswissen« der Personalabteilung aus früheren Zeiten über Körpersprache, Selbstdarstellung, Wortwahl, Argumentationstechnik, kurz alles, was dem Bewerber vor Jahren kaum vertraut war, das liegt heute zum Schnäppchenpreis in Form von CDs an der Supermarkttheke. Der Bewerber von heute hat sich über Interviewtechniken informiert, Bücher über Körpersprache gelesen und Einstellungsgespräche am PC simuliert, kurz: niemand geht heute unvorbereitet in ein Bewerbungsgespräch. Auch das Bewerbungsschreiben hat oft Serienbriefcharakter.

Um an die Wahrheit heranzukommen, müssen Sie eventuell die Gesprächsatmosphäre künstlich verändern. So gibt es Einstellungsgespräche, in denen der Gesprächspartner häufig den Raum verlässt, vielleicht ein Kollege das Gespräch weiterführt, Störungen inszeniert werden – kurz: alles geschieht, was die Belastbarkeit des Bewerbers unter Beweis stellen kann. In Extremfällen kommen solche Gespräche der aus Kriminalfilmen bekannten Verhörtechnik nahe. Wenn Sie sich zu einer solchen, durchaus legitimen Strategie entschließen, sollten Sie den Bewerber allerdings anschließend darüber aufklären. Es ist schon vorgekommen, dass ein Kandidat die vorgespielte Hektik für die normale Arbeitsatmosphäre des Hauses hielt – und Abstand von seiner Bewerbung nahm.

Ab und zu ist es für Sie vielleicht auch erforderlich, bei Zweifeln an den Aussagen des Bewerbers das Gespräch in eine andere Richtung zu lenken.

Aus der Praxis:

Der Geschäftsstellenleiter eines EDV-Herstellers sucht per Zeitungsanzeige einen neuen Vertriebsmitarbeiter. Es melden sich mehrere Kandidaten, darunter ein Techniker, der seine zukünftige berufliche Karriere im Vertrieb sieht. Der Kandidat ist sehr gut vorbereitet, beantwortet alle Fragen zur Zufriedenheit. Der Geschäftsstellenleiter ist sich, obwohl er als ein alter Hase mit sehr viel Bauchgefühl gilt, nicht sicher, ob der Kandidat wirklich die richtige Einstellung für eine Vertriebstätigkeit besitzt. Er entschließt sich zu einem Test. Er schaut den Kandidaten gedankenverloren an, grübelt und sagt dann: »Herr Kandidat, ich hoffe, in zwei Monaten die Genehmigung für eine neue Planstelle zu erhalten – für einen Systembetreuer. Der Mitarbeiter soll den technischen Kontakt zu unseren Kunden verbessern. Es handelt sich allerdings nicht um eine Vertriebsstelle, sondern um eine rein technisch orientierte Tätigkeit.« Der Kandidat reckt sich, strahlt und sagt: »Das wäre genau die Stelle, die mir gefallen würde.« Damit hatte sich die Bewerbung erledigt, der Kandidat hatte seine wahren Wünsche offenbart. Angebot und Nachfrage waren nicht deckungsgleich.

Ein übler Trick? Unfair? Ist dies erlaubt? Natürlich. Wann sonst haben Sie die Chance, Kandidaten auszufiltern, wenn nicht vor der

Vertragsunterzeichnung. Ein Mitarbeiter, der sich anschließend in der falschen Position nicht wohl fühlt und nicht die gewünschten Resultate erbringt und der das Unternehmen womöglich während der Probezeit verlassen muss, obwohl vielleicht das Wohlergehen einer Familie von ihm abhängt, dem erweisen Sie bestimmt keinen Gefallen durch falsch verstandene Sentimentalität.

Zeugnisse lesen

Wie Sie Zeugnisse lesen und entschlüsseln, darüber gibt es nicht nur in der Presse und im Internet regelmäßig altes »Neues« zu lesen, es gibt hierzu auch eine Menge Bücher. Eine einfache Möglichkeit, den tatsächlichen Aussagewert eines Zeugnisses zu ermitteln, ist der Anruf beim Aussteller. Sie werden dort nicht immer direkte und offene Antworten erhalten. Stellen Sie die einfache Frage: »Würden Sie den Mitarbeiter heute noch einmal einstellen?« Die Antwort ist meist das letzte K.-o.-Kriterium für den Arbeitsvertrag oder das Absageschreiben.

Für die langfristige Zufriedenheit eines Mitarbeiters – und natürlich auch des Kollegen und Vorgesetzten – ist entscheidend, dass der Job die »richtige Größe« hat. Wie ein Kinderschuh: nicht zu groß und nicht zu klein, aber mit der Möglichkeit darin zu wachsen. Eben langfristig passend für den Mitarbeiter.

Mitarbeiter fördern durch Delegieren

Zur Weiterentwicklung von Mitarbeitern ist es unerlässlich, dass Sie ihnen Verantwortung übertragen. Das geschieht automatisch, wenn Sie Tätigkeiten delegieren. Und damit sind wir bei einem Thema, das Sie immer wieder beschäftigen wird. Manche Menschen haben förmlich ein schlechtes Gewissen, wenn sie Arbeiten delegieren müssen.

Sie sind jetzt eine Führungskraft. Was ist das? Jemand, der zu viel Arbeit hat und zur Erledigung seiner Arbeit Mitarbeiter zur Verfügung gestellt bekommt. Als Chef haben Sie das Recht, anderen Weisungen zu erteilen – und die Arbeit zu verteilen. Sie haben somit wirkliche Macht.

Denken Sie an das Loch, das Sie in ein Stück Holz bohren wollen. Sie benötigen die Macht über das Material Holz in Gestalt eines Bohrers. So weit leuchtet wohl jedem die Notwendigkeit von »Machtausübung« ein. Wie steht es damit aber im beruflichen Umfeld? Tauschen Sie das Wort »Macht« gegen »Weisungsbefugnis« aus, und schon ist Ihre Welt wieder in Ordnung. Sie haben das Recht, Mitarbeitern Weisungen zu erteilen. Das setzt allerdings voraus, dass Sie auch *Anweisungen* mitliefern müssen, wenn der Mitarbeiter die geforderte Tätigkeit sonst nicht ausführen kann.

Alles klar? Also, Sie müssen delegieren, denn sonst hätten Sie ja keine Mitarbeiter gebraucht. Sie leiden nämlich unter dem »Kopf-Hals-Syndrom«. Oberhalb des Halses, im Kopf, sind wir eigentlich unbegrenzt leistungsfähig.

Wir können, im Multitasking sozusagen, mehrere Dinge gleichzeitig tun, denken, überlegen. Das Problem beginnt bei der Ausführung, wenn wir unterhalb der Halslinie unsere Hände einsetzen. Davon haben wir maximal zwei, und die sind nicht multitaskingfähig. Das heißt, wir brauchen mehr Hände, um unsere Gedankenproduktion umzusetzen. Wir stellen aber fest, dass wir das allein nie schaffen würden. Davon überzeugen wir unseren Chef, die Planstellen werden genehmigt, wir erhalten die Hände.

»Dummerweise« haben diese Hände auch Köpfe, die denken wollen. Diesen Köpfen müssen Sie nun das gemeinsame Ziel der Zusammenarbeit verständlich machen, sodass die Köpfe eigenständig – mit ihren eigenen Händen – mit Ihnen als Chef zusammenarbeiten.

Mitarbeiterführung ernst nehmen

Es gibt einige Kerngedanken zum Thema Delegieren, die Sie vielleicht in Ihrem Tagesplaner notieren sollten:

- Im Alleingang lässt sich nichts erreichen.
- Sie sind nicht mehr »ausführendes Organ«, sondern »Koordinator«.
- Sie sind jetzt für das Weiterkommen anderer verantwortlich.
- Machen Sie sich nicht auf die Dauer unersetzbar.
- Nutzen Sie das Potenzial Ihrer Mitarbeiter.
- Delegieren verleiht Ihnen mehr Einfluss.
- Sie haben mehr Zeit für wichtige Management-Aufgaben.
- Verhelfen Sie Ihrem Unternehmen dazu, für Herausforderungen in der Zukunft gerüstet zu sein.
- Überschreiten Sie Ihre natürlichen Grenzen.

Dazu müssen Sie delegieren. Aber was? Kurz: alles, was andere ausführen können, auch Ihre eigenen Tätigkeiten. Schön, sagen Sie, wer aber übernimmt dann die Verantwortung für das, was diese anderen machen? Klare Frage, klare Antwort: Sie!

Was heißt delegieren?

Tätigkeiten zu delegieren heißt nicht, dass Sie die Verantwortung delegieren können, sonst wären Sie tatsächlich »arbeitslos«. Hier kommen bei vielen neuen Führungskräften Zweifel auf, wo die Grenze zwischen Abgeben und Behalten eigentlich liegt. Sie können Aufgaben abgeben, also delegieren, aber nicht Ihre Verantwortung als Vorgesetzter.

Aus der Praxis:

Ihr Chef gibt Ihnen den Auftrag, eine Messe zu organisieren. Eine ganze Reihe Details kommt auf Sie zu, Sie machen einen Netzplan, um die Zusammenhänge und Abhängigkeiten aufzuzeigen, um zu zeigen, in wie viele Einzelschritte ein solches Projekt zerfällt – und wer welche Aufgabe übernehmen kann. Sie delegieren an Klara Schmidt die Aufgabe, den Kontakt mit der Messeleitung aufzunehmen und den passenden Messestand zu buchen. Sie erhält alle notwendigen Vollmachten, um den Auftritt auf der Messe zu organisieren. Andere Mitarbeiter werden mit anderen Teilaufgaben betreut, zum Beispiel einen Messestand zu konzipieren und den entsprechenden Lieferanten zu suchen, die Exponate auszusuchen und bereitzustellen, Prospekte und Messeeinladungen zu drucken und die Unterkunft für die Standbesetzung zu organisieren. Klara Schmidt hat schon jahrelang erfolgreich diese Aufgabe wahrgenommen. Nie mussten Sie sich um irgendwelche Details kümmern.

Vier Wochen vor der Messe sitzt Ihr Team zusammen, um noch einige Detailabstimmungen vorzunehmen. Bei Ihrer Routinefrage, ob der Messestand noch genauso viel kostet wie im letzten Jahr, fällt Ihnen plötzlich das Erbleichen von Klara auf, sie fällt förmlich in sich zusammen, und dann kommt die Hiobsbotschaft: »Ich habe vergessen, den Stand anzumelden.« Natürlich hat jeder halbwegs intelligente Mensch sofort eine logische Erklärung für sein Versagen bereit. Sie war einige Tage krank und hat ihrer Kollegin Sabine die Aufgabe delegiert – und die hat es glatt vergessen.

Wer ist schuld? Sie als Vorgesetzter natürlich. Ihr Chef hat Ihnen eine Aufgabe übertragen, die Sie nicht erledigt haben. Wegen Ihnen nimmt das Unternehmen in diesem Jahr nicht an der für Ihre Branche entscheidenden Messe teil. Beteiligen Sie sich nun auf keinen Fall an der Weltmeisterschaft im Ausreden-Erfinden. Da gibt es echte Profis, gegen die haben Sie keine Chance.

Sie haben Ihre Verantwortung nicht wahrgenommen und überprüft, ob die delegierten Tätigkeiten auch tatsächlich, wie von den Mitarbeitern versprochen, durchgeführt wurden. Hätten Sie in Ihrem Zeit- und Aktivitätenplaner in einer Delegationscheckliste zum richtigen Zeitpunkt die Überprüfung dieses Punktes notiert, dann hätten Sie bestimmt bei Klara nachgefragt: »Haben wir den Messevertrag schon im Haus?« Dann hätte spät, aber immer noch rechtzeitig genug das Versäumnis nachgeholt werden können. Als Vorgesetzter werden Sie nicht dafür bezahlt, Dinge selbst zu tun, sondern dafür zu sorgen, dass Dinge getan werden. Und an dieser Stelle sollte Sie in Zukunft im äußersten Notfall eine Reduzierung Ihrer Bezüge an Ihre Pflichten erinnern. Lernprozesse funktionieren am schnellsten über die Geldbörse.

Sie können Aufgaben delegieren – aber Sie können keine Vorgesetztenfunktion delegieren. Die falsche Einstellung zum Delegieren ist den folgenden Sätzen zu entnehmen:

- »Meine Mitarbeiter finden genug zu tun, um sich zu beschäftigen.« Das bezweifelt wohl niemand, dass die Arbeit immer den verfügbaren Zeitrahmen ausfüllt. Sie betreiben aber im Unternehmen keine Beschäftigungspolitik zur Verbesserung der Arbeitslosenstatistik, sondern Sie sollen ein definiertes Ziel betriebswirtschaftlich sinnvoll erreichen.
- »Keiner sollte herumsitzen und nichts tun.« Da haben Sie Recht. Deshalb beschäftigen sich »unbeschäftigte« Mitarbeiter mit allem Möglichen, um den Eindruck der Beschäftigung vorzutäuschen. Im Notfall sorgen Internetzugang und PC-Spiele für die Überbrückung schöpferischer Pausen.
- »Mitarbeiter mit Eigeninitiative zeigen diese ständig.« Erstens verfügt nicht jeder Mitarbeiter über ausreichend Eigeninitiative und zweitens interessiert am Ende nur das vereinbarte Resultat. Auch die Effektivität eines Kraftwerks wird nicht an der verbrauchten Energie gemessen, sondern am Verhältnis zwischen Input und Output.
- »Wenn ich etwas selbst tue, bin ich sicher, dass es richtig gemacht wird.« Heißt das, Sie haben noch nie Fehler gemacht, Sie wurden bereits mit Ihren heutigen Fähigkeiten geboren? Menschen lernen am schnellsten und intensivsten durch Fehler. Lassen Sie Ihre Mitarbeiter lernen. Natürlich haben Sie vorher den maximal entstehenden Schaden kurz hochgerechnet, um abzuschätzen, was im Ernstfall passieren könnte.

  Stellen Sie sich vor, Sie sind frisch gebackenes Elternteil. Sie möchten von Ihrem Nachwuchs alle Gefahren und Risiken abhalten. Der Spruch: »Messer, Gabel, Schere, Licht – taugt für kleine Kinder nicht« veranlasst Sie dazu, dem lieben Kleinen alles häppchenweise zuzubereiten, damit er es bequem mit dem ungefährlichen Löffelchen genießen kann. Eines Tages lesen Sie in einer Zeitung für aufgeklärte Eltern, dass Kinder mit fünf Jahren in der Regel mit Messer und Gabel schon gut umgehen können. Angenommen, Sie drücken jetzt Ihrem Kind die Werkzeuge in die Hand, was glauben Sie, wie groß die Verletzungsgefahr ist? Logisch, sagen Sie, er konnte ja nie unter Aufsicht üben. Genau das erlebt Ihr Mitarbeiter, dem Sie aus Sorge vor Fehlern nie die Chance gaben, Fehler zu machen. Also: Üben lassen.

- »Ich kann das schneller und besser erledigen als meine Mitarbeiter.« Das spricht für Sie und Ihre Erfahrung. Und wenn Sie bis zu Ihrer Pensionierung immer dieselbe Tätigkeit ausüben möchten, prima. Aber möchten Sie sich nicht selbst auch weiterentwickeln, vielleicht mehr Verantwortung übernehmen? Dann stehen Sie sich doch bitte nicht selbst im Weg mit dieser Einstellung, geben Sie ab.
- »Bis ich erklärt habe, was zu tun ist, habe ich es schon selbst erledigt.« Es gibt Mitarbeiter, die haben ein einfaches Motto: »Morgens fünf Minuten dumm angestellt und man hat den ganzen Tag Ruhe.« Diese Mitarbeiter haben einen Chef wie Sie, den sie sich gut erzogen haben. Ahnen Sie, welche Rolle man Ihnen zugewiesen hat?

Es sei ein Tipp am Rande gestattet: Lassen Sie öfter mal ein Tonbandgerät mitlaufen, wenn Sie anderen etwas erklären. Vielleicht verstehen Sie das Thema dann selbst nicht mehr. Aber ganz im Ernst: Prüfen Sie, ob Ihre Anweisungen klar, logisch und verständlich sind. Stellen Sie Fragen, um festzustellen, ob Sie richtig verstanden wurden. Dazu etwas mehr an späterer Stelle.

- »Wenn eine Arbeit Spaß macht, erledige ich sie lieber selbst.« Hoffentlich haben Sie das Ihren Mitarbeitern noch nicht erzählt, aber die ahnen es ohnehin schon. Was halten Sie von Menschen, die sich im Leben nur die Rosinen rauspicken? Die Gefahr ist groß, dass der letzte Rest Teamgeist in Ihrer Abteilung verschwindet. Machen Sie auch mal die Arbeiten, die Ihnen nicht so gut gefallen – und lassen Sie es Ihre Mitarbeiter wissen.

Lob ist Chefsache

Nun gibt es einige Dinge, die Sie auf keinen Fall delegieren sollten oder können:

- Wenn Ihnen eine Aufgabe selbst nicht ganz klar ist, dann können Sie diese Aufgabe nicht delegieren. Wie wollen Sie sonst das Ziel beschreiben?
- Wenn es sich um eine Ihrer Kernaufgaben wie Lob und Tadel handelt, dann müssen/dürfen diese Aufgaben von Ihnen übernommen werden. Wie klingt das denn: »Herr Maier, sagen Sie der Frau Müller, sie ist wieder zu spät gekommen.«?!

Lob und Tadel sind Ihre wichtigsten Führungsinstrumente. Fehler, die Ihnen beim Einsatz dieser Instrumente unterlaufen, wirken lange nach. Am schnellsten beenden Sie übrigens eine erfolgreiche Führungskarriere, wenn Sie in der Öffentlichkeit tadeln und unter vier Augen loben. Im umgekehrten Falle können Sie dagegen sicher sein, dass Ihre Mitarbeiter mit Ihnen als Chef zufrieden sind.

- Wenn die Sache von Ihnen persönlich erledigt werden sollte, beispielsweise Gespräche mit Ihrem Chef, Pressekonferenzen, Reklamationen und Ähnliches, dann muss es Ihr Job bleiben, auch wenn es etwas Unangenehmes ist.
- Wenn es sich um einen Konflikt oder um die Leistung eines Mitarbeiters handelt, dann ist es ebenfalls Ihre Aufgabe, das Thema zu behandeln. Wenn Sie Ihre Mitarbeiter in Krisensituationen und Konfliktfällen persönlich unterstützen, dann sind Sie als Vorgesetzter ein wirkliches Vorbild. So wie man gute Freunde am ehesten in Notsituationen erkenn kann.
- Wenn die Tätigkeit mit – sehr – vertraulichen Informationen verbunden ist, dann erwartet man zu Recht, dass Sie sich damit allein beschäftigen. Machen Sie sich keine Illusionen. In elektronisch und persönlich vernetzten Systemen bleibt viel weniger vertraulich und geheim, als geplant war.

Planen Sie, was Sie delegieren wollen, und stimmen Sie die Aufgabe mit dem Arbeitsstil des jeweiligen Mitarbeiters ab. Spätestens jetzt zahlt es sich aus, wenn Sie möglichst viel über Ihre Mitarbeiter wissen, um niemanden zu überfordern oder zu unterfordern – aber jeden zu fordern.

Arbeitsstile

Definieren Sie die Arbeitsstile Ihrer Mitarbeiter, beispielsweise:

- Benötigt wenig Anweisung (denkt selbstständig über alle Aspekte nach).
- Macht wenig Fehler (achtet auf die wesentlichen Punkte).
- Ist Perfektionist (100 Prozent ist seine Untergrenze).
- Ist gut organisiert (macht ungern etwas zweimal, plant deshalb präzise im Voraus).
- Arbeitet gerne alleine (Typ geselliger Einzelgänger, mag die andern, braucht sie aber nicht für seine Resultate).
- Bevorzugt überschaubare, klar umrissene Aufgaben (»Zeig mir, was ich machen soll – dann mach ich es«).

Anhand des folgenden Beispiels können Sie selbst prüfen, welche Aktivitäten delegiert werden können – und welche nicht.

Aus der Praxis:

1. Herr Meier hat diese Woche 55 Stunden gearbeitet, anstatt der üblichen 40. Er steht unter extremem Druck, alle seine Aufgaben zu bewältigen, was sich negativ auf das Verhältnis zwischen ihm und seinen sechs Mitarbeitern auswirkt. Herr Meier weiß, dass er einige seiner Aufgaben delegieren sollte – er hat dabei an Folgendes gedacht: einen wöchentlichen Bericht an die Zentrale, dessen Erstellung ca. 50 Minuten dauert. Herr Hilbert könnte den Bericht übernehmen; jedoch enthält dieser Bericht vertrauliche Zahlen und Fakten bezüglich der Abteilung. Es handelt sich zwar nicht um geheime Informationen, Herr Meier ist jedoch besorgt, dass er die Kontrolle verlieren könnte, falls alle die Details erfahren.

   Herr Meier ist ein typischer Informationsmuffel, der glaubt, mit Herrschaftswissen könne er »regieren«. Je mehr Information die Mitarbeiter über die eigene Abteilung besitzen, umso besser können sie bei Problemen reagieren.

2. Es gibt eine tägliche Aufgabe, die Herr Meier gerne erledigt. Diese Tätigkeit nimmt etwa eine Stunde in Anspruch. Frau Lohr würde diese Aufgabe gern übernehmen und könnte sie vielleicht sogar besser erledigen als Herr Meier. Er möchte sie jedoch nicht abgeben, da sie es ihm ermöglicht, häufig mit seinen Mitarbeitern zu sprechen.

   Wenn Frau Lohr das besser kann, dann soll sie es auch tun. Als Chef findet Herr Meier dauernd eine Gelegenheit, mit seinen Mitarbeitern zu sprechen.

3. Treffen mit einer Mitarbeiterin wegen einer Disziplinarmaßnahme. Herr Meier muss mit Frau Sonntag ein Gespräch führen, da sie nach wie vor regelmäßig zu spät kommt. Dies ist der dritte Monat, in dem er sie verwarnen muss. Es ist jetzt an der Zeit, Frau Sonntag ein Ultimatum zu stellen. Herr Meier überlegt sich, ob er diese Aufgabe an einen seiner Mitarbeiter abgeben soll, der einfühlsam mit anderen Menschen umgehen kann.

   Herr Meier ist ein klassischer Feigling. Der Blick in die Stellenbeschreibung sollte Herrn Meier hier ganz klar zeigen, wessen Aufgabe es ist, disziplinarische Dinge zu regeln. Und wenn Meier immer noch nicht einfühlsam mit anderen umgehen kann, wird es höchste Zeit für ein entsprechendes Seminar – oder eine andere Position, ohne Kontakt mit menschlichen Lebewesen.

4. Eine Routineinventur des Materiallagers steht an. Diese Tätigkeit nimmt etwa vier Stunden pro Monat in Anspruch. Herr Meier hat sie schon früher delegiert, sich jedoch letztendlich selbst darum gekümmert, weil seine Mitarbeiter sich darüber beschwerten und ihre Sache manchmal nicht gut machen.

   Hier haben die Mitarbeiter ihren Chef offenbar davon überzeugt, dass er unentbehrlich ist, zumindest bei den einfachen Tätigkeiten. Mit »Chef, das kannst du immer noch am besten« hat sich schon mancher von ungeliebten Tätigkeiten befreit. Mensch Meier, wer führt hier eigentlich die Abteilung?

5. Es muss täglich ein Bericht (eine DIN-A4-Seite) erstellt und um 16.00 Uhr an die Hauptstelle gefaxt werden. Herr Meier hat es

schon immer abgelehnt, diese Aufgabe zu delegieren, da er bei Nichterledigung Schwierigkeiten mit seinem Vorgesetzten bekommt. Herr Hofer wäre jedoch der richtige Mann für diesen Job.

Was macht Meier eigentlich, wenn er mal krank ist? In der Anfangsphase des Delegierens kann er doch verlangen, dass ihm der Bericht kurz vor 16.00 Uhr vorgelegt wird. Und wenn Herr Hofer um die Konsequenzen weiß, dann wird er sich wohl anstrengen.

6. Einmal täglich muss eine mündliche Berichterstattung an die Geschäftsleitung erfolgen. Herr Meier hat dies bisher immer selbst erledigt, um die Gelegenheit zu haben, mit den »Entscheidungsträgern« zu sprechen, hinter die Kulissen zu sehen und sich darstellen zu können.

Hier können wir Meier einmal Recht geben. Die Kollegen würden sich schon wundern, wenn Meier auf der Abteilungsleiterebene plötzlich nicht mehr auftreten würde. Hier wäre nur die Delegation wegen einer tatsächlichen Verhinderung akzeptabel.

7. Einmal monatlich muss eine Teamsitzung geplant und durchgeführt werden. Herr Meier ist etwas besorgt, was passieren könnte, wenn diese Besprechungen nicht mehr von ihm geplant würden. Er benötigt etwa zwei Stunden für die Vorbereitung, und die Besprechung selbst dauert weitere 90 Minuten.

Viele andere Führungskräfte haben die Verantwortung für die Planung und Durchführung ihrer Meetings delegiert – dies wäre für Herrn Christoph und Herrn Weber sicherlich eine gute Erfahrung.

Für die Planung der Sitzung sollte es ausreichen, wenn Meier die Stichworte liefert. Die zwei Stunden Vorbereitung sollte er für Wichtigeres einplanen. Und wie seine Kollegen sollte er nicht nur die Planung, sondern auch die Durchführung der Sitzung delegieren. Sitzungen sind ohnehin effektiver, wenn sie nicht vom Abteilungsleiter moderiert werden, sondern von Mitarbeitern, denen man das entsprechende Wissen beige-

> bracht hat. Dazu gehört auch, dass Sitzungen immer nur mithilfe von Flipchart oder Wandtafel durchgeführt werden. Das gibt erstens jedem Teilnehmer die Möglichkeit, seine Gedanken visuell zu präsentieren, zweitens können alle dasselbe sehen und drittens können mittels Kamera oder PC allen die Informationen anschließend in gleicher Form mitgegeben werden.
>
> Eins sollte eigentlich selbstverständlich sein: Wenn ein Mitarbeiter die Leitung einer Sitzung übernimmt, dann bedeutet das gleichzeitig, dass er über die Länge der Redebeiträge entscheidet und bei Bedarf seinem Chef das Wort entziehen kann – ohne einen Karriereknick befürchten zu müssen.

Und damit sind wir bei einem entscheidenden Punkt. Wenn Sie delegieren, dann sorgen Sie dafür, dass Ihren Mitarbeitern alle erforderlichen Daten und Ressourcen zur Verfügung stehen. Legen Sie Zuständigkeiten fest und mischen Sie sich dann nicht mehr ein. Beschreiben Sie das angestrebte Ziel, legen Sie aber den Weg dorthin nicht fest. Schlagen Sie vor, aber bestimmen Sie nicht, wie das Ziel erreicht wird. Legen Sie Etappenziele als Kontrollstellen auf dem Weg zum Ziel fest. Und dann lassen Sie los, denn nun haben Sie die Hände frei für neue Aufgaben.

Wenn jemand alles alleine machen will, dann macht das Spielen keinen Spaß mehr, sei es beim Fußball oder im Unternehmen.

Und nun notieren Sie die Aktivitäten, die Sie bisher alleine ausführten, warum sie noch nicht delegiert wurden (Bedenken und Risiken) und wann Sie den Job an wen delegieren werden.

Tätigkeit	Warum noch nicht delegiert?	Delegieren an	am

Tipps für Ihren Erfolg:

Helfen Sie Ihren Mitarbeitern, sich selbst zu motivieren.

Sprechen Sie offen mit Ihren Mitarbeitern über alles.

Erklären Sie Ihren Mitarbeitern die Zusammenhänge.

Attackieren Sie das Verhalten, nicht die Personen.

Gehen Sie unerbittlich gegen Mobbing vor.

Stellen Sie die besten zehn Prozent aller Bewerber ein.

Delegieren Sie möglichst viel.

Denken Sie das Undenkbare – die Anforderungen an Sie und Ihre Mitarbeiter in den nächsten Jahren.

Wer loslässt, hat die Hände frei für Neues.

Vom Kollegen zum Chef

Leitfragen

Was ändert sich jetzt?
Die richtige Balance zwischen Distanz und Nähe
Von der Fachkraft zur Führungskraft
Marketing in eigener Sache
Entscheidungen treffen in Krisenzeiten
Privatleben und Familie
Nehmen Sie sich nicht zu ernst

Was ändert sich jetzt?

Nachdem wir nun bereits etwas tiefer in die Anforderungen des Führungsgeschäfts eingestiegen sind, lassen Sie uns einen Moment innehalten. Bei all den fachlichen Tipps und Tricks auf dem Weg zu einer erfolgreichen Führungskraft sollten wir eine wichtige Person nicht vergessen – nämlich Sie.

Was ändert sich nun eigentlich für Sie durch die Beförderung? Was bedeutet dieser Schritt in Ihrer Lebensplanung? Wie können Sie persönlich mit den nun auf Sie zukommenden Herausforderungen fertig werden?

Der neue Führungsjob wird auch einige Ihrer bisherigen Verhaltensweisen verändern. Diese Veränderungen werden Sie selbst kaum bemerken, Ihrem Umfeld jedoch entgehen sie nicht. Deshalb ist es hilfreich, sich ab und zu mit einem »neutralen Beobachter« auszutauschen um herauszufinden, ob und wie stark man sich verändert hat. Veränderungen sind etwas Positives, solange sie in die gewünschte und geplante Richtung gehen. Führungskräfte, die sich einer begleitenden Beobachtung durch andere entziehen, entwickeln häufig recht eigenwillige oder gar skurrile Verhaltensweisen, ohne es zu bemerken. Als Führungskraft stehen Sie nun in einer anderen Position. Dadurch verändert sich auch Ihr Standpunkt und damit Ihr Blickwinkel.

Bei allem, was Sie jetzt für das Unternehmen und für Ihre Mitarbeiter tun, sollten Sie einen Satz nicht vergessen: »Jeder ist sich selbst der Nächste.« Oder anders ausgedrückt: »Wenn es mir gut geht, ist das die beste Voraussetzung dafür, dass es auch anderen gut gehen kann.« Wenn Sie sich als Führungskraft dabei wohl fühlen, Ihren Mitarbeitern dabei helfen, erfolgreicher zu werden, dann wird sich Ihre Einstellung positiv auf das Betriebs- und Arbeitsklima auswirken. Dann werden Ihre Mitarbeiter sich am Arbeitsplatz wohl fühlen und ihre persönliche Zufriedenheit auch auf ihr Familienleben übertragen.

Vielen Chefs ist nicht bewusst, welchen Einfluss sie auf das Betriebsklima im privaten Bereich ihrer Mitarbeiter besitzen. Kinder haben ein feines Gespür dafür, ob es den Eltern am Arbeitsplatz gefällt oder nicht. Vielleicht gelingt es Ihnen einmal, in halb privater Runde ein solches ungefiltertes und unverzerrtes Feedback vom Nachwuchs Ihrer Mitarbeiter zu erlangen. Eine solche Rückmeldung gibt oft Anlass zur Überprüfung des eigenen Führungsstils – oder sie ist die Bestätigung dafür, dass man auf dem richtigen Weg ist.

Als Führungskraft beeinflussen Sie also bedeutend mehr Faktoren in Ihrem Umfeld als in Ihrer vorhergehenden Rolle. Ihr Einfluss auf die Gesellschaft ist ein ungeschriebener Teil Ihrer Stellenbeschreibung. Deshalb ist es wichtig, über die Erwartungshaltung Ihrer Mitarbeiter stets gut informiert zu sein. Das bedeutet nicht, die Erwartungen der Mitarbeiter immer voll zu erfüllen. Es erlaubt Ihnen jedoch, mit Ihren Mitarbeitern regelmäßig über die vielleicht unterschiedlichen Vorstellungen zu diskutieren.

Wie eine Untersuchung der Zeitschrift *Service Professional* zeigt, bestehen zwischen der Sichtweise der Chefs und der Sichtweise der Mitarbeiter große Unterschiede. Auf die Frage nach den häufigsten Fehlern von Führungskräften haben die befragten Mitarbeiter in einer Umfrage die folgenden Punkte aufgeführt:

- unvollständige und nicht rechtzeitige Informationen
- zu wenig delegieren
- unterschiedliche, ungerechte Behandlung der Mitarbeiter
- nicht geduldig zuhören
- mangelnde Entscheidungsfreude
- unsystematisches Arbeiten, geringe Prioritätensetzung
- zu wenig Vertrauen in die Mitarbeiter

- zu wenig Ziele für die Mitarbeiter und sich selbst
- emotionslos und kontaktarm, arrogantes Auftreten
- Mängel bei der Beurteilung der Mitarbeiter
- zu viel Kritik, zu wenig Lob
- unfähig, eigene Schwächen und Fehler einzugestehen

Der Unterschied zwischen dem Selbstbild von Führungskräften und dem Fremdbild aus der Sicht der Mitarbeiter wird mit folgenden Zahlen erschreckend untermauert.

Eigen- und Fremdbild von Führungskräften

	Selbsteinschätzung der Vorgesetzten in Prozent	Fremdeinschätzung durch Mitarbeiter in Prozent
Haben Sie einen autoritären Führungsstil?	29	70
Alle Mitarbeiter verfügen über den gleichen, guten Informationsstand	85	40
Alle Mitarbeiter werden über wichtige Entscheidungen informiert	80	43
Die Mitarbeiter besitzen umfassende Handlungs- und Entscheidungsspielräume	87	66
Die Mitarbeiter sind an den Entscheidungen der Vorgesetzten beteiligt	79	7
Die Mitarbeiter erhalten konstruktive Rückmeldung durch Anerkennung	72	39
Ich habe ein feines Gespür für die Stimmung der Mitarbeiter	64	35
Ich nehme private Probleme bei meinen Mitarbeitern wahr	87	48

Die richtige Balance zwischen Distanz und Nähe

Eine Frage, die bei neuen Führungskräften immer wieder auftaucht, lautet: »Welche Distanz muss ich zu meinen Mitarbeitern nun wahren, was ändert sich an meinem Verhältnis zu den ehemaligen Kollegen?« Mit diesen Kollegen werden Sie weiterhin zusammenarbeiten. Der einzige Unterschied: Sie sind jetzt verantwortlich für die Arbeitsresultate in Ihrer Abteilung. Zusätzliche Verunsicherung kann entstehen, wenn Ihr Vorgesetzter Ihnen den Rat gibt, mehr auf Distanz zu achten, um nicht den Eindruck der Kumpelhaftigkeit entstehen zu lassen: »Sie sind jetzt keiner mehr von denen.« Wie weit aber sollen oder müssen Sie nun Distanz aufkommen lassen?

In der Tat keine einfache Entscheidung für Sie. Auf der einen Seite sollten Sie für ein angenehmes, vertrauensvolles Arbeitsklima sorgen, denn nur wenn Sie menschliche Wärme und Verständnis ausstrahlen, können Sie Ihre Mitarbeiter zu Höchstleistungen anspornen. Auf der anderen Seite sollten Sie aber keine allzu kumpelhafte Atmosphäre entstehen lassen, sonst bekommen Sie schnell Probleme, sich und Ihre Vorgaben durchzusetzen. Diesen Spagat können Sie mit Ihren kommunikativen Fähigkeiten bewältigen.

Kommunikation mit Mitarbeitern

In Ihrer neuen Rolle werden Sie sehr schnell feststellen, dass sich auch in der Kommunikation etwas ändert. Ihre Worte werden nun aufgrund Ihrer Machtposition anders entschlüsselt, Ihren Sätzen eine tiefere Bedeutung zugewiesen als vielleicht angemessen. Was Sie sagen, wie Sie es sagen, zu wem Sie es sagen – all das beeinflusst das Klima und Miteinander in Ihrer Abteilung.

Aus der Praxis

Die Beförderung des Journalisten Klaus Schulz zum Redaktionsleiter wurde von allen Kollegen begrüßt. Schulz war ein allseits beliebter Kollege, dessen lockerer Schreib- und Sprachstil in der Redaktion gut ankam. Jeder versprach sich von ihm den berühmten frischen Wind, der in jeder Abteilung von Zeit zu Zeit wehen sollte.

Als Herr Schwarze, ein Kollege von Klaus Schulz, für einen hervorragenden Textbeitrag einen hoch dotierten Geldpreis erhielt, konnte sich Schulz neidlos darüber freuen. Als er einige Tage später den Preisträger auf dem Flur im Gespräch mit Kollegen sah, konnte er sich einen Spruch nicht verkneifen: »Na, hast du deinen Preis schon versoffen?« Früher hätte ihm der Kollege mit einer schlagfertigen Antwort Paroli geboten. Nicht so dieses Mal: Schwarze zeigte sich peinlich berührt von der Ansprache. Schulz verstand die Welt nicht mehr. Er hatte sich doch genauso verhalten wie früher, freundlich und locker. Jetzt aber musste er feststellen, dass Herr Schwarze seit dem Zwischenfall ihm gegenüber seit Tagen eine ausgesprochen distanzierte Haltung zeigte.

Was war passiert? Die Rollen und Positionen waren jetzt nicht mehr dieselben wie vor der Beförderung. Selbst wenn Schulz dasselbe sagte wie vorher, der Empfänger nahm den Inhalt anders auf. Schulz sprach nun nicht mehr aus der Position des gleichrangigen Kollegen, sondern als Weisungsbefugter, der Macht ausüben kann. Erschwerend kam hinzu, dass ein abteilungsfremder Kollege unfreiwillig Zeuge der Bemerkung wurde. Diesem war der bisherige ungezwungene Kommunikationsstil zwischen Schulz und Schwarze zwar bekannt, er fand es jedoch unangebracht, dass ein Vorgesetzter sich derart äußerte. In solchen Situationen setzt ein automatischer Solidarisierungseffekt von Gleichrangigen ein: »So lassen wir nicht mit uns umspringen!«

Machen Sie sich bewusst, dass Sie als Führungskraft unter ständiger Beobachtung durch Ihre Mitarbeiter stehen. Ihre Aussagen und Wortbeiträge besitzen für Ihre Mitarbeiter jetzt ein größeres Gewicht und werden kritischer bewertet als die gleichrangiger

Kollegen – erst recht, wenn sich Ihre Abteilung oder Ihr Unternehmen in einer Krisensituation befindet. Sie sind jetzt Chef. Auch wenn Sie selbst Ihre Rolle vielleicht weniger formell sehen, für Ihre Mitarbeiter sind Sie nun ein Vorgesetzter, von dem man professionelles Auftreten erwartet. In unserem Beispiel hätte Herr Schwarze keine Probleme gehabt mit Sätzen wie: »Weißt du schon, was du mit dem Preisgeld machst?« oder »Die ganze Abteilung ist sehr stolz auf dich«. Denken Sie daran: Alles, was Sie jetzt sagen, beeinflusst das Klima und die Effektivität Ihrer Abteilung, motiviert oder demotiviert die Mitarbeiter. Wenn Sie auf flapsige Bemerkungen absolut nicht verzichten wollen, dann bitte immer nur unter vier Augen. In der Praxis werden Sie allerdings schnell feststellen, dass das Risiko von Missverständnissen zu groß ist, um mit Mitarbeitern allzu locker zu kommunizieren.

Ein weiteres beliebtes Fettnäpfchen sind die feucht-fröhlichen Anlässe, die geselligen Zusammenkünfte. Gerade frisch gebackenen Führungskräften, die die gemeinsamen Kneipenbesuche mit befreundeten Kollegen noch in positiver Erinnerung haben, mag es schwer fallen, sich hier zurückzunehmen. Wenigstens am Anfang einer neuen Führungsrolle sollten Sie jedoch auf gemeinsame Kneipenbesuche unbedingt verzichten. Wenn sich derartige Unternehmungen nicht vermeiden lassen, dann führen Sie bitte bei solchen Gelegenheiten keine dienstlichen Gespräche. Spätestens nach dem dritten Glas ist die professionelle Distanz in Gefahr. Deshalb sollten Sie sich auch nicht erst am Ende des Abends, sondern weitaus früher verabschieden.

Bei solchen Runden kann sehr schnell ein Gefühl der Ungleichbehandlung entstehen. Kommen dann noch Unterschiede in der Ansprache hinzu, werden einige Mitarbeiter von Ihnen geduzt, andere gesiezt, sind Eifersüchteleien vorprogrammiert.

Kommunikation mit Vorgesetzten

Aus der Praxis

Peter Zepf ist Abteilungsleiter in einem großen Ingenieurbüro, das weltweit Projekte durchführt. Bisher lief alles in seiner Abteilung zur Zufriedenheit seiner Mitarbeiter und seines Chefs, der vor einigen Monaten aus Altersgründen das Unternehmen verließ. Sein Nachfolger, ein international erfahrener erfolgreicher Leiter von Großprojekten, ist jedoch ein gänzlich anderer Typ als der Vorgänger im Amt. Der bisherige Chef diskutierte gern ausführlich mit seinen Mitarbeitern über Lösungen, der neue möchte lieber ohne Diskussionen und Zeitverlust schnell zum Ziel gelangen. Die Klimaveränderung macht sich vor allem in Besprechungen bemerkbar, in denen der neue Chef dem Abteilungsleiter Peter Zepf vor versammelter Mannschaft klare Anweisungen gibt, die umgehend auszuführen sind. Einwände und Bedenken werden mit intellektueller Schärfe und teilweise arrogant wirkendem Ton beiseite gefegt.

Die Mitarbeiter von Peter Zepf sind schockiert, wie mit ihrem Chef umgegangen wird. Einen solchen Stil waren sie bisher nicht gewohnt und sie äußern Herrn Zepf gegenüber Bedauern und Mitleid. Zepf findet es zwar angenehm und beruhigend, dass seine Mitarbeiter solidarisch hinter ihm stehen, die zunehmende kommunikative Nähe zu seinen Mitarbeitern beunruhigt ihn aus Angst vor Autoritätsverlust aber ebenso wie die große Distanz zu seinem neuen Vorgesetzten.

Versetzen wir uns doch einmal in die Lage von Herrn Zepf: Welche Möglichkeiten hätte er, die Situation zu verbessern und das Nähe-Distanz-Verhältnis wieder in die richtige Bahn zu lenken? Der erste Schritt wäre ein intensives Gespräch mit dem neuen Chef. Zepf sollte einerseits betonen, dass auch er klare Anweisungen bevorzugt, andererseits aber diplomatisch vermitteln, dass er selbst und seine Mitarbeiter stärker an der Entscheidungsfindung beteiligt werden möchten.

Ein paar Tipps für ein solches Gespräch:

- Bitten Sie Ihren Chef um einen Termin, bei dem Sie beide ungestört zusammensitzen können. Am besten eignet sich dafür der Raum, in dem Ihre Besprechungen immer stattfinden, allerdings ohne Unterbrechung durch Telefone.
- Bereiten Sie sich gut auf das Gespräch vor, indem Sie alle Punkte und Themen notieren, bei denen Sie Verbesserungsmöglichkeiten sehen.
- Fragen Sie Ihren Chef, was ihm konkret an Ihrer Art der Gesprächsführung missfällt.
- Finden Sie seine Befürchtungen heraus, zum Beispiel die Angst vor Endlossitzungen oder die Befürchtung, Mitarbeiter könnten gefasste Beschlüsse wieder infrage stellen oder zerreden.
- Sagen Sie ihm, welcher Eindruck bei Ihren Mitarbeitern während der letzten Meetings entstand.
- Gehen Sie mit ihm gemeinsam konkrete Gesprächspunkte der letzten Meetings durch.
- Fragen Sie ihn, was er an Ihrer Stelle anders gemacht hätte.
- Nehmen Sie die einzelnen Punkte zum Anlass, den Grund und die Absicht Ihres Vorgehens zu erläutern.
- Überzeugen Sie ihn von Ihrem Stil, indem Sie erfolgreich abgeschlossene Projekte der letzten Zeit aufführen.
- Machen Sie ihm (freundlich, aber bestimmt) deutlich, dass Sie persönlich für den Arbeitsstil und die Resultate Ihrer Abteilung verantwortlich sind.
- Geben Sie Ihrem Chef das erforderliche (Sicherheits-)Gefühl, dass es für ihn weniger Arbeit und Kontrolle bedeutet, wenn er Sie weiter in Ihrem bisherigen Stil arbeiten lässt.

Wenn es weitere Abteilungsleiter-Kollegen auf Ihrer Ebene gibt, die ebenso empfinden wie Sie, dann führen Sie ein gemeinsames Gespräch über das Thema, zusammen mit Ihrem Chef. Versuchen Sie, sich in Ihren Chef hinein zu versetzen: Was könnten die Gründe für seine Bedenken sein? Aufgrund welcher Erfahrungen könnte er zu seiner Einstellung gekommen sein? Nutzen Sie einen Trick aus der Verhandlungstechnik: Überraschen Sie Ihren Chef mit dem Satz »Ich kann mir gut vorstellen, dass Sie wegen … Bedenken haben.«, und entkräften Sie seine Bedenken mit Ihrer Argumentation.

Von der Fachkraft zur Führungskraft

Waren Ihre Gespräche in der Vergangenheit eher von Fachthemen geprägt, von den Aufgaben also, für die Sie in der Vergangenheit bezahlt wurden, so werden sich Ihre Gespräche zukünftig auf anderen Ebenen bewegen. Hier beginnt das Problem vieler neuer Führungskräfte. Man möchte weiterhin die gute Fachkraft bleiben, für die man im Unternehmen oder in der Branche bekannt ist, gleichzeitig kommen aber andere Aufgabengebiete im Bereich Menschenführung hinzu. An dieser Stelle muss sich eine Führungskraft erneut die Frage stellen, ob sie tatsächlich gerne andere leiten oder Spezialist oder Spezialistin für bestimmte Fachgebiete bleiben möchte.

Professionelles Führen und professionelles Facharbeiten sind nicht vereinbar. Wenn jemand seine Führungsaufgabe tatsächlich ernst nimmt, bleibt ihm kaum noch Zeit für die bisherigen Fachtätigkeiten – eine schmerzhafte Erkenntnis in einem Land, in dem fast alle Führungskräfte aus der Fachschiene heraus befördert werden, anders als beispielsweise in den Niederlanden oder in Großbritannien, wo Führungskräfte häufig branchenfremd eingestellt werden. Da sie nicht fachspezifisch mitreden können, werden sie sich nie in fachliche Detaildiskussionen einlassen. Diese Führungskräfte sehen ganz klar das gemeinsame Ziel vor Augen und nicht die oft fruchtlose Detaildiskussion über den besten Weg zum Ziel. Sie kommen deshalb auch nicht in Gefahr, bestimmte Vorgehensweisen vorzuschreiben und somit vielleicht kreativere Wege zu blockieren. Es ist jeder Führungskraft zu empfehlen, sich ab und zu bei den Fragen an die Mitarbeiter etwas dumm zu stellen, Ihr Wissen zurückzunehmen, um von den Mitarbeitern möglichst viel über Probleme, Lösungsmöglichkeiten und neue Ideen zu erfahren. Je weniger eine Führungskraft sich in die Niederungen der fachlichen Details begibt, umso leichter fällt es ihr, objektive Entscheidungen zu fällen und gefällte Entscheidungen konsequent durchzusetzen.

Um Ihrer neuen Rolle gerecht zu werden, empfiehlt sich auch, Ihren geistigen Horizont regelmäßig zu erweitern. Das haben Sie zwar in der Vergangenheit auch schon getan, wahrscheinlich aber eher auf Themen bezogen, die sich mit Ihrem fachlichen Umfeld beschäftigten. Nun, die Halbwertszeit unseres Wissens sinkt permanent ab. Wenn Sie als ehemalige Fachkraft versuchen, immer auf dem aktuellsten detaillierten Stand zu bleiben, werden Sie kaum Zeit finden, Ihre Aufgabe als Führungskraft voll auszufüllen. Erweitern Sie Ihr Wissen deshalb lieber um Themen, die über den Tellerrand des Fachwissens hinausgehen. Dazu gehören Bereiche wie Betriebswirtschaft, psychologische Themen, Kommunikation, Rhetorik, Körpersprache und Präsentation.

Überlegen Sie, was Sie tun werden, wenn angestrebte Ergebnisse nicht erzielt werden: Was passiert wenn ..., was passiert wenn nicht ...?

Arbeiten Sie an Ihrer eigenen Motivationsfähigkeit. Stellen Sie sich ein Negativszenario vor, bei dem alles schief geht. Was würden Sie dann tun, um sich und Ihre Mitarbeiter zu motivieren?

Verbessern Sie Ihre Kontaktfähigkeit. Versuchen Sie mit Menschen ins Gespräch zu kommen, die Sie eigentlich gar nicht leiden können. (Sie werden feststellen, dass andere auch ganz nett sein können, wenn man sie richtig anspricht).

Versetzen Sie sich öfter mal in die Lage von Menschen, die vollkommen anderer Meinung sind als Sie und versuchen Sie, deren Standpunkt nachzuvollziehen.

Diskutieren Sie einmal mit einer Gruppe, in der vollkommen entgegengesetzte Meinungen herrschen und versuchen Sie dabei, zu jeder Meinung oder Position gleichmäßige Nähe und gleichmäßigen Abstand zu halten.

Mit solchen Übungen steigern Sie sukzessive Ihre emotionale Intelligenz. Sie erinnern sich: Wegen Ihrem IQ werden Sie eingestellt, wegen Ihrem EQ werden Sie befördert.

Marketing in eigener Sache

Als Führungskraft wird ein Thema für Sie von großer Bedeutung werden: Ihr Eigenmarketing. Waren Sie früher lediglich im Rahmen von Gehaltsverhandlungen dazu gezwungen, auf Ihre Vorteile und Stärken aufmerksam zu machen, so hängt jetzt Ihre weitere Karriere davon ab, wie weit Sie Ihr Umfeld permanent davon überzeugen, wie wichtig und erfolgreich Ihre Tätigkeit für das Unternehmen ist. Stellen Sie Ihr Licht jetzt nicht unter den Scheffel, seien Sie nicht zu bescheiden, wenn es um Ihre Person geht. Machen Sie aber bei Ihrem Eigenmarketing immer darauf aufmerksam, dass Sie Ihre Leistungen nur in erfolgreicher Zusammenarbeit mit Ihren Mitarbeitern erreichen konnten. Ihr Führungsstil gilt dann als erfolgreich, wenn Ihre Leistungen neidlos von Ihren Mitarbeitern und Ihrem Chef anerkannt wird.

Ihre Popularitätskurve steigt übrigens stark an, wenn alle in Ihrem Umfeld spüren, dass Sie ernsthaft an den einzelnen Personen interessiert sind, an ihrem Wohlergehen, an ihren Fortschritten und an ihren Problemen. Das bedeutet nicht, dass Sie als Problemlöser für alle auftreten. Aber Interesse an den Fragen und Problemen anderer zeigen, das können Sie durchaus, ohne sich Mehrarbeit zu verschaffen oder sich die Probleme anderer aufzuhalsen.

Für Ihr weiteres Fortkommen werden jetzt auch Ihre Networking-Fähigkeiten eine große Rolle spielen, denn Karrieren finden nur durch Beziehungspflege statt. Bei den Netzwerken gibt es verschiedene Möglichkeiten. In firmeninternen Netzwerken können Sie besonders in Großunternehmen wertvolle Informationen über Trends und anstehende Entscheidungen erhalten, die für Ihre weitere Karriere von Bedeutung sein können, zum Beispiel Erweiterungen, Änderungen oder Fusionen. In Netzwerken außerhalb des Unternehmens, bei denen man sich mehr oder weniger regelmäßig trifft, funktioniert der Austausch über allgemein betreffende Fragen und Probleme des Führungsgeschäfts, Fragen der Branche oder auch politischer Entwicklungen, die für Sie von Bedeutung sein könnten. Von steigender Bedeutung sind die elektronischen Netzwerke wie beispielsweise das schnell wachsende

Internet-Portal www.openbc.com. In solchen Netzwerken lässt sich über Diskussionsgruppen und die vielfältigsten Suchanfragen nach allen möglichen interessierenden Informationen und Kontakten suchen.

Zum Networking gehört auch die Fähigkeit zum Small Talk, der unverbindlichen Kommunikation zum Aufbau und zur Pflege von Kontakten. Manche Menschen können sich über jedes Thema bei jeder Gelegenheit geistreich unterhalten. Ihr Geheimnis: Sie finden heraus, für was sich andere interessieren – und reden mit Ihnen darüber. Viele Karrieren wurden durch solche Gelegenheiten begonnen, indem beim Small Talk Verbindungen hergestellt wurden, die sich später auszahlten. Zu diesem Thema gibt Ihnen das Buch *Small Talk – live* von Matthias Nöllke gute weitere Tipps und Anregungen.

Als Führungskraft wird von Ihnen erwartet, dass Sie Ihren Mitarbeitern im Punkt Information immer einen Schritt voraus sind. Ein Teil Ihrer Arbeitszeit sollte deshalb immer für die Informationsgewinnung reserviert werden.

Um Ihren Marktwert Schritt für Schritt zu steigern, eignen sich auch öffentlichkeitswirksame Aktionen wie zum Beispiel das Schreiben von Fachartikeln oder die gelegentliche Nebentätigkeit als Referent bei Veranstaltungen. Gerade im Zeitalter von schnell wechselnden Firmenkonstellationen und Arbeitsverhältnissen, die selbst bei behördenähnlichen Unternehmen nicht mehr unbedingt bis zum Rentenalter gelten, ist es für Führungskräfte wichtig, sich mit dem Begriff »Employability« näher zu beschäftigen. Für Ihren Marktwert auf einem sich schneller ändernden globalisierten Arbeitsmarkt gibt es nur einen Verantwortlichen: Sie selbst.

Entscheidungen treffen in Krisenzeiten

In Ihrer neuen Position werden Sie häufig Entscheidungen treffen müssen, ohne dass alle für eine sichere Entscheidung erforderlichen Fakten vorliegen. Entscheidungen müssen jedoch heute immer schneller gefällt werden, durch E-Mail und Internet sind die

Übertragungszeiten von Informationen auf Sekunden reduziert. Wer bei Entscheidungen zu lange zögert, stellt oft fest, dass sich das Thema mittlerweile bereits erledigt hat – durch andere.

In diesem Zusammenhang ist es interessant zu wissen, zu welchem Entscheider-Typ Sie gehören. Man spricht hier von vier verschiedenen Typen: dem Ausgeglichenen, dem Zerrissenen, dem Selbstausbeuter und dem Schnellentscheider.

Der Ausgeglichene setzt bei seinen Entscheidungen sowohl auf seine Erfahrungswerte als auch auf seinen Verstand. Wenn beide Kanäle zum selben Resultat führen, dann entsteht bei ihm psychisches Wohlbefinden, er fühlt sich ausgeglichen. Wenn allerdings der Verstand eine Situation anders bewertet als die Erfahrungswerte signalisieren, dann ergibt sich eine Diskrepanz, die in psychischen Unbehagen resultiert, er fühlt sich unwohl bei seiner Entscheidung. Er sollte lernen, voll hinter seiner eigenen Entscheidung zu stehen.

Der Zerrissene ignoriert weitgehend seine Erfahrungswerte und sein Bauchgefühl und verlässt sich ganz auf Fakten. In seinem Inneren spürt er aber die Diskrepanz zwischen beiden Kanälen und fühlt sich nicht wohl bei seinen Entscheidungen. Für ihn ist deshalb wichtig zu erkennen, dass Entscheidungen auch auf Gefühlen beruhen können.

Der Selbstausbeuter trifft Entscheidungen fast immer nur mit seinem Verstand, gefühlsmäßig empfundene Signale unterdrückt er. Solche Personen sollten darauf achten, ihre eigenen Interessen und ihr Wohlbefinden nicht dem Ziel und den Vorgaben der Firma bedingungslos unterzuordnen. Selbstausbeuter sind häufig Burnout-Kandidaten.

Der Schnellentscheider fällt seine Entscheidungen eher aus dem Bauch heraus – häufig deshalb, um andere nicht um Rat fragen zu müssen und unsicher zu wirken. So demonstriert der Schnellentscheider auch gerne seine Macherqualität als dynamischer Manager. Er sollte einsehen, dass es seine Autorität nicht untergräbt, wenn er Rat bei anderen sucht.

Entscheidungen sind keine Dogmen, an die man sich für ewige Zeiten binden muss. Wenn sie klar kommuniziert werden, also für jeden Betroffenen transparent und nachvollziehbar sind, dann werden auch unangenehme Entscheidungen eher akzeptiert. Man sollte sich ganz von dem Begriff der richtigen oder falschen Entscheidungen lösen. Besser wäre es, von klugen oder unklugen Entscheidungen zu sprechen. Kluge Entscheidungen entstehen aus der richtigen Mischung von Verstand, Erfahrung und Gefühl. Lassen Sie sich Ihre Entscheidungsfreude auch nicht durch Sätze nehmen wie »Ich hätte damals anders entschieden.« Was vorbei ist, ist vorbei. Das Einzige was zählt, ist die Zukunft. Und lassen Sie sich nicht von Entscheidungen mit negativen Folgen Ihren Optimismus und Ihre Tatkraft rauben. Denken Sie immer daran: Die Qualität eines Stehaufmännchens zeigt sich immer erst nach dem Umfallen.

Privatleben und Familie

Bei aller Freude am Job und der Karriere sollte man nie vergessen, dass das Arbeitsleben nur einen Teil des menschlichen Daseins darstellt. Nur dann, wenn die Balance zwischen Privatleben und Berufsleben stimmt, ist man in der Lage, langfristig erfolgreich zu sein.

Hier ist eine Kosten-Nutzen-Kalkulation ganz hilfreich. Haben Sie sich schon einmal überlegt, was Ihre Karriere kosten darf? Was sind Sie bereit zu zahlen für das Privileg, Dinge in die Hand zu nehmen, zu steuern und zum Ziel zu führen? Viele Führungskräfte stellen sich diese Fragen zu spät – nämlich dann, wenn Lebenspartner und Kinder sich stark vernachlässigt fühlen und eigene Wege gehen. Deshalb sollte sich jeder regelmäßig die Frage stellen, was er persönlich unter Lebensqualität versteht und wie weit seine Vorstellungen von Karriere und Leben noch mit den Vorstellungen seines engsten privaten Umfeldes kompatibel sind. Wenn aus Zeitgründen keine intensiven Gespräche innerhalb der Familie mehr möglich sind, dann ist auch der noch so teure Urlaub im exotischsten Winkel der Welt kein Ersatz für das grundlegende Bedürfnis, regelmäßig miteinander kommunizieren.

Vor der Annahme einer Beförderung ist deshalb eine Diskussion innerhalb der Familie sinnvoll, bei der nicht nur die angenehmen monetären Aspekte des Aufstiegs, sondern auch die damit einhergehenden Einschränkungen miteinander offen besprochen werden sollen. Dabei kann sich durchaus herausstellen, dass der avisierte Karrieresprung das Risiko der Entfremdung nicht wert ist.

Führungskräfte sind vor allem dann erfolgreich, wenn bei ihnen die Balance zwischen Privatleben und Firma stimmt, wenn ihre Familienmitglieder auch in schwierigen Zeiten hinter ihnen stehen und sie die Gewissheit haben, dass sie von ihrer Familie bei einem Karriereknick nicht abgestraft, sondern unterstützt werden.

Nehmen Sie sich nicht zu ernst

Führungskräfte, die nicht lachen können, wirken lächerlich. Ein Chef hingegen, der sogar über seine eigenen Fehler lachen kann, wirkt sympathisch. Er sorgt durch seine Vorbildfunktion für ein angenehmes Betriebsklima, in dem keiner Angst vor Fehlern haben muss. Das heißt nicht, dass sich die Mitarbeiter über ihre Fehler amüsieren, sondern dass alle wissen, dass Fehler menschlich und als Lernprozess nötig sind. Bewahren Sie sich also bei all Ihren Karrierebestrebungen ein gesundes Maß an Humor, an natürlicher Lockerheit und Gelassenheit. Menschen, die lachen können, wirken auf ihr Umfeld attraktiver und erfolgreicher als jemand, der mit todernster Miene um jeden Preis erfolgreich sein will.

Mit den Begriffen Spaß und Humor tun sich allerdings manche Führungskräfte sehr schwer. Führungskräfte, die Späße zulassen und Ihre Mitarbeiter mit Humor führen, fördern die Offenheit in der Abteilung und erleichtern die Kommunikation, schaffen gute Voraussetzung für kreative Problemlösung. Das steigert die Arbeitszufriedenheit. Bei Konflikten erleichtert Humor einen Perspektivenwechsel, entspannt die Situation und nimmt die Angst vorm Eingestehen eigener Schwächen und Unzulänglichkeiten. Humor entschärft Konflikte, indem er Angst verringert und Freiraum für verrückte Ideen öffnet. Die vielen Änderungen, die es in den Unternehmen gibt, werden durch Humor leichter akzeptiert. Nicht zuletzt sorgt Humor für eine menschlichere Atmosphäre am Arbeitsplatz und lässt eventuellen Druck leichter bewältigen. Sollte es ein Mitarbeiter übertreiben und Humor mit Albernheit verwechseln, sein Umfeld damit nerven und von der Arbeit abhalten, dann sprechen Sie ihn direkt darauf an, sorgen Sie für seine Vollbeschäftigung, und achten Sie bei ihm verstärkt auf Erfolgskontrolle.

Tipps für Ihren Erfolg:

Tauschen Sie sich ab und zu mit einem neutralen Beobachter darüber aus, wie Sie sich in der neuen Position als Mensch verändert haben.

Geben Sie klare und unmissverständliche Anweisungen. Überlegen Sie vorher, welche Anweisungen gegeben werden, warum, an wen und welches Resultat Sie bis wann erwarten. Benutzen Sie positives Vokabular.

Üben Sie richtiges Zuhören, auch wenn Sie glauben, Sie wüssten bereits, was Ihr Gesprächspartner Ihnen mitteilen will.

Betreiben Sie Eigenmarketing: Überzeugen Sie Ihre Vorgesetzten immer wieder davon, wie wichtig Ihre Tätigkeit für die Firma ist, bilden Sie Netzwerke und pflegen Sie Ihre Kontakte.

Holen Sie sich vor Entscheidungen möglichst viele Informationen und sortieren Sie zügig aus, was für Ihre Entscheidung relevant sein könnte. Vor wichtigen Entscheidungen holen Sie den Rat von Vertrauten ein, entscheiden Sie dann und setzen Sie die Entscheidung konsequent um.

Besprechen Sie vor der Annahme einer Beförderung mit ihrer Familie, was für Veränderungen auf Sie zukommen werden und wägen Sie das Für und Wider gemeinsam ab.

Vergessen Sie nicht Ihren Humor und sorgen Sie damit für gute Arbeitsatmosphäre.

Den Wandel managen

Leitfragen:

Warum kommt es zu Veränderungen?
Warum haben Menschen Angst vor Veränderungen?
Wie können Sie Mitarbeitern die Angst vor Veränderungen nehmen?

Ist es nicht irgendwie schizophren? Wir Menschen erwarten, dass alles besser, schöner, bequemer und einfacher wird – aber gleichzeitig soll sich am Gewohnten nichts ändern? Ein banaler Satz beschreibt das Thema genau: Wenn sich nichts ändert, wird sich nichts ändern.

Da werden Regierungen abgewählt in der Hoffnung, dass sich anschließend etwas ändert. Kaum ist die neue Regierung im Amt und fängt an zu ändern, schon geht ein Aufschrei durch die Bevölkerung: »So wollten wir das nicht!« Mit diesem Widerspruch in uns allen müssen Sie sich als Chef öfter auseinander setzen, als Ihnen vielleicht lieb ist. Und die Geschwindigkeit des Wandels steigt zunehmend. Menschen in den verschiedensten Berufen und Branchen werden mit Veränderungen konfrontiert, die aufgrund von globalen Trends stattfinden, Änderungen, die bei vielen Angst auslösen.

Warum kommt es zu Veränderungen?

Was genau aber löst Veränderungen aus? Wodurch entstehen Änderungen am Arbeitsplatz? Es sind zum einen neue Wettbewerber, die mit besseren Ideen für Unruhe im angestammten Markt sorgen. Dann sind es neue Technologien, die die gewohnten Arbeitsabläufe verändern. Der Markttrend, den wir alle mitbestimmen, hat sich geändert, es werden andere Produkte und Dienstleistungen gefordert. Es ändern sich Vorschriften, Verordnungen und Gesetze, ob mit oder ohne Regierungswechsel. Zusammenschlüsse von Unternehmen im Rahmen der Globalisierung greifen in bestehende Organisationen ein.

Reflektieren Sie einen Moment, welche Arten von Veränderungen Sie in den letzten zwölf Monaten erlebt haben. Hatten alle nur Vorteile oder nur Nachteile? Haben diese Änderungen etwas bewirkt? Bestimmt. In der einen oder anderen Richtung.

Alles ist im Fluss, Änderungen gehören zum Alltag. Niemand wird diese Gesetzmäßigkeit bezweifeln – im Prinzip. Wenn aber die Änderungen den Einzelnen betreffen, in seinen Lebensrhythmus eingreifen, vielleicht noch Einbußen in seinem Alltag mit sich bringen, dann gilt wieder der Kernsatz des Überlebens: »Warum gerade ich, wieso gerade bei mir?«

Warum haben Menschen Angst vor Veränderungen?

Gehen Sie die Fragen, Sorgen und Ängste Ihrer Mitarbeiter offensiv an, betreiben Sie aktives Change-Management.

Überprüfen Sie anhand der folgenden Zusammenstellung, welche Veränderungen Sie an Ihrem Arbeitsplatz erfahren. Versetzen Sie sich in die Lage Ihrer Mitarbeiter. Machen Sie sich Gedanken, welcher Ihrer Mitarbeiter bei welchem Einzelpunkt die größten Verständnisschwierigkeiten haben könnte.

Die Forderung nach mehr Leistung

Durch bessere und schnellere Werkzeuge können Leistungen auch schneller erbracht werden. Zwischen der Herstellung eines Werkstücks von Hand und der Herstellung mit einer modernen CNC-Maschine liegen gewaltige Zeitunterschiede, die selbstverständlich von jedem Kunden gerne in Form reduzierter Preise genutzt werden.

Im Bürobereich ging es vor der Zeit des PCs und des Faxgerätes (ja, eine solche Zeit gab es tatsächlich) ruhiger und gemütlicher zu als heute. Da wurde das Angebot auf einer mechanischen Schreibmaschine dreimal getippt, bis es fehlerfrei eingetütet werden konnte, und dann nahm – hoffentlich – jemand die Post mit zum Briefkasten. Wenn der Interessent sich nach dem Angebot erkundigte, konnte man mit gutem Gewissen mitteilen, es sei in der Post. Die Laufzeit der Post war mehr vom Wort *Zeit* als vom Wort *Laufen* geprägt. Tja, das waren noch Zeiten mit plausiblen Ausreden, die leider (?) weggefallen sind. Heute erwartet der Interessent mindestens eine Vorabkopie per Fax oder per E-Mail. Die Zeiten haben sich geändert, in des Wortes eigentlicher Bedeutung. Wir alle wollen nicht mehr warten.

Die Loyalität zwischen Arbeitgeber und Arbeitnehmern ist rückläufig

Die Bindung zum Unternehmen wird nicht mehr über Generationen weitervererbt und die Fokussierung auf den Shareholder-Value gibt den Mitarbeitern nicht immer das Gefühl, im Mittelpunkt zu stehen. Es ist sogar ein nicht unbedenklicher Trend im Ansatz auszumachen, dass Mitarbeiter ihr Wissen aus Gründen der Job-Protection gezielt zurückhalten, als vermeintliches Faustpfand gegenüber dem Arbeitgeber bei anstehenden Änderungen. Dies ist eine kurzsichtige Einstellung und bietet eine dankbare Aufgabe für Vorgesetzte, hier aufklärend zu wirken.

Die stärkere Einbeziehung der Mitarbeiter auf allen Entscheidungsebenen

Ein Trend, der den einen oder anderen Mitarbeiter überfordert, wenn er nicht gelernt hat, Entscheidungen zu treffen. Bei diesem Punkt können Sie als Chef Ihren Mitarbeitern zu einem steigenden Selbstbewusstsein verhelfen, indem Sie Ihren Mitarbeitern alle erforderlichen Befugnisse erteilen. Lassen Sie die Mitarbeiter als Unternehmer im Unternehmen operieren. Eine Untersuchung zeigt, dass der einzelne Sachbearbeiter durch den direkten Durchgriff von außen nach innen zum Beispiel via E-Mail zukünftig unter höherem persönlichen Entscheidungsdruck stehen wird. Anfragen, die auf seinem Bildschirm ankommen, müssen von ihm schnell entschieden werden. Das Risiko von Fehlentscheidungen am Arbeitsplatz wird steigen. Je schneller Mitarbeiter lernen, Entscheidungen zu fällen, desto geringer ist das Risiko für Fehlentscheidungen in Zukunft.

Die Zusammenschlüsse und der Aufkauf von Unternehmen

Fusionen und Kooperationen nehmen dem Mitarbeiter die Planungssicherheit, die in vielen Köpfen als Basis für die Zeit bis zum Beginn der Rentenzahlung diente. Auch wenn es ab und zu schon abgedroschen klingt, ohne eine flexible Einstellung zu unabdingbaren Änderungen lässt sich das Berufsleben heute nicht mit Spaß und Freude »ertragen«.

Der Arbeitsplatz und die Aufstiegschancen werden zunehmend unsicherer

Unsicherer im Sinne der gerade erwähnten Planungssicherheit ganz bestimmt. Auf der anderen Seite entstehen neue Branchen und Berufe, die händeringend nach Mitarbeitern suchen.

Reengineering, Outsourcing oder Umstrukturierungen

Das sind Begriffe, mit denen der Abbau von Arbeitsplätzen häufig pseudowissenschaftlich verbrämt wird. Wenn die »outgesourcten« Tätigkeiten aber sinnvoll waren, dann müssen sie doch von irgendjemandem auch in Zukunft erledigt werden, wenn auch nicht mehr im selben Rahmen und unter denselben Bedingungen.

Neue Technologien

Sie sind eigentlich eine gute Sache, wenn sie sinnvoll genutzt werden. Der Nachteil ist, dass mit dem Nutzen neuer Technologien oft ein gravierendes Umdenken erforderlich ist. Allerdings liegt die

Stärke der Menschheit eher im Beharren als im flexiblen Umgang mit Neuem. Helfen Sie Ihren Mitarbeitern, Zusammenhänge zu erkennen, die *Ihnen* schon lange klar sind.

Die Arbeit muss schneller, besser und billiger erbracht werden

Wir als Endkunde wollen davon profitieren. Produkte oder Dienstleistungen, die nicht mehr bezahlbar sind, werden sonst nicht mehr bezahlt – von uns Kunden. Es hilft wenig, sich einerseits gegen einen Trend zu stellen, von dem andererseits die meisten profitieren.

Der verstärkte Einsatz von Informationssystemen und Computern

Er nutzt allen, die ihn nutzen können. Proteste gegen die Einführung der Eisenbahn haben glücklicherweise auch keinen Erfolg gehabt. Häufig werden jedoch überhöhte Produktivitätszuwächse erwartet, die unrealistisch sind. Das erhöht die Frustration bei allen Beteiligten, dann werden Schuldige gesucht – ein Nährboden für Mobbing.

Die zunehmende Nutzung des Internets

Ein Unternehmen ohne Internetanschluss und Homepage ist heute nicht mehr vorstellbar. Trotzdem ist der professionelle Umgang mit dem Medium in vielen Firmen noch nicht selbstverständlich. Eine Anfrage per E-Mail mit einer postalischen Antwort nach acht Tagen zeugt von der Hilflosigkeit der Mitarbeiter im Umgang mit Hightech und von veralteten Organisationsabläufen.

Das wachsende Bedürfnis nach »sinnvoller« Tätigkeit

Es zeigt, dass immer mehr Menschen sich mit ihrer Aktivität am Arbeitsplatz identifizieren wollen. Nichts ist frustrierender, als stundenlang etwas zu tun, das einem sinnlos erscheint. Häufig wurde Mitarbeitern der »tiefere Sinn« ihres Tuns, der Zusammenhang mit anderen Tätigkeiten, nie erklärt. Nur wenn mir das Endprodukt meiner Arbeit bekannt ist, kann ich wirklich stolz auf meine Arbeit sein. Es ist schon ein Unterschied für die Motivation, ob ich nur an einer Mauer, an einem Haus oder an einer Kathedrale (oder einer Moschee) mitarbeite.

Ein größerer Schwerpunkt auf flexiblen Arbeitszeiten, Job-Sharing und dem Einsatz von Aushilfskräften

Dieser Trend ist in fast allen Branchen erkennbar. Er verunsichert manchen, der vom Elternhaus das klassische Karrieremodell als Lebensziel mit auf den Weg bekam. Vollends verunsichert sind diese Menschen, wenn sie lesen, dass das zukünftige Erwerbsleben Mischformen vorsieht. So kann ein Mitarbeiter heute als Sachbearbeiter, morgen als Vorgesetzter und übermorgen als Selbstständiger aktiv sein. Anschließend übernimmt er vielleicht die Leitung eines Projekts in einem Unternehmen, als Angestellter oder als Teilzeitkraft. Die klassischen vertikalen Karriereschritte weichen einer Selbstvermarktung, die sich am Markt und Marktwert des Einzelnen orientiert.

Der stärkere Fokus auf Kundenservice

Er sollte von jedem begrüßt werden. Nicht jedem Mitarbeiter ist allerdings klar (gemacht worden), dass der Kunde seinen Lebensunterhalt finanziert, dass das Unternehmen nur die von Kunden freiwillig gezahlten Beträge nach einem (hoffentlich gerecht aufgebauten) firmeninternen Schlüssel verteilt. Viele Firmenchefs können bis heute selbst noch nicht zwischen internen und externen Kunden unterscheiden.

Ein größeres Arbeitsaufkommen durch Streichung von Verwaltungsstellen

Dies wird häufig von Mitarbeitern als Stressfaktor genannt. In vielen Fällen werden Stellen gestrichen, aber nicht analysiert, ob gleichzeitig auch Abläufe vereinfacht oder ganz eliminiert werden können.

Mehr Eigenverantwortung für einzelne Mitarbeiter

Sie macht diejenigen glücklich, die mit Eigenverantwortung etwas anfangen können. Bei der Beurteilung Ihrer Mitarbeiter sollten Sie diesem Punkt besondere Aufmerksamkeit widmen und im Bedarfsfall die Mitarbeiter zielgerichtet coachen.

Weniger Führungskräfte und flachere Unternehmensstrukturen

Dies bedeutet weniger Hierarchie und schnellere Entscheidungen. Gleichzeitig werden von den Betroffenen mehr Managementfähigkeiten gefordert, die häufig nicht vorhanden sind. Hier können gezielte Schulungsmaßnahmen weiterhelfen, die fehlenden Werkzeuge zu vermitteln.

Die Notwendigkeit zur eigenen permanenten Weiterbildung

Bildung und der Ausbau der bereits erworbenen Fähigkeiten wird heute weniger bezweifelt als zu einer Zeit, in der man eine Ausbildung abschloss und den Beruf bis zur Rente ausübte. Statistiken aus den Vereinigten Staaten deuten darauf hin, dass in Zukunft jeder mindestens fünf Berufe in seinem Leben ausüben wird. Für manche eine Horrorvorstellung, für andere eine Riesenherausforderung.

Die Selbstverantwortung für die eigene Weiterbildung

Immer mehr Menschen erkennen heute ihre eigene Verantwortung zur Weiterbildung. Wurde früher erwartet, dass das Unternehmen den Mitarbeiter auf ein Seminar »schickte«, gehen Mitarbeiter heute offensiv mit dem Thema um und kommen mit eigenen Vorschlägen zum Vorgesetzten. Machen Sie Ihren Mitarbeitern aber klar, dass nicht die Anzahl der gesammelten Teilnahmebescheinigungen über die Karriere entscheidet, sondern die tatsächlich am Arbeitsplatz gezeigte Leistung.

Die Doppelbelastung zwischen Arbeit und Familie steigt

Davon betroffen sind meist Frauen. Als Vorgesetzter fällt Ihnen an diesem Punkt eine besondere Verantwortung zu. Bei der Einteilung von Arbeitsplänen sollten Sie unter Einsatz aller Flexibilisierungsmöglichkeiten versuchen, auf diesen Punkt entscheidenden Einfluss zu nehmen. Mit etwas Kreativität können Sie die Attraktivität der Arbeitsplätze in Ihrer Abteilung erhöhen, etwa durch intelligente Arbeitszeitverteilung.

Der Druck, für dasselbe Gehalt mehr zu leisten

Er entsteht hauptsächlich in Krisenzeiten der Unternehmen, beispielsweise bei Auftragsmangel. Da nur das erwirtschaftete Geld ausgegeben werden kann, ist die Forderung erst einmal nichts Unanständiges. Wenn alle den Gürtel enger schnallen in einer Engpasssituation, dann lässt sich auf dem Verhandlungsweg zwischen den direkt Betroffenen meist eine akzeptable Lösung finden. Zur Lösung gehört aber auch, dass in den »fetteren« Zeiten wieder alle gerecht vom Zuwachs profitieren. Firmen, die differenziertere Bezahlungsmethoden als Standard-Festgehälter einsetzen, ersparen sich in Krisenzeiten viele Diskussionsstunden, die gerade dann für Wichtigeres eingesetzt werden könnten.

Auf Teamarbeit wird mehr Wert gelegt

Ob Teamarbeit, Gruppenarbeit oder Einzelkämpfer effektiver für ein Unternehmen sind, darüber wird in schöner Regelmäßigkeit diskutiert und publiziert. Die Antwort lautet eindeutig: »Das kommt ganz darauf an.« Dass bei der Teamarbeit die größten Synergien zu verzeichnen sind, ist unbestritten. Dass aber auch große Probleme auftauchen können, nämlich dann, wenn Mitarbeiter nicht zur Teamarbeit hingeführt wurden, das ist ebenso bekannt. Ein Team entsteht nicht dadurch, dass Menschen zum Team ernannt werden, sondern es sind einige grundlegende Regeln zu beachten. Besuchen Sie ein Seminar, lesen Sie ein Buch zum Thema oder hören Sie sich Kassetten an – auf keinen Fall sollten Sie das

Thema Team ohne entsprechende Vorbereitung angehen. Und zwingen Sie den begnadeten Einzelgänger nicht um jeden Preis zu seinem Glück im Team.

Die stärkere Gewinnorientiertheit der Unternehmen

Das ist eigentlich nichts besonders Neues, denn ein Unternehmen mit seinen Arbeitsplätzen konnte auch in der Vergangenheit nur überleben, wenn Gewinn erwirtschaftet wurde. Da in vielen Branchen die Gewinnmargen allerdings stark zurückgingen, wird über das Thema häufiger gesprochen – und die miteinander um die reißerischsten Meldungen konkurrierenden Medien sorgten dafür, dass es im Gespräch blieb. Solange der Nachwuchs in Schulen nicht ausreichend über wirtschaftliche Zusammenhänge informiert wird und Lehrer Betriebsabläufe und das Leben in der Wirtschaft nur aus ihrer Studentenzeit und aus Lehrbüchern kennen, solange wird dieses Thema selten auf einer sachlichen Ebene in der Öffentlichkeit behandelt. Als Vorgesetzter bietet sich Ihnen hier die Chance, zur Versachlichung beizutragen.

Die größere kulturelle und nationale Vielfalt am Arbeitsplatz

Sie ist für manche Mitmenschen eine Veränderung, die starke Unsicherheit hervorruft. Vor allem, wenn Gerüchte über die Sicherheit des eigenen Arbeitsplatzes aufkommen, denkt mancher daran, dass es »früher« anders war. Wenn Grenzen geöffnet werden und Schranken fallen, dann gilt das nicht nur in der Urlaubszeit (da finden wir das alle ganz toll), sondern auch für den Rest des Jahres. Menschen, die bereits im Ausland gearbeitet haben, sehen die Diskussion ohnehin in einem anderen Licht.

Der zunehmende Bedarf an hochqualifizierten und hochspezialisierten Arbeitskräften

Er verunsichert vor allem diejenigen, die gerade vor der beruflichen (Neu-)Orientierung stehen. Trends und Marktchancen zu erkennen, das ist eine Aufgabe, an der auch die professionellen Propheten oft scheitern. Zum schnellen Reagieren auf sich schnell ergebende neue Situationen gehört Flexibilität, auch wenn das Wort für manchen bodenständigen Zeitgenossen noch als Fremdwort gilt.

Change-Management

Wir haben viele Gründe aufgezählt, die ein Change-Management erfordern. Bevor Sie Ihren Mitarbeitern dabei helfen, mit den erhofften oder befürchteten Änderungen zurechtzukommen, sollten Sie kurz ein paar Tage, Monate, Jahre zurückblicken. Welche große Veränderung haben Sie zuletzt in Ihrem beruflichen Umfeld erlebt? Vielleicht sind Sie gerade jetzt mitten drin in einer großen Änderung? Überprüfen Sie doch einmal, wie Sie diese Situation empfinden. Beschreiben Sie in Stichworten Ihre Empfindungen und Befürchtungen. Analysieren Sie ganz »cool«, was in Ihnen vorgeht. Listen Sie alle Ihre Bedenken auf. Wie stehen Sie zu der Änderung? Welche persönliche Einstellung haben Sie zu den einzelnen Daten und Fakten? Wie fühlen Sie sich im Moment? Und welche Bedürfnisse haben Sie zurzeit?

Erinnern Sie sich noch an Ihre erste Arbeitsstelle? Mit welchen Gefühlen fingen Sie damals an? Wahrscheinlich, wie jeder andere auch, mit einem Gefühl der Unsicherheit: »Schaffe ich das, was man von mir erwartet?« Genau betrachtet war es ein Gefühl der Angst. Die wenigsten Menschen allerdings geben zu, dass sie schon einmal Angst im Berufsleben gehabt haben, es passt nicht zum Image des Siegers. Aber das Flattern im Bauch ist ein typisches Zeichen für die Angst, die Situation nicht im Griff zu haben.

Die nächste Stufe war dann der Einsatz Ihres Egos, der Wille: »Das schaff ich doch.« Sie entwickeln Ehrgeiz, und schon haben Sie die nächste Stufe erreicht: Wissen. Sie überblicken Ihr Aufgabengebiet, Ihnen macht keiner mehr was vor, Sie fühlen sich sicher.

Nun hören Sie von Änderungen, die anstehen, von Umstrukturierungen, neuen Aufgabengebieten, und Sie haben wieder Angst. Angst, was jetzt alles auf Sie zukommen kann. Angst, weil Sie keine genauen Informationen besitzen.

Der Angst-Ego-Wissen-Angst-Zyklus

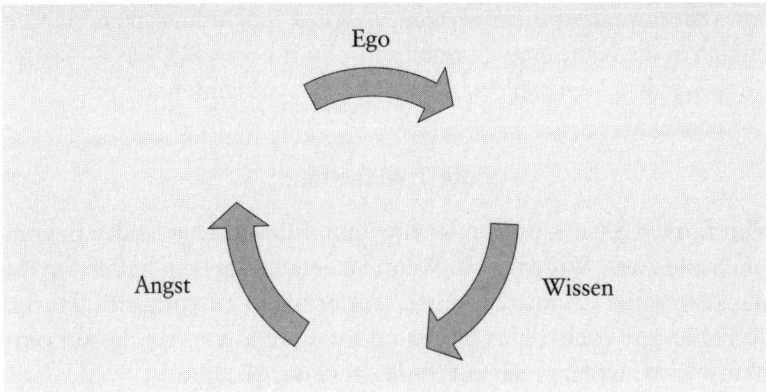

Jetzt haben Sie ihn einmal durchlaufen, den Angst-Ego-Wissen-Angst-Zyklus.

In ungewissen Situationen besinnen Sie sich auf Ihre Fähigkeiten, Ihr Wissen, Ihre Lebenserfahrung und sagen sich: »Das werde ich schon schaffen.«

So wie es Ihnen damals ging, so erleben auch Ihre Mitarbeiter Veränderungen. Deshalb ist es so wichtig, dass Sie alle Vorbehalte, Bedenken, Befürchtungen und auch Erwartungen im Voraus reflektieren, um Ihren Mitarbeitern den Übergang in die neue Situation zu erleichtern. Sie müssen nicht über hellseherische Fähigkeiten verfügen, aber das, was passiert, ist vorhersehbar, denn Veränderungen laufen immer nach demselben Schema ab.

Angenommen, Sie verkünden eine Änderung, durch die sich einiges in Ihrer Abteilung verändern wird.

Stufe 1: Ablehnung

Auf dieser Stufe hören Sie Sätze wie: »Das wird nie klappen. Das haben wir schon früher probiert. Sie werden schon sehen, das geht garantiert schief. Warum sollte das denn jetzt auf einmal funktionieren? Das haben wieder Leute entschieden, die nichts von der Praxis wissen. Wenn Sie länger hier wären, dann wüssten Sie, dass das nicht geht.« Die meisten dieser Argumente sind mit Gefühlen und nicht mit Fakten untermauert. Wenn Sie sich mit der Logik dieser Argumentation schon im Vorhinein vertraut machen möchten, setzen Sie sich einfach in die Nähe eines Stammtischs. Dort hören Sie, was Sie später hören werden, Vorurteile und Ablehnung – verdichtet und pur.

Stufe 2: Widerstand

Nun fangen Sie an, die Änderung einzuführen. Das ist der Beginn von Stufe zwei: Widerstand. Wenn Sie jetzt aufgeben, haben Sie für alle Zeiten die Chance verpasst, Änderungen einzuführen. Da Sie sich aber gut vorbereitet haben und wussten, was auf Sie zukommen würde, arbeiten Sie auf Stufe drei hin: Akzeptanz.

Stufe 3: Akzeptanz

Die Akzeptanz kann durchaus aus fatalistischen Neigungen erfolgen, nach dem Motto: »Ich kann es ja doch nicht ändern.« Auf je-

Change-Management – wie Veränderungen ablaufen

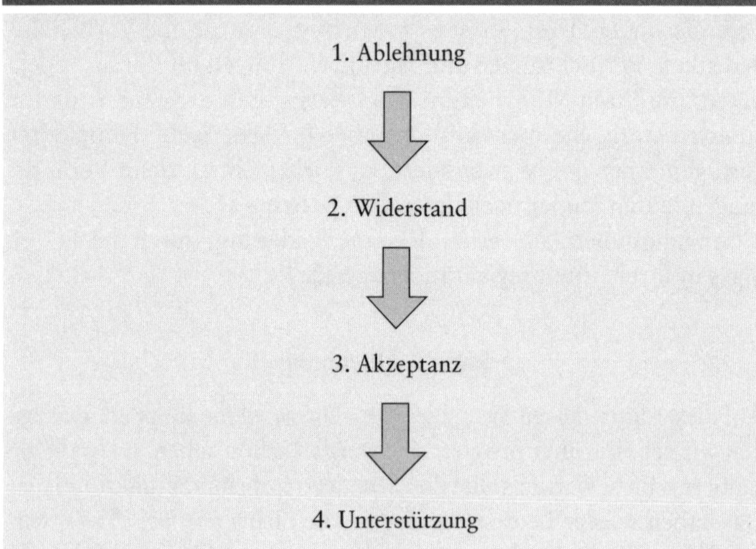

den Fall ist die Phase des Widerstands vorüber. Nun sind Sie am Ziel, der Stufe 4: Unterstützung.

Stufe 4: Unterstützung

Selbst ehemalige Kritiker äußern sich nun positiv: »Ist ja eigentlich in Ordnung, ich mache mit.«

Wie können Sie Mitarbeitern die Angst vor Veränderungen nehmen?

Natürlich ist es für alle Beteiligten am angenehmsten, wenn die ersten drei Phasen gar nicht erst durchlaufen werden müssen. Aber dass Veränderungen auf Ablehnung stoßen, das ist in der menschlichen Natur begründet. Die Gründe können sein:

Angst vor dem Verlust der jetzigen Stelle

Gerade Menschen, die sich eine Position erkämpft – oder ersessen – haben, müssen nun fürchten, nochmals von vorne anzufangen. Stellen Sie sich einen Mitarbeiter mit einer geringen Ausbildung vor, der sich durch das Senioritätsprinzip seine Position geschaffen hat. Für diesen Menschen steht doch bei einer Änderung mehr auf dem Spiel als bei dem Kollegen, der eine qualifizierte Ausbildung besitzt und der sich schon aus intellektueller Neugierde auf Änderungen freut.

Tangieren von Gebietsansprüchen

Durch die Änderung redet plötzlich jemand in mein Gebiet hinein, das kann ich aus Gründen der Selbstachtung nicht zulassen.

Angst vor Versagen

Der Mitarbeiter war mit seiner bisherigen Tätigkeit permanent an seiner Leistungsgrenze. Nun befürchtet er, den Ansprüchen nicht mehr zu genügen. Logisch, dass er alle erdenkbaren Gründe sucht, die Änderung zu verhindern.

Gefahr für Status und Position

»Muss ich jetzt etwa das GT-Schild von meinem Firmenwagen entfernen?« Bei statusorientierten Mitmenschen können sich Tragödien abspielen. Betrachten wir ein Beispiel aus einem Unternehmen, das seine Abteilungen und Dienstgrade auflöste (ja, das gibt es). Das Unternehmen ist übrigens erfolgreicher geworden, die Mitarbeiter haben voll mitgezogen. Ein Problem gab es aber. Der Geschäftsführer resümiert: »Was wir übersehen hatten, das waren die Ehepartnerinnen der Abteilungsleiter. Der Druck an der Supermarktkasse – ›Warum ist Ihr Mann denn nicht mehr Abteilungsleiter?‹ – war viel größer, als wir geahnt hatten.« Daraufhin führte man Gespräche mit den Damen der Herren, um deren Weltbild wieder gerade zu rücken.

Angst vor Verlusten

Wer verzichtet bei Tarifverhandlungen freiwillig auf Erreichtes? Wer stellt sich nicht die Frage: »Was hab ich davon, wenn ich jetzt der Änderung zustimme, ohne eine Gegenleistung zu erhalten?« Es gibt Branchen, in denen Änderungen nicht mehr durchzuführen sind, weil die Angst vor Verlusten auf der Arbeitgeberseite zu groß ist. Wenn ein Mitarbeiter weiß, dass er eigentlich unkündbar ist und dass es für das Unternehmen beinahe unbezahlbar ist, sich bei der Verweigerung von notwendigen Änderungen von ihm zu trennen – warum sollte er dann Änderungen zustimmen?

Der Wunsch, Gewohntes beizubehalten

Menschlich verständlich, aber es gibt in jedem Unternehmen Sachzwänge mit höherer Priorität, nämlich mit Gewinn zu überleben und den Mitarbeitern regelmäßig die Gehälter und Löhne zahlen zu können. Als Gutenberg die Buchpresse erfand, wurden Tausende von Schreibern arbeitslos. Der Wunsch, das Gewohnte beizubehalten, hätte beispielsweise dem Druck dieses Buches im Wege gestanden.

Die Angst vor dem Ungewissen

Angst kann lähmen. Bereiten Sie Ihre Mitarbeiter auf das vor, was auf sie zukommen könnte. Aktivieren Sie die Freude am Ungewissen. Versprechen Sie aber nichts, was Sie nicht auch einhalten können. Motivieren Sie, indem Sie visionäre Ziele aufzeigen. Geben Sie den Mitarbeitern vor allem die Möglichkeit, eigenverantwortlich Entscheidungen zu treffen. Wenn man das Gefühl hat, mit entscheiden zu können, dann ist Angst nicht mehr begründet, dann verschwindet sie. »Empowern« Sie Ihre Mitarbeiter, geben Sie ihnen Entscheidungsfreiheit.

Ablehnung überwinden

Jetzt sind Ihnen so ziemlich alle Gründe für die Ablehnung von Veränderungen bekannt. Es gilt nun, sie zu überwinden.

Der erste Schritt: »Unser Ziel«

Ebnen Sie den Weg. Erklären Sie, warum eine Veränderung notwendig ist. Klären Sie die Mitarbeiter über das gemeinsam zu erreichende Ziel auf. Häufig entsteht Widerstand, weil die Vorteile einer Änderung den Beteiligten nicht klar gemacht wurden. Lernen Sie, Ideen und Visionen erfolgreich »zu verkaufen«. Machen Sie es wie die Werbung, die nicht das Schnitzel oder das Bratfett anbietet, sondern das Brutzeln in der Pfanne verkauft. Oder der Bohrmaschinenhersteller, der nicht das Loch in der Wand propagiert (wer will schon Löcher in der Wand?), sondern das selbstgebaute Regal, das der Kunde jetzt stolz seiner Umwelt präsentieren kann. Seien Sie kreativ bei der Entwicklung von Zukunftsbildern, die Ihre Mitarbeiter anspornen.

Der zweite Schritt: »Wie machen wir das am besten?«

Beziehen Sie Ihre Mitarbeiter in die Entscheidungsprozesse mit ein. Machen Sie Betroffene zu Beteiligten. Fragen Sie auch: »Was gefällt Ihnen an dieser Änderung nicht? Welche anderen Vorschläge hätten Sie zu dem Thema? Was würde Ihnen besser gefallen?«

Der dritte Schritt: »Der gegenwärtige Stand«

Informieren Sie über alle verfügbaren Informationen, optimieren Sie den Informationsfluss. Unterschätzen Sie das Wissensbedürfnis Ihrer Mitarbeiter nicht. Gerade in Umbruchsituationen sollte eher mehr als zu wenig informiert werden.

Der vierte Schritt: »Die Zukunft«

Geben Sie Ihren Mitarbeitern viel Feedback. Diskutieren Sie mit ihnen, was passiert ist, was daraus gelernt wurde und welche Fragen noch offen sind.

Je offener Sie über Zukunftstrends und ihre Auslöser sprechen, umso eher können sich Mitarbeiter in neue Situationen hineinfinden. Das heißt nicht, die Dinge schönzureden. Friede, Freundschaft, Eierkuchen passt nicht zu erwachsenen Menschen, die langfristig miteinander arbeiten sollen. Erklären Sie die Vorteile der Veränderung und sprechen Sie auch über die eventuellen Folgen, falls die Änderung unterbleibt. Thematisieren Sie auch eventuelle Nachteile. Beziehen Sie möglichst viele Mitarbeiter in die Bestandsanalyse ein. Besprechen Sie offen, was unternommen werden muss und warum. Ein glaubwürdiger Vorgesetzter ist den Mitarbeitern sympathisch, auch wenn er unbequeme Nachrichten übermittelt. Ein Vorgesetzter, der sich um klare Aussagen herummogelt, verliert sein Gesicht: im Beruf und im Privatleben.

Überlegen Sie, ob in Ihrem bisherigen Leben jemand versäumt hat, bei Veränderungen »den Weg zu ebnen«. Erinnern Sie sich, wie sich das ausgewirkt hat. Welche Lehren wurden aus der Geschichte gezogen? Es kann nicht oft genug betont werden: Es hängt von Ihrer Vorarbeit ab, ob Veränderungen erfolgreich durchgeführt werden oder ob sie im Maschendrahtzaun der Firmengeschichte hängen bleiben.

Leitideen schaffen

Eine solide Basis für Veränderungsprozesse sind solide Wertvorstellungen des Unternehmens, die von allen akzeptiert werden. Wenn Mitarbeitern klar ist, dass nur permanente Verbesserungsprozesse ein Unternehmen weiterbringen, dann ist die Akzeptanz für Veränderungen eher vorhanden, als wenn das Unternehmen eher auf seiner Firmengeschichte und einem stabilen (?) Stammkundenkreis ruht. Wenn Mitarbeiter sich mit den Wertvorstellungen des Unternehmens identifizieren, dann ist die Bereitschaft, sich gemeinsam auf Änderungen einzulassen, eher vorhanden.

Vorsicht: Stellen Sie vor Veränderungen fest, ob die Identifikation mit den Wertvorstellungen tatsächlich vorhanden ist oder ob es sich um ein opportunistisches Nachplappern von Schlagworten handelt. Viele Wertvorstellungen, oft auch »Visionen« genannt, sind von Betriebsfremden erarbeitet worden – und werden hausintern dementsprechend als betriebsfremd betrachtet.

Wertvorstellungen müssen sich messbaren Kriterien unterziehen lassen. Hervorragende Qualität, ausgezeichneter Service, gute Teamarbeit und hohe Produktivität sind Worthülsen, wenn nicht anhand einer Messlatte Veränderungen nachweisbar sind.

Und genau das ist das Kriterium für Veränderungen – messbare Unterschiede zum vorherigen Zustand.

Tipps für Ihren Erfolg:

Haben Sie ein Ohr für die Bedenken der Mitarbeiter.

Nehmen Sie den anderen die Angst.

Entwickeln Sie lohnende Zukunftsvisionen.

Mit Mitarbeitern kommunizieren

Leitfragen:

Können Sie kommunizieren?
Nonverbale Kommunikation – wie wirken Sie?
Können Sie sich ausdrücken?
Gibt es bei Ihnen Büromöbel mit Körpersprache?

Als Führungskraft müssen Sie gekonnt kommunizieren. Sie geben ein Vorbild. Wenn Sie in der Lage sind, anderen Ihre Meinung und Absicht klar, logisch, präzise, eindeutig und prägnant zu übermitteln, dann wirken Sie tatsächlich als Vorbild. Kommunizieren Sie aber mit verbalen Rundumschlägen, »man sollte, könnte, müsste«-Formulierungen und schwammigen Aussagen, dann werden Sie zum Orakel des Unternehmens (»Was hat er eigentlich gemeint?«). Aha, sagen Sie, dann offenbare ich mich erst mal lieber nicht in Zweifelsfällen, bevor ich Unsicherheit verbreite. Gut gemeint, aber wie Bertolt Brecht schon sagte: »Das Gegenteil von gut ist gut gemeint.«

Können Sie kommunizieren?

Man kann nicht nicht kommunizieren. Wir drücken uns ständig irgendwie aus, wenn nicht mit Worten oder Lauten, dann mit Gesten oder Nicht-Gesten. Oder wie der berühmte Volksmund sagt: »Keine Antwort ist auch eine Antwort.« Wie kommuniziert man denn nun richtig?

Gute Kommunikationsfähigkeit besteht einerseits darin, seine Gesprächspartner dazu zu bewegen, sich offen und frei mitzuteilen, und andererseits, ihnen nicht nur aufmerksam zuzuhören, sondern auch »zwischen den Zeilen zu lesen«. Genau das ist das Problem: zwischen den Zeilen zu lesen. Nicht, dass Sie sich als

Kaffeesatzleser oder Wahrsager betätigen sollten, aber zu entdecken, was nicht gesagt, aber gemeint ist, das wird zu einem entscheidenden Merkmal Ihrer Führungsfähigkeiten.

Nun können Sie sich einerseits auf den Standpunkt stellen: »Wenn ein Mitarbeiter mir eine Information vorenthalten will, dann ist das seine Sache.« Vielleicht aber gibt es gute Gründe für die Zurückhaltung. Sei es zum Beispiel die Furcht vor Sanktionen. Sie wissen, in früheren Zeiten wurde der Überbringer einer schlechten Nachricht gelegentlich hingerichtet. Das half zwar nicht bei der Lösung eines Problems, aber es war ein Sündenbock gefunden. Manche Mitarbeiter wagen es einfach nicht, Unangenehmes offen auszusprechen, weil sie erlebt haben, zu welchen unkontrollierten Ausbrüchen gestresste Vorgesetzte fähig sein können.

Auf der anderen Seite sollten Sie aber dafür sorgen, dass sich Mitarbeiter angstfrei und offen äußern können. Haben Sie also unbedingt auch ein Ohr für das Nicht-Gesagte.

Sie kämpfen hier gegen ein grundlegendes Problem unseres Kulturkreises an. Wir haben in der Schule – und den folgenden Schulen des Lebens – gelernt zu schreiben, zu rechnen, zu denken, zu argumentieren, aber nicht, zuzuhören. Warum auch, nur wer redet, der teilt etwas mit. Und wer nichts sagt, der wird auch nicht gehört. Das ist so weit in Ordnung, aber alles zu seiner Zeit. Denn es ist ein Hauptgrund für Mitarbeiterbeschwerden: »Man hört mir nicht richtig zu«, »Man nimmt sich keine Zeit für mich«, »Mein Chef weiß sowieso alles besser«, »Ich kann sagen, was ich will, ich laufe gegen eine Wand«. In den meisten Fällen erwachsen diese Eindrücke durch Unterbrechungen (»Ich weiß doch schon genau, was als Nächstes wieder kommt), fehlenden Blickkontakt (»Wenn ich den Mitarbeiter anschaue, hört der gar nicht mehr auf zu reden«), parallele Aktivitäten (»Reden Sie ruhig weiter, ich höre Ihnen schon zu«) und sprunghaftes Wechseln des Themas (»Mir fällt da gerade eine andere Sache ein«).

Wie würden Sie denn auf solches Verhalten reagieren, wenn Ihr Chef sich Ihnen gegenüber genauso verhielte? Ach, genau das tut er? Und Sie haben niemanden, bei dem Sie sich über Ihren Chef beschweren können? Nun, das ist Teil Ihrer Stellenbeschreibung als

Vorgesetzter, in Ihrer Sandwich-Position, beide Seiten nicht gleich behandeln zu können. Mit ein wenig Übung können Sie aber mit dieser »Ungerechtigkeit« ganz gut leben. Denn als begabte Führungspersönlichkeit können Sie sich in beide Seiten gut hineinversetzen, oder? Aber warum sollten Sie nicht Ihrem Chef helfen, ebenfalls besser zu werden? Machen Sie ihm diplomatisch klar, an welchen Stellen er einen noch besseren Eindruck machen könnte.

Grundregeln effektiven Zuhörens

Üben Sie die vier Grundregeln des effektiven Zuhörens ein. Genau genommen müssen Sie »aktiv« zuhören. Aktiv zuhören? Dann falle ich dem anderen doch ins Wort, wenn ich aktiv werde, oder? Nun, schauen wir uns doch die vier Grundregeln des aktiven Zuhörens einmal genauer an:

Erstens: Hören Sie zu, was tatsächlich gesagt wurde, und lösen Sie sich von dem, womit Sie gerechnet haben.

Nur was gesagt wurde, ist protokollfähig. Nur was gesagt wurde, kann diskutiert werden. Und nur was gesagt wurde, kann widerlegt werden. Häufig sind Sie aber in einer Situation, in der Sie genau zu glauben wissen, was als Nächstes gesagt werden wird, weil es immer an dieser Stelle gesagt wird. Hören Sie trotzdem zu, vielleicht erfahren Sie heute etwas Neues.

Zweitens: Unterbrechen Sie Ihren Gesprächspartner nicht.

Stellen Sie sich vor, Sie rufen bei der Telefon-Hotline der Reklamationsabteilung eines Unternehmens an. Sie haben ein Problem, das dem Mitarbeiter dort heute schon zum 268. Mal präsentiert wird. Wie würden Sie denn reagieren, wenn man Sie mit Ihrem Thema nicht ausreden ließe? »Sie brauchen nicht weiterzureden, ich kann mir denken, was los ist«, hören Sie. Selbst wenn dem so wäre, es würde Sie genau wie jeden anderen Menschen stören, wenn man Sie nicht bis zum Ende reden ließe. Das heißt nicht, dass Sie notorische Dauerredner oder Gesprächspartner mit Wiederholungseffekten bis zum Ende ihrer Redelust ungestört ertragen sollten, aber warten Sie bitte ab, bis Sie den Kern der »Message« zweifelsfrei verstanden haben. Unterbrechungen geschehen nicht nur mit Worten, sondern auch mit Taten, sprich Gesten. Bringen Sie Ihre Hände nicht in eine Abwehrposition, nur weil Ihr Gesprächspartner Ihnen Unangenehmes verkündet.

Drittens: Minimieren Sie Unterbrechungen durch andere.

Am sichersten: Halten Sie Ihre Tür verschlossen, schalten Sie Ihr Telefon um. Es sei denn, Sie hoffen auf Unterbrechungen, um das Thema zu vertagen. Aber haben Sie das nötig?

Viertens: Geben Sie verbales und nonverbales Feedback.

Verbales Feedback heißt auf keinen Fall reden, sonst unterbrechen Sie ja den Gesprächsfluss Ihres Gegenübers. Machen Sie es wie immer, stoßen Sie Ihre psychologischen Grunzlaute aus, Geräusche wie: »Mhm, aja, nee, ei, och« oder das unschlagbare schwäbische »Ah wa«, mit dem sich, unterschiedlich intoniert, wahrscheinlich ganze Hörspielabende füllen lassen. Alle diese Laute signalisieren Ihrem Gesprächspartner: »Ich bin noch bei dir.« Sitzt Ihr Gesprächspartner Ihnen in Sichtweite gegenüber, reichen hier auch zustimmende Nickbewegungen mit dem Kopf aus, aber bitte nur in vertikaler Richtung.

Als Kommunikationsass sorgen Sie dafür, dass andere sich frei ausdrücken können. Wenn Sie das Gefühl haben, dass noch Dinge ungesagt im Raum stehen, dann müssen Sie unter Umständen mit kleinen Tricks nachhelfen. Nehmen wir an, aus irgendeinem Grund kommen bei einer Problemsituation nicht alle denkbaren Alternativen auf den Tisch. Sei es, weil sie mit unangenehmen Konsequenzen verbunden sind, sei es, weil keiner der Anwesenden tief genug über das gesamte Thema nachgedacht hat. Als Führungskraft müssen Sie führen.

Gespräche in Gang bringen

Führen Sie Ihre Mitarbeiter in eine Diskussion. Zum Beispiel mit der Frage: »Was können wir noch tun, um das Problem zu verschlimmern?«, oder: »Mit welchen Maßnahmen können wir unsere Kunden noch mehr verärgern?« Diese zunächst kontraproduktiv wirkende Methode verblüfft zunächst, provoziert aber dann ein befruchtendes Gespräch, bei dem alles auf den Tisch kommt. Als Abfallprodukt entstehen dann oft auch Ideen, die mit dem ursprünglichen Thema wenig zu tun haben. Seien Sie kreativ, holen Sie schlummernde Informationen ans Tageslicht.

Veranstalten Sie einen Ausreden-Wettbewerb: »Wer findet die kreativste Ausrede, das Projekt nicht rechtzeitig fertig zu stellen?« Auch hier lösen sich oft verbale Verspannungen, wenn ein Thema von einer ganz anderen Seite her betrachtet wird.

Chefs sind immer wieder verblüfft, welche Kreativität in den Mitarbeitern steckt. Oft sind es Mitarbeiter, von denen man nicht erwartet hatte, »dass die das wissen können«.

Aus der Praxis:

Der Geschäftsführer eines kleinen holzverarbeitenden Betriebes führte mit den Mitarbeitern aus Produktion, Lager und Versand ein Gespräch über zukünftige Kundenwünsche, nachdem er in einem Zeitungsartikel über die verborgenen Kreativitätsreserven der Mitarbeiter gelesen hatte. Er war anschließend überrascht, wie viel Information über ein »fremdes« Fachgebiet jeder Einzelne beitragen konnte.

Eigentlich ist das Ergebnis nicht verwunderlich, denn jeder Mitarbeiter ist irgendwo auch Kunde, macht sich Gedanken über seine eigenen Bedürfnisse. Binden Sie also auch die Personen in Ihre Kommunikation mit ein, von denen Sie vielleicht nie einen Beitrag zur Problemlösung erwartet hätten.

Mitarbeiter, die gefragt werden, fühlen sich ernst genommen, integriert. In einer Zeit, in der von fragmentierten, chaotischen Märkten gesprochen wird, ist die Meinung der betroffenen Firmenmitglieder nicht zu unterschätzen. So mancher Marketing-Fachmann wunderte sich schon über die »Vertriebsdenke« der Mitarbeiter in Entwicklung, Produktion und Lager.

Bei der Kommunikation mit Mitarbeitern sollten Sie auch die erforderliche Portion Humor einsetzen, es gibt nichts Schlimmeres als humorlose Manager. Hüten Sie sich aber vor flapsigen Bemerkungen oder gar vor Witzen, die nicht eindeutig als Witz gekennzeichnet sind. Vor allem, wenn Sie innerhalb des bisherigen Kollegenkreises befördert wurden. Ihre Worte werden nun anders gehört, anders bewertet. Da Sie jetzt gegenüber Ihren ehemaligen Kollegen in einer Machtposition sind, können sich die anderen schlecht wehren gegen »Scherze«, die vielleicht ganz anders gemeint waren. Derselbe Satz, über den früher alle gemeinsam lachten, kann jetzt ernsthafte Verstimmungen hervorrufen. Auf der anderen Seite besteht die Gefahr, dass Sie bei Einsatz von »lustigen Geschichten« als der Abteilungsclown dastehen. Das wäre wiederum mit Ihrer Stellenbeschreibung nicht vereinbar.

Als guter Kommunikator müssen Sie auch Nein sagen können – ohne schlechtes Gewissen. Denken Sie aber bitte daran, dass wir Menschen mit einem Nein ohne Erklärung schlecht leben können. Wenn Sie etwas verneinen oder ablehnen, liefern Sie bitte auch die Begründung mit. Und lassen Sie sich dann nicht in eine Diskussion über die Begründung hineinziehen, wenn Sie es nicht wollen.

Nonverbale Kommunikation – wie wirken Sie?

Zur Kommunikation gehört auch Ihre Körpersprache. Nehmen Sie das Beispiel »Kopfnicken«. Testen Sie mit einem befreundeten Mitmenschen, wie lange Ihr Partner horizontales Kopfnicken aushält. Sie werden feststellen, dass Körpersprache im Zweifelsfalle alle positiven Eindrücke zunichte machen kann. Nun sind körpersprachliche Signalwirkungen in Büchern nie so effektiv darzustellen wie in einer Live-Situation. Deshalb sollte jede Führungskraft mindestens einmal im Leben ihre Körpersprache in unterschiedlichen Situationen vor einer Kamera getestet haben. Dadurch reduzieren Sie die Gefahr, zur Schmunzelnummer Ihrer Abteilung zu werden.

Körpersprache

Zur Körpersprache eines Chefs gehört, dass die nötige Distanz zu den Mitarbeitern gewahrt wird. In unserem Kulturkreis mögen wir es halt nicht, wenn uns jemand zu sehr »auf die Pelle rückt«. Wenn Sie Lust zum Spielen haben, machen Sie einen einfachen Test (siehe die Abbildung auf Seite 179). Schieben Sie im Restaurant oder in der Kantine Ihr Trinkgefäß unmerklich, Schritt für Schritt, auf das Territorium Ihres Gegenübers. Irgendwann, in einem günstigen Moment, schiebt Ihr Partner das Gefäß in einem Zug über die Mittellinie wieder zurück auf Ihr Territorium. Sie sind ihm zu nahe gekommen.

Dieselbe Situation können Sie erleben, wenn eine Person auf der Schreibtischkante eines Kollegen sitzt und der Kollege diese Besitzergreifung nicht gerne sieht. Nun wird niemand einen Erwachsenen mit Brachialgewalt vom Schreibtisch stoßen, aber der zaghafte Versuch wird doch unternommen, indem Unterlagen oder Gegenstände in Richtung des Eindringlings verschoben werden.

Eine häufige Verletzung des eigenen Territoriums haben Sie vielleicht auch schon erlebt: Die Sekretärin sitzt an ihrem Schreibtisch und telefoniert. Der Chef kommt aus seinem Büro, öffnet die Schublade des Sekretärinnenschreibtischs, entnimmt eine Schere und geht zurück in sein Büro. Was soll hier falsch sein, fragen Sie? Schere und Schreibtisch sind nicht Privateigentum der Sekretärin und die Schere hat er wohl dringend gebraucht. Stimmt. Ein Chef mit Gespür für Situationen hätte sich aber anders verhalten. Er hätte mit einer Geste angedeutet, dass er sich die Schere aus der Schublade holen möchte. Daraufhin hätte die Sekretärin zustimmend genickt und ihm somit die Genehmigung erteilt, in ihr Territorium einzudringen.

So vorzugehen finden Sie zu kompliziert, schließlich sind wir

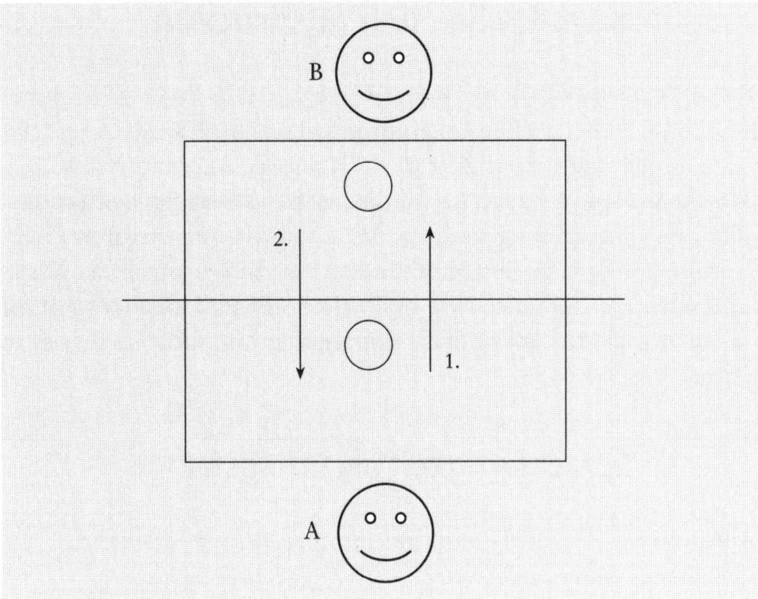

doch alle Kollegen? Dann sollten Sie gelegentlich ein Buch über Feingefühl im Umgang mit Mitarbeitern lesen, das kann Ihrer Karriere nicht schaden.

Körpersprachliche Fehler

Zu den körpersprachlichen »Macken«, die Sie nicht unbedingt sympathischer machen, zählen die Folgenden:

- Sich vor einem Mitarbeiter aufbauen, die Hände vor der Brust verschränken – und wippen. Damit zeigen Sie, dass Sie dem »armen Würstchen« vor Ihnen demonstrieren müssen, wer hier Herr im Haus ist.
- Das Hochziehen der Augenbrauen, begleitet von einem kritischen Blick, spricht nicht dafür, dass Sie in diesen Mitarbeiter volles Vertrauen gesetzt haben.
- Für Distanz und Ablehnung spricht, wenn Sie sitzenderweise Ihren Stuhl immer wieder nach hinten wippen lassen. Vorsicht, Kippgefahr, in jeder Hinsicht.

Können Sie sich ausdrücken?

Wie sieht es eigentlich mit Ihrer Wortwahl aus? Finden Sie immer die richtigen Worte? Für jeden Ihrer Mitarbeiter? Keine Angst, Sie müssen nicht unbedingt Zeit in ein Rhetorik-Seminar investieren, obwohl es nicht schaden kann, die deutsche Sprache »situationsadäquat« einsetzen zu können. Was Mitarbeiter an ihren Chefs stört, ist häufig eine geradezu inquisitorische Fragetechnik. Wenn dann noch der entsprechende militärische Tonfall hinzukommt, ist von einer ungestörten, offenen Kommunikation nicht mehr viel zu spüren.

Sprachfertigkeit als Erfolgsfaktor

In der menschlichen Kommunikation spielen so genannte »Abschwächer« eine wichtige Rolle. Ein paar Beispiele:

- »Übrigens, was halten Sie von dem neuen Modell?«
- »Interessehalber, was denken Sie über unser neues Projekt?«
- »Aus dem Stegreif heraus, wie würden Sie die Situation beschreiben?«
- »Was sollten wir Ihrer Meinung nach tun?«
- »Normalerweise ... «
- »Ungefähr ... «

Mit diesen Abschwächern, von denen Ihnen bestimmt noch weitere einfallen werden, können Sie in emotional vorbelasteten Situationen den Gesprächseinstieg angenehmer und effektiver gestalten.

Vermeiden Sie, wann immer es geht, die Frage »warum?«. Diese Frage erzeugt bei vielen Menschen Rechtfertigungsdruck, der vielleicht gar nicht beabsichtigt war. Anstelle der Frage »Warum sind Sie zu spät gekommen?« können Sie, mit Ihren eigenen Worten natürlich, fragen: »Gab es einen besonderen Grund für Ihr Zuspätkommen?«

Machen Sie nicht den Fehler mancher Aufsteiger, das »Bodenpersonal« Hierarchieunterschiede spüren zu lassen. Die Macht eines Pförtners spüren Sie spätestens dann, wenn er vor Ihrem PKW einen Sattelzug hat parken lassen, dessen Fahrer jetzt gerade nicht auffindbar ist.

Worte sind eine scharfe Waffe – und Sie befinden sich doch nicht im Krieg, oder? Das Zitat eines Mitarbeiters, der einen Chef vorgesetzt bekam, der sich für rhetorisch unschlagbar hielt: »Da haben die uns einen hingesetzt, der sechs Semester Egoismus und Spiegelfechterei studierte und jedem von uns nun beweisen will, was wir alles nicht wissen.« Solche Beziehungskrüppel fordern zum täglichen Kampf heraus, bei dem der eigentliche Unternehmenszweck eine untergeordnete Rolle spielt.

Aus der Praxis:

Ein schönes Beispiel für die richtige Wortwahl aus der Welt der Deutschen Bahn. Der Zugbegleiter (klingt doch besser als der altgewohnte »Kontrolleur«, oder?) stellt in der ersten Klasse fest, dass ein Fahrgast nur im Besitz einer Karte für die zweite Klasse ist. Die übliche Ansprache: »Da brauchen Sie aber ein anderes Ticket.« Oder »Das kostet aber 10 Euro mehr.« Oder noch schöner: »Wissen Sie nicht, dass Sie in der falschen Klasse sitzen?« Der Zugbegleiter in unserem Positiv-Beispiel: »Haben Sie auch noch etwas für die erste Klasse dabei?« Merken Sie den Unterschied? Das Thema wurde angesprochen, es wurde nichts unterstellt, sondern freundlich gefragt. Es gibt immer mehrere Möglichkeiten, sein Ziel zu erreichen. Die richtigen Worte helfen Ihnen dabei.

Ein weiteres Beispiel: Sie stellen fest, dass in Ihrer Abteilung zwei Mitarbeiter nicht miteinander zurechtkommen. Die Chemie zwischen den beiden scheint nicht zu stimmen, man spürt das Sträuben der Nackenhaare, wenn sich die beiden begegnen. Als Kommunikationsprofi werden Sie einen Kollegen, der beide gut kennt, fragen: »Haben Sie eine Idee, wie wir die beiden wieder an einen Tisch bekommen können?« Holen Sie sich auf diese Art und Weise Informationen über Sachverhalte und Emotionen, um anschließend ein Gespräch mit den Betroffenen zu führen.

Lob aussprechen

Als Kommunikationsprofi wissen Sie auch, dass Lob immer eindeutig sein muss. »Herr Meier, das haben Sie ja ganz toll gelöst, das Problem mit der Software. Das ging ja viel schneller als letztens.« Der Mitarbeiter hört daraus einen Vorwurf, nämlich das letzte Mal zu langsam gewesen zu sein. Vielleicht wollten Sie das gar nicht ausdrücken. Aber so kam es an. Und Sie kennen den goldenen Satz der Kommunikation: »Der Empfänger hat immer Recht.«

Gegen einen Angriff kann man sich wehren, gegen Lob aber nicht. Es sei denn, Sie übermitteln es in der geschilderten Form. Dann wird es allerdings nicht als Lob erkannt.

Fragetechniken

Operieren Sie mit offenen Fragen. Auf geschlossene Fragen erhalten Sie keine offenen Antworten.

Fragen Sie spezifisch. »Wie läuft's?« wird Ihnen außer allgemeinem Blabla keine Sachinformation liefern. »Wie läuft es mit der neuen Anlage seit letzter Woche?« fordert den Gefragten, Fakten zu nennen.

Vielleicht entdecken Sie durch den Einsatz von NLP, der neurolinguistischen Programmierung, Verbesserungsmöglichkeiten im Umgang mit Ihren Mitarbeitern, indem Sie sich besser auf den jeweiligen Typ einstellen können. Hier gibt es ein vielfältiges Angebot an Fachliteratur und Seminaren. Entscheidend ist aber, dass Sie bei allem, was Sie tun, Sie selbst bleiben. Ersparen Sie sich Bemerkungen wie: »Chef, waren Sie auf einem neuen Seminar?«

Schriftlich kommunizieren

Die schriftliche Kommunikation ist auch im Zeitalter des »papierlosen Büros« nicht totzukriegen. Was aber sollten Sie als Chef auf jeden Fall schriftlich niederlegen?

Dazu gehören alle Protokolle. Das Spiel »Stille Post« zeigt uns immer wieder die Grenzen des menschlichen Geistes, wenn es um das Erinnerungsvermögen bei der Genauigkeit der Nachrichtenübermittlung geht. Um wie viel schlimmer können die Resultate bei absichtlicher Verfälschung von Informationen sein. Wichtige Vereinbarungen müssen schriftlich fixiert werden. Was wichtig ist, können Sie an der Höhe des eventuellen Schadens bei Nichteinhaltung der Vereinbarung abschätzen.

Ziele fixieren

Ziele und Erwartungen müssen immer schriftlich festgehalten werden. Ziele sollten – für jeden Beteiligten sichtbar – an zentraler Stelle platziert werden. »Aus den Augen, aus dem Sinn«, das darf bei Zielvereinbarungen nicht gelten.

Aktivitäten und Fortschritte müssen aus zwei Gründen nachlesbar sein. Der erste Grund: Woher wissen sonst andere Mitarbeiter, wie weit der Fortschritt eines Projekts gediehen ist? Der zweite Grund: Bei immer wieder vorkommenden Rückschlägen dient der dokumentierte Fortschritt der Arbeit der Motivation. »Das haben wir bisher schon geschafft.« Das bisher Erreichte spornt eher an, als wenn nur Misserfolgsmeldungen verbreitet werden.

Verhaltensprobleme müssen dokumentiert werden. Erstens, um Verbesserungen richtig einschätzen zu können, und zweitens, um im Fall aller Fälle eine auch vor den Augen der Justiz Gnade findende Problemhistorie vorweisen zu können.

Und wenn Sie schreiben, bedenken Sie, es geht nicht um den Literaturnobelpreis, sondern um nackte Fakten. Entwickeln Sie den Ehrgeiz, Sätze ohne Komma zu verwenden. Damit heben Sie sich auch wohltuend von Politikerreden ab. Die elektronischen Medien sollten eigentlich eher dazu beitragen, dass nicht in epischer Breite, sondern kurz und knackig formuliert wird. Trotzdem sind manche E-Mails in einem recht umständlichen Stil verfasst. Gehen Sie als Chef mit gutem Beispiel voran, was Stil, Inhalt und Häufigkeit der Botschaften betrifft. Sammeln Sie einige humorvolle Stilblüten, Mails mit sich wiederholenden Informationen, unklare Texte – und machen Sie sich mit Ihren Mitarbeitern eine vergnügliche Stunde. Aus Fehlern lernen und dabei lachen können, auch das gehört zum Führungsstil einer erfolgreichen Führungskraft.

Kurz und bündig

Sorgen Sie dafür, dass die Informationsdichte abnimmt – und die Kommunikationsdichte zunimmt. Dank elektronischer Medien wird immer mehr informiert und immer weniger kommuniziert. Durch die direkte Kommunikation, das Gespräch, lässt sich sehr viel unnötiger Informationstransport vermeiden. Sorgen Sie dafür, dass in Ihrer Abteilung alle »kurz und knackig« zu kommunizieren lernen – ohne aus jedem Thema eine »Story« zu machen. Sollten Sie Mitarbeiter in Ihrer Abteilung beschäftigen, die sich nicht kurz fassen können, starten Sie einen Wettbewerb: »Wer schreibt die kürzesten Hausmitteilungen?« oder »Wer kann in fünf Minuten erklären, wie eine Reklamationsbehandlung bei uns aussieht?«

Aktivieren Sie den Spaßfaktor, spielerisches Lernen ist dann angesagt. Nehmen Sie es nicht einfach hin, wenn Mitarbeiter sagen: »Das habe ich noch nie gekonnt, mich kurz zu fassen.« Gehen Sie aber mit gutem Beispiel voran.

Wenn Sie nicht ganz sicher sind, ob Sie auf interessante Weise schnell auf den Punkt kommen, machen Sie einen Test. Erklären Sie einem vier- bis fünfjährigen Kind, was Ihre Aufgabe im Unternehmen ist. Sie haben in der Regel nur fünf bis acht Sätze Zeit, dann wird es langweilig für das Kind, es geht wieder zum Spielen. Ihre erwachsenen Gesprächspartner laufen Ihnen physisch nicht davon, aber geistig. Da Ihre Ausführungen langweilig und uninteressant sind, schalten sie ab und beschäftigen sich mit anderen Dingen.

Sie werden bei diesem Test feststellen, dass es gar nicht so einfach ist, etwas kurz und präzise »rüberzubringen«. Goethe erkannte das Problem genau: »Entschuldigen Sie, dass dieser Brief so lang ist, ich hatte keine Zeit für einen kürzeren.«

Gibt es bei Ihnen Büromöbel mit Körpersprache?

Zum Abschluss noch ein paradox klingendes Thema: die Körpersprache der Büromöbel. Sie haben bestimmt schon Büros erlebt, in denen man sich wohl fühlt? Einladend platzierte Stühle und Tische, aufmunternder Wandschmuck, angenehme Farbkompositionen. Das Gegenteil davon sind Büros, die Fluchtgedanken produzieren, weil die Erinnerung an Gefängniszellen (die wir mindestens von der Leinwand oder dem TV-Schirm kennen) wachgerufen wird. Da stehen Barrieren im Raum, um zu signalisieren »bis hierher und keinen Schritt weiter«.

In solchen Büros fühlt sich auch die Kreativität eingesperrt, an der Entfaltung gehindert. Wenn in solchen Büros dann Menschen sitzen, die mit dem Thema Kundenservice zu tun haben, dann kann man sich die »Servicephilosophie« lebhaft vorstellen.

Nun wird schon mancher die Erfahrung gemacht haben, dass zu viel Bequemlichkeit träge machen kann. »Wenn meine Mitarbeiter erst mal auf der Couch oder im Sessel sitzen, dann wird das Gespräch endlos.« Ganz abgesehen davon, dass »Meetings« aus Gründen der Effektivität im Stehen stattfinden sollten, gibt es einen einfachen Trick, wie Sie mit Vielrednern und Dauersitzern fertig werden, im wahrsten Sinne des Wortes. Wenn der Mitarbeiter den Raum betritt, stehen Sie auf, gehen auf ihn zu und fragen: »Was kann ich jetzt direkt für Sie tun?« Meistens kann diese Frage nicht sinnvoll beantwortet werden. Fordern Sie den Mitarbeiter auf, sich drei Lösungsvorschläge für sein Problem zu überlegen und Ihnen anschließend vorzutragen. Machen Sie ruhig sofort einen präzisen Termin mit ihm aus, beispielsweise morgen Nachmittag von 16.45 Uhr bis 17.00 Uhr. Sie werden sich wundern, wie viele Probleme sich wie von alleine erledigen, vor allem, wenn der Mitarbeiter es gewohnt ist, um 17.00 Uhr vom Parkplatz zu fahren. Wenn es sich wirklich um ein für den Mitarbeiter unlösbares Problem handelt, dann haben Sie ihn jetzt zur Mitarbeit gezwungen. Kann er das Problem mittlerweile ohne Ihre Hilfe lösen, dann haben Sie ihm auf dem Weg zur Selbstständigkeit weitergeholfen.

Nicht dass hier ein Missverständnis auftritt: Sie verhalten sich nicht deshalb so, weil Sie die Verantwortung auf den Mitarbeiter abwälzen wollen, nein, Sie helfen aber dadurch dem Mitarbeiter, in seinem Job besser zu werden. Die Verantwortung für das Gesamte bleibt ohnehin bei Ihnen, denn wenn der Mitarbeiter Ihre Hilfe benötigt, dann müssen Sie ihm diese Hilfe gewähren.

Wenn Sie die ideale Führungskraft sind, dann fragen Sie Ihre Mitarbeiter sowieso, und zwar bevor diese zu Ihnen kommen: »Was kann ich für Sie tun, damit Sie Ihren Job noch besser machen können?«

Noch einige Anmerkungen zum Thema Arbeitsplatz. Haben Sie es auch schon erlebt, dass Mitarbeiter Unterlagen suchen müssen, weil ihr Ablagesystem mehr auf dem Zufallsprinzip aufbaut? Dass Mitarbeiter den Telefonhörer in die Hand nehmen, ohne Schreibmaterial in Griffnähe platziert zu haben?

Nun werden Sie wissen, dass jeder von uns seine eigenen Vorstellungen von dem Begriff »Ordnung« hat und dass deshalb Diskussionen mit Kindern zu diesem Thema von vornherein aussichtslos sind.

Sorgen Sie aber in Ihrem Bereich für die Erkenntnis, dass Suchzeit verlorene Zeit ist, Zeit, die besser für produktive Tätigkeiten eingesetzt werden kann.

Tipps für Ihren Erfolg:

Reden Sie eindeutig.

Lernen Sie, besser zuzuhören.

Vergessen Sie bei der Kommunikation nicht den Humor.

Eine positive Einstellung behalten

Leitfragen:

Wie meistern Sie Krisen?
Wie erhalten Sie sich Ihre positive Einstellung?
Lohnt sich der Einsatz?

Wir nähern uns nun dem Schluss unserer Einführung. Haben Sie sich zwischendurch gefragt, ob Sie allen Anforderungen, die an Sie gestellt werden, wirklich gerecht werden können? Oder ob Sie sich durch die Übernahme einer Führungsposition nicht überfordern? Und ob Sie dem Stress, den eine solche Aufgabe mit sich bringt, gewachsen sind? Zögern Sie bei der Überlegung, ob sich der ganze Aufwand lohnt, wenn so viele Unwägbarkeiten auf Sie zukommen? Betrachten wir die einzelnen Faktoren noch einmal abschließend – und fällen Sie dann Ihr Urteil.

Wie meistern Sie Krisen?

Schauen wir uns zuerst einmal das Thema Stress an. Welche Faktoren verursachen den Stress, der so häufig in Verbindung mit Managerkrankheiten genannt wird? Glücklicherweise macht die Natur keinen Unterschied zwischen einem Manager und jemandem, der nicht auf dieser Stufe der beruflichen Laufbahn steht. Stressfaktoren, die Mitarbeiter krank machen, sind dieselben, die auch Ihnen zu schaffen machen können.

Stressfaktoren

Es gibt einige klassische Faktoren, die geeignet sind, Stress zu verursachen. Wenn Sie sie kennen, fällt es Ihnen möglicherweise leichter, sie im Bedarfsfalle zu identifizieren und, falls möglich, auszuräumen.

Mangelnde Unterstützung durch den Chef

Das Fehlen der schützenden Hand über einem Menschen gibt ihm das Gefühl, im Notfall allein dazustehen, verlassen von allen »guten Geistern«. Sie werden Ihren Mitarbeitern nach der Lektüre dieses Buches das Gefühl sicher nicht mehr vermitteln wollen. Wie aber sieht es mit *Ihrem* Chef aus? Wird er Sie im Ernstfall im Stich lassen? Sich von Ihnen distanzieren? »Ich habe Ihnen ja gleich gesagt, dass das schief gehen wird. Sie wollten ja nicht auf mich hören.«?

Nun, die Reaktion anderer Menschen können Sie nie zu 100 Prozent vorhersagen. Sie wissen nicht im Voraus, wie sich andere Menschen in bestimmten Situationen verhalten. So mancher Polit- oder Bankmanager stellte im Krisenfall fest, dass er ganz allein auf der Welt war. Sie können aber durchaus ein Gefühl dafür entwickeln, was passieren könnte. Informieren Sie sich über zurückliegende Situationen, über Krisensituationen und darüber, wie Ihr Chef damals reagiert hat. Wahrscheinlich wird er in Zukunft zumindest ähnliche, wenn nicht dieselben Verhaltensmuster zeigen.

Lassen Sie Ihren Chef im Krisenfall wissen, dass alle Entscheidungen unter seiner Aufsicht geschehen sind. Binden Sie ihn deshalb, wenn er nicht von sich aus darauf besteht, in anstehende Entscheidungen mit ein, indem Sie ihn regelmäßig informieren. Sie beide sind doch ein Team, oder? Als ordentlicher und zuverlässiger Mensch führen Sie ohnehin ein Protokoll über die wichtigen Dinge, die sich in Ihrem Bereich abspielen.

Zeit- und Termindruck

Zeitmangel ist ein wesentlicher Stressauslöser. Hier gibt es nur einen Ausweg: planen, delegieren und weglassen. Unabdingbar ist für Sie als Vorgesetzter eine funktionsfähige Terminplanung, die auch Zeitblöcke für Unvorhergesehenes enthält. Wenn Sie bei einem x-Stunden-Tag im Voraus x Stunden fest verplanen, stehen Ihnen keine Reserven zur Verfügung. Da Sie zur Erledigung Ihrer Aufgaben Mitarbeiter einsetzen können, sollten Sie dies auch tun, indem Sie delegieren. Und wenn Sie feststellen, dass trotz aller Bemühungen die Zeit nicht ausreicht, dann lassen Sie doch einfach bestimmte Dinge weg. Wenn das so einfach möglich wäre, werden Sie nun einwenden.

Der erste Schritt in die richtige Richtung ist, dass Sie aufhören zu lügen. Sie lügen nicht? Haben Sie nicht schon oft gesagt: »Dafür habe ich keine Zeit«? War das nicht eine Lüge? Denn Sie hätten schon die Zeit gehabt, in diesem Moment, wenn Sie etwas anderes zurückgestellt hätten. Stellen Sie sich vor, Sie säßen in einer ganz wichtigen Sitzung. Es geht um schwerwiegende Entscheidungen. Alle bedeutenden Leute sitzen zusammen. Dummerweise haben Sie am Vorabend etwas gegessen, was Ihrem Magen überhaupt nicht bekommt. Sie verspüren im Magen einen Druck, der Ihnen signalisiert: »Du gehst jetzt besser sofort auf einen stillen Ort.« Was machen Sie? Die einfachste Sache der Welt. Auf Ihrer Prioritätenskala tauschen Sie zwei Positionen aus. Na, sehen Sie, es geht doch.

Die Frage nach den Prioritäten ist der Schlüssel zur Problemlösung. Wenn Sie einem Mitarbeiter, der mit einem Problem zu Ihnen kommt, nicht wie bisher sagen: »Dafür habe ich jetzt keine Zeit«, sondern: »Dafür nehme ich mir jetzt keine Zeit«, dann haben Sie die Wahrheit gesagt und nicht mehr gelogen. Ihr Mitarbeiter wird Sie mit großen Augen anschauen, das hat er bisher wahrscheinlich noch nicht gehört. Sagen Sie ihm nett und freundlich: »Dafür nehme ich mir jetzt keine Zeit, es sei denn, Sie überzeugen mich davon, dass dieses Problem Priorität Nummer eins für unsere gemeinsame Arbeit hat.«

Dieses Vorgehen erzieht Ihr Team, selber Prioritäten zu setzen. Wenn Sie allerdings mit schlechtem Gewissen (warum eigentlich?) versuchen, alles zu erledigen, was Ihnen auf den Tisch kommt, dann werden Ihr Arbeitstag und Ihre Arbeitswoche immer länger, Ihr Privatleben und Ihre Gesundheit bleiben auf der Strecke, bis ein Mediziner Ihnen mit lateinischen Fachbegriffen Einhalt gebietet.

Hüten Sie sich vor der so genannten Manager-Krankheit. Sorgen Sie dafür, dass in Ihrer Wochenplanung ausreichend Zeit für ausgleichende Beschäftigung bleibt, nicht zuletzt für Ihr Privatleben. Lassen Sie sich von Kollegen, die glauben, jeden Tag länger arbeiten zu müssen, kein schlechtes Gewissen einimpfen. Oder gehören Sie zu der Spezies Mitmensch, der seine Firma als willkommenes Alibi missbraucht, um sich der Familie nicht widmen zu müssen? Natürlich können Sie morgens oder abends, wenn alle anderen noch nicht oder nicht mehr im Unternehmen weilen, ungestört arbeiten. Aber doch nur deshalb, weil es Ihnen noch nicht gelungen ist, die Störungen während des Tages auf ein Minimum zu reduzieren. Genießen Sie Ihre Freizeit ohne schlechtes Gewissen. Führungskräfte, die »ihren Laden gut organisiert haben«, genießen ihr Leben und ihre Freizeit weit mehr als diejenigen, bei denen der Tag gar nicht lang genug sein kann. Natürlich gibt es immer wieder mal eine Krisensituation, in der volle Präsenz gefragt ist. Das sollten aber wirklich nur Ausnahmefälle sein und bleiben.

Vielleicht haben Sie auch noch nicht entdeckt, dass sich bei gelegentlichen gemeinsamen außerdienstlichen Anlässen zusammen mit Ihren Mitarbeitern viele Fragen sozusagen »außerdienstlich« besprechen lassen, in lockerer Atmosphäre. Eine erfolgreiche Führungskraft nutzt solche Anlässe, ohne Berührungsängste außerhalb des Unternehmens, um mit den Kollegen auch mal unkonventionelle Problemlösungen anzudenken.

Nutzen Sie eine menschliche Eigenart, die Ihnen vielleicht schon aufgefallen ist: Wir erstreben immer das, was wir gerade nicht haben. In der Firma wird häufig über private Dinge gesprochen (weil man gerade nicht zu Hause ist), und wenn die Mitarbeiter im privaten Bereich zusammenkommen, wird oft über firmeninterne Dinge diskutiert (weil man gerade nicht in der Firma ist).

Gut funktionierende Teams zeichnen sich übrigens unter anderem dadurch aus, dass sie einen Teil ihrer Freizeit informell zusammen verbringen, einfach weil man gut miteinander auskommt und sich gut versteht.

Überforderung

Überforderung erzeugt Stress. Wenn ein Mitarbeiter das Gefühl hat, er kann das Geforderte nicht erbringen, dann ist er überfordert. Wenn ein System überfordert ist, dann verweigert es irgendwann den Dienst. Bei Ihren Mitarbeitern vermeiden Sie diese Situation, indem Sie Anforderung und Fähigkeiten regelmäßig abgleichen. Gewährleisten Sie dasselbe doch auch für sich selbst, wenn Ihr Chef es nicht tut. Stellen Sie selbst fest, wo Defizite bestehen, und legen Sie selbst fest, wie Sie für einen Ausgleich sorgen können. Suchen Sie die »Schuld« nicht bei anderen, Sie sind eine Führungskraft, von der man erwarten darf, dass sie zuallererst sich selbst zu führen vermag. Stress kann übrigens auch entstehen durch Unterforderung, nämlich dann, wenn jemand seine Fähigkeiten sich und anderen nicht beweisen kann.

Eine Untersuchung zeigt, dass nicht Stress, sondern blanke Wut entsteht (die sich ihr Ventil recht schnell sucht), wenn jemandem »Unrecht« geschieht. Bei einer Umfrage gaben fast 70 Prozent der Befragten an, über eine unfaire Behandlung in Wut zu geraten. 42 Prozent mögen es nicht, unter Druck gesetzt zu werden. Mehr als ein Drittel der Befragten wird zornig, wenn über sie getratscht wird oder wenn ihnen jemand ins Wort fällt. 16 Prozent regen sich auf, wenn sie sich nicht durchsetzen können, wobei Frauen das viel schlimmer finden (22 Prozent) als Männer (11 Prozent). Jetzt wissen Sie, wo im alltäglichen Zusammenleben die Tretminen liegen.

Wie erhalten Sie sich Ihre positive Einstellung?

Sie können all den genannten Stressfaktoren aktiv begegnen. Zu Ihrem Erfolgsrezept gehören folgende Zutaten:

Glauben Sie an Ihre Leute – und zeigen Sie es

Um die gewünschten Ziele zu erreichen, müssen Sie davon überzeugt sein, dass Sie es mit ihren Mitarbeitern gemeinsam schaffen. Zeigen Sie Ihren Mitarbeitern, dass Sie an sie glauben, an ihre Fähigkeiten und an ihren Willen, gemeinsam ein Ziel zu erreichen. Das verpflichtet. In einer funktionierenden Abteilung lässt niemand den anderen »hängen«, vor allem nicht den Chef, der als Vorbild akzeptiert wird.

Seien Sie bescheiden

Niemand kann alles wissen. Niemand mag mit perfekten menschlichen Maschinen arbeiten. Perfektion weckt Aggression. Selbst wenn Sie »alles wissen«, zeigen Sie sich von Ihrer menschlichen Seite. Wenn Sie tatsächlich fehlerfrei sein sollten (Glückwunsch, aber das glauben Sie wahrscheinlich selbst nicht), dann bauen Sie gelegentlich bewusst einen Fehler in Ihre Arbeit ein, das macht Sie menschlich. Und wenn Ihnen der Fehler aus Versehen unterläuft, dann geben Sie ihn halt offen zu.

Vertrauen Sie Ihren Mitarbeitern

Bei manchen Vorgesetzten klingt ein Misstrauen gegenüber ihren Mitarbeitern durch. »Da muss ich mehr kontrollieren, da läuft einiges schief, da wird man leicht betrogen.« Haben Sie in einem Hotel schon mal etwas mitgenommen? Einen Aschenbecher als Souvenir, ein Handtuch zur Erinnerung oder vielleicht etwas Wertvolleres? Eine Untersuchung zeigt, dass Hotelgäste eher dazu neigen, etwas mitzunehmen, wenn sie sich »betrogen« fühlen, wenn der Service schlecht war, wenn der Zimmerpreis zu hoch war, also immer dann, wenn die eigenen Erwartungen nicht erfüllt wurden. Hotels versuchen, über die Zufriedenheit der Gäste mehr zu erfahren, indem sie die Gäste mittlerweile mit Umfragen überhäufen. (Viele der Umfragen haben eher Alibicharakter, denn es ändert sich recht wenig.) Wenn Sie dafür sorgen, dass Ihre Mitarbeiter sich nicht ausgenutzt oder betrogen fühlen, dann können Sie auch volles Vertrauen in sie setzen. Mitarbeiterumfragen helfen Ihnen dabei – wenn anschließend die nötigen Schlüsse gezogen werden.

Überprüfen Sie an dieser Stelle Ihre Vorstellung von einem Unternehmen. Sind Sie der Meinung, dass eine Firma wie eine Maschine funktionieren sollte? »Ein Rad greift ins andere«? Reibungslos, wie geölt (wie geschmiert klingt zu anrüchig)? Dann ist die Gefahr sehr groß, dass Sie jeden Fehler, der durch Menschen verursacht wird, wie einen Störfall betrachten. Dass Sie den Störenfried als etwas Unangenehmes wahrnehmen. Firmen funktionieren heute anders als zur Zeit der industriellen Revolution, als zur Zeit der Dampfmaschinen. Ein »Störfall« signalisiert heute eine Abweichung vom Erwarteten mit der sofortigen Untersuchung: »Was können wir noch besser machen, um die Wahrscheinlichkeit einer Wiederholung zu reduzieren?« Sie sehen an diesem Beispiel, dass der Austausch eines Zahnrades im Getriebe vielleicht bei einer Autoreparatur die Ideallösung ist, aber nicht bei lebenden Organisationen mit lebenden Menschen.

Sehen Sie Ihre Mitarbeiter als Lieferanten von Ideen und Problemlösungen, selbst wenn ein Problem von einem Mitarbeiter verursacht wurde. Haben Sie Vertrauen in Ihre Mitarbeiter. Immerhin wollen Sie gemeinsam mit ihnen Erfolge erzielen. Legen Sie etwa vorhandenes Misstrauen ab, was auch immer der Grund für sein Entstehen war.

Ein schöner Satz eines Seminarteilnehmers: »Wer glaubt, lauter Betrüger und Unfähige um sich zu haben, der hat seine Anziehungskraft auf Gleichgesinnte noch nicht bemerkt.«

Kümmern Sie sich um Ihre Mitarbeiter

Zeigen Sie ihnen, dass Sie an ihrer Weiterentwicklung Anteil nehmen, dass sie Ihnen nicht gleichgültig sind. Dazu gehören auch Fragen nach dem Umfeld der Mitarbeiter, ihren Hobbys und ihren Fortschritten.

Reagieren Sie tolerant auf Fehler

Als ein sehr schönes Beispiel für die richtige Einstellung gilt die Geschichte vom ersten IBM-CEO Watson. Einer seiner Produktmanager hatte einen ziemlich großen Flop gelandet, eine beeindruckende Dollarsumme in den Sand gesetzt. Er wurde zu seinem obersten Boss zitiert. Mit wachsweichen Knien betrat er das Büro – und wurde enttäuscht. Es erfolgte nicht die erwartete Donnerpredigt, sondern ein normales Gespräch über das Projekt. Am Schluss des Gesprächs wurde der Produktmanager gefragt, ob er noch eine Frage habe. Ja, er hatte noch eine: »Ich dachte, nach diesem Flop würden Sie mich jetzt rausschmeißen.« Watson entgegnete – und diese Antwort sollte sichtbar im Büro oder über dem Bett eines jeden Managers hängen: »Junger Mann, nachdem wir so viel Lehrgeld in Sie investiert haben, werden wir Sie doch nicht gehen lassen.«

Wie wäre ein solches Gespräch bei Ihrem bisherigen Arbeitgeber verlaufen? Oder wie hätten Sie als Chef in einer solchen Situation reagiert? Spüren Sie den Unterschied zwischen verschiedenen Führungsstilen? Die Frage, welcher Stil erfolgreicher ist, beantwortet sich wohl von alleine.

Fordern Sie Ihre Mitarbeiter

Geben Sie Ihnen mehr Spaß am Job durch die Erkenntnis: Ich kann es. Zeigen Sie Ihren Mitarbeitern, dass Sie ihnen noch mehr zutrauen, als sie heute schon können. Vorsicht: Überfordern Sie niemanden, aber fordern Sie jeden heraus, noch mehr aus sich selbst zu machen.

Fordern Sie sie vor allem mit konkreten Herausforderungen, mit wirklichen Problemen, mit denen Mitarbeiter etwas anfangen können.

Nachfolgend einige Beispiele für reelle Problemstellungen:

- An Marketing und F&E: Können neue Produkte besser und früher auf Marktchancen hin geprüft werden, um sie gegebenenfalls rechtzeitig zu stoppen?
- An den Vertrieb: Gibt es Möglichkeiten, unrentable Kleinaufträge wirtschaftlicher abzuwickeln oder zahlenmäßig zu reduzieren? Können teure Einzellieferungen reduziert werden?
- An Einkauf und Vertrieb: Können produktbezogene Dienstleistungen (z. B. Planung, Einbau, Inbetriebnahme, Wartung) von externen Anbietern erbracht werden?

Fordern Sie Ihre Mitarbeiter zur Teamarbeit heraus: »Alle Maßnahmen können nur gemeinsam mit anderen Abteilungen vorangetrieben werden. Im Ergreifen der Initiative aber liegt Ihre Leistung.« Diese Leitlinie des Denkens sollten Sie als Führungskraft anderen übermitteln und natürlich auch vorleben.

Aus der Praxis:

Manche Forderungen überfordern Menschen. Ein Mitarbeiter im technischen Support eines Systemhauses hatte ein Problem, das durch einen neuen Chef ans Tageslicht kam. Er war in seiner mündlichen Ausdrucksweise ein Ass, am Telefon konnte er mit jedem auf angenehme Art und Weise jedes Thema besprechen, die Kunden mochten ihn. Sein neuer Chef wunderte sich allerdings, warum er nie schriftliche Berichte von dem Mitarbeiter erhielt, höchsten kurze Stichworte auf einem Notizzettel.

Der Vorgänger hatte diese Eigenart mit den Worten akzeptiert: »Er schreibt halt nicht gerne.« Der neue Chef hatte seine eigenen Ideen über Informationsvermittlung und Berichtswesen. Er hatte den Verdacht, dass hier eine tiefere Abneigung gegen Schriftliches vorlag, und lud den Mitarbeiter zu einem Glas nach Feierabend in die Kneipe an der Ecke ein. Er wollte bewusst in einer »privaten« Atmosphäre sein Thema ansprechen. »Herr Pauli, mir ist aufgefallen, dass Ihre Mitteilungen zwar immer mit ein oder zwei Stichworten zielgenau den Punkt treffen, aber dass Ihre Notizzettel sich nicht abheften lassen, weil sie einfach unter dem Format unserer Locher liegen.«

Pauli nahm einen tiefen Schluck aus seinem Glas, ihm war das Thema peinlich, doch dann sagte er: »Chef, ich kann nicht schreiben. Nicht, dass ich Legastheniker wäre, aber wenn ich einen Stift in die Hand nehme und anfange zu formulieren, dann habe ich einen ›Blackout‹, das war schon in der Schule so.« Hier war der Vorgesetzte mit all seiner Kreativität gefordert. Wenn Pauli einerseits flüssig sprechen konnte und andererseits mit dem Alphabet umgehen konnte, dann musste es doch einen Weg geben, beides miteinander zu verbinden.

Der Chef beschaffte Pauli ein Diktiergerät mit der Bitte, bei jedem Kundengespräch seine Stimme aufzuzeichnen und anschließend nur das zu Papier zu bringen, was er dem Kunden gegenüber gesagt hatte. Damit die Kollegen nichts von dieser Aktion mitbekamen, setzte er Pauli mit einer plausiblen Begründung (»arbeitet an einem Projekt für mich«) in ein separates Büro. Nach einigen Tagen gelang es Pauli, flüssige Berichte zu schreiben, präzise wie früher, aber nun mit Hintergrundinformationen und Details. Das war für ihn ein Riesenerfolg.

Einige Wochen später, auf einem Grillfest der Abteilung, sprach Paulis Frau seinen Chef an: »Was haben Sie nur mit meinem Mann gemacht, der kommt seit einiger Zeit zufrieden nach Hause, hat eine freundlichere Ausstrahlung. Zuerst dachte ich, er habe eine Freundin, bis er mir von Ihrer Methode mit dem Tonband erzählte. Danke im Namen der ganzen Familie.« Fordern heißt fördern, dann profitieren alle von Ihrem Führungsstil.

Zeigen Sie Verständnis

Seien Sie offen für alles, was passiert. Das heißt nicht, dass Sie alles tolerieren sollen, was um Sie herum geschieht. Aber sagen Sie nicht: »Wie konnte denn das passieren?«, sondern »Ich sehe, was passiert ist. Wie können wir das in Zukunft verhindern?« Ursachenforschung anstelle von Schuldzuweisungen, das ist es, was Sie und Ihr Team weiterbringt.

Tadeln Sie, wenn es nötig ist

Zeigen Sie Ihren Mitarbeitern, dass Sie sich tatsächlich um sie kümmern, indem Sie auch negative Leistungen zur Kenntnis nehmen. Wenn Ihnen jemand gleichgültig wäre, warum sollten Sie sich dann mit ihm beschäftigen? Viele »Problemkinder« reagieren in einer den Eltern oft unverständlichen Art und Weise, ja, sie provozieren förmlich Sanktionen der »Vorgesetzten«. Ein Warnsignal und ein Hilferuf zugleich: »Beschäftigt euch mehr mit mir.« Vielleicht sehen Sie in Zukunft problemverursachende Mitarbeiter mit anderen Augen.

Loben Sie Ihre Mitarbeiter

Zeigen Sie, dass Sie auf Ihre Mitarbeiter stolz sind. Das hat auch positive Auswirkungen auf andere Abteilungen, die von ihrem

Chef vielleicht ein ähnliches Verhalten einfordern. Auch wenn Ihnen in Ihrem Elternhaus nicht so häufig Lob zuteil wurde, springen Sie über Ihren Schatten, loben Sie zur richtigen Zeit und an der richtigen Stelle. Denken Sie jedoch an den Leitsatz: Erwisch ihn, wenn er gut war. (Damit heben Sie sich positiv von der Mehrheit ab, die »Erwischen« mit Bestrafung verbindet.)

Riskieren Sie es, sich unbeliebt zu machen

Ihr Ziel ist Respekt, nicht Liebe. Um sich durchsetzen zu können, müssen Sie respektiert werden. Respekt erwerben Sie nur, wenn Sie von anderen als eine respektable Person anerkannt werden.

Behalten Sie Ihre positive Einstellung

Erfolgreiche Führungskräfte denken positiv. Das bedeutet weder Schönfärberei noch das Ignorieren von Fakten. Aber es heißt, allem eine gute Seite abzugewinnen. Wer bei anderen immer eine gute Seite findet, der erscheint uns sympathisch. Mit positiv denkenden Menschen umzugehen ist angenehm. Anders als mit Mitgliedern des »Clubs der Jammerer«, die überall etwas Negatives finden. Nun gibt es Phasen, in denen alles schief zu laufen scheint. Da fällt es Ihnen nicht unbedingt leicht, glaubhaft positiv zu wirken.

Greifen Sie dann in die Trickkiste, schreiben Sie ein Nastogramm (abgeleitet vom englischen Wort »nasty« = hässlich, unangenehm). Schreiben Sie alles, was Sie stört, auf einen Zettel. Schreiben Sie nicht im Feuilleton-Stil, sondern schreiben Sie, wie es Ihnen über die Lippen kommen würde. Lesen Sie Ihren Zettel am nächsten Tag noch einmal und streichen Sie alles durch, was sich über Nacht erledigt hat . Sie stellen wahrscheinlich fest, dass nicht mehr viel übrig geblieben ist. Den Rest formulieren Sie noch einmal neu. Am nächsten Tag können Sie den Zettel meist schon wegwerfen, denn die restlichen Themen haben an Brisanz verloren – oder Sie haben mittlerweile einen anderen Blickwinkel gewonnen.

Ein weiterer Trick ist Ihre eigene Zeitung. Schneiden Sie aus der

Tageszeitung alle negativen Meldungen aus – und kleben Sie aus dem Rest eine eigene Zeitung zusammen. Sie wird zwar erheblich dünner sein, enthält aber nur angenehme Nachrichten. Nehmen Sie diese Zeitung als Morgenlektüre zum Start in den Tag.

Eine weitere Möglichkeit: Stellen Sie sich vor, was noch alles schief gehen könnte. Malen Sie alle Schreckensszenarien vor Ihrem geistigen Auge aus, auch die absurdesten. Plötzlich werden Sie lächeln ob der Unwahrscheinlichkeit Ihrer Projektionen. Sie werden sogar echte Lösungsansätze erkennen. Denn Lösungen entwickelt nur, wer sich weit genug vom Problem gelöst hat.

Ansonsten setzen Sie sich in einen imaginären Hubschrauber und fliegen Sie über den vergangenen Tag. Versuchen Sie, sich an Sätze zu erinnern, die heute gefallen sind. Schauen Sie sich von oben an, was heute alles passiert ist. Damit gewinnen Sie den nötigen Abstand und den erforderlichen Überblick.

Wenn Ihnen beim Fliegen leicht schwindlig wird, dann gehen Sie in den Wald. Bevor Sie sich auf den Weg machen, schauen Sie sich die Zeichnung auf Seite 199 an.

Was sehen Sie dort? Einige Bäume. Gut. Nun versetzen Sie sich in die Lage eines Pilzsammlers. Den Blick auf den Boden gerichtet, sucht er die schönsten »Schwammerln« für den Kochtopf, seine Sammlung oder zum Verkauf auf dem Markt. Er würde sich wahrscheinlich recht wenig für die Dinge interessieren, die unseren nächsten Besucher brennend interessieren, den Förster. Er schaut nach dem Wachstum der Bäume und Pflanzen, Schäden durch Wildverbiss und sauren Regen, nach dem Zustand der Wege und der Futterkrippen. Unser nächster Besucher, der Holzfachmann, hat wiederum andere Interessen. Er begutachtet die aktuellen Sturmschäden, rechnet Festmeter mal Marktpreis, sucht nach Borkenkäferschäden und prüft Abfahrtswege für den Holztransport.

Bei der letzten Besuchergruppe unseres Beispiels, einem Liebespaar, bleibt das Objekt des Interesses der Fantasie des Betrachters überlassen.

Unstrittig ist: Alle sehen denselben Wald. Aber jeder betrachtet und sieht ihn von seiner Perspektive und Interessenlage aus. An den Fakten, am Wald, hat sich nichts geändert. Nur der Betrachter entscheidet, was er sehen will.

Der Wald – oder der persönliche Blickwinkel

Und bevor Sie nun tatsächlich zur Entspannung in den Wald gehen, führen Sie sich dieses Beispiel vor Augen. Versuchen Sie sich in die Betrachterposition sowohl Ihrer Mitarbeiter als auch Ihres Chefs hineinzuversetzen. Dann werden Sie mit großer Weisheit plötzlich feststellen, dass jeder von seinem Standpunkt aus die Dinge so sieht, wie er sie nun mal sieht. Von seinem Standpunkt aus stellen sich die Dinge immer nur so dar, wie er sie sieht. Von seinem Standpunkt aus hat er demnach Recht. Diese Erkenntnis hilft Ihnen sicher, Ihr Gegenüber besser zu verstehen – und gemeinsam nach Lösungen zu suchen.

Gleich, welche sonstigen Methoden Sie einsetzen, entscheidend ist, dass Sie Ihren Mitarbeitern mit einer positiven Einstellung gegenübertreten. Sie sind der Spiegel, in dem sich Ihre Mitarbeiter reflektieren. Sie sind das Vorbild Ihrer Mitarbeiter.

Aus der Praxis:

In Supermärkten können Sie häufig den Zusammenhang zwischen Vorbild und »Abbild« erleben. In der Gemüseabteilung liegt ein Salatblatt auf dem Boden. Der Marktleiter zeigt wortlos auf das Blatt und schaut den gerade vorbeikommenden Mitarbeiter an. Dieser hebt das Blatt auf. In einer anderen Ecke liegt ein zweites Blatt, das der Chef nicht bemerkt hat. Als der Azubi vorbeikommt, weist der Mitarbeiter, wie er es von seinem Vorbild gelernt hat, auf das Blatt – und der Azubi räumt es weg. Hierarchisch und disziplinarisch haben wir ein korrekt funktionierendes Unternehmen erlebt, alle haben etwas für das Unternehmen und die Kunden getan.

In einem anderen Supermarkt erleben wir eine ähnliche Szene. Ein Blatt, ein Marktleiter – und eine andere Führungsphilosophie. Der Marktleiter hebt das Blatt selbst auf, geht aber damit demonstrativ zum Papierkorb. Die umstehenden Mitarbeiter haben die Geste gesehen und wissen, ihr Chef scheut sich nicht, selbst für Sauberkeit zu sorgen. In diesem Supermarkt werden Sie in der Regel auch keine Salatblätter auf dem Boden finden, denn jeder Mitarbeiter wird sich – getreu seinem Vorbild – verhalten und sofort selbst für Sauberkeit sorgen.

Zwei Führungskulturen, zwei unterschiedliche Mitarbeiterverhalten, dieselbe Branche. Noch einmal, weil es ein entscheidender Punkt in unserem Führungsthema ist: Der Fisch beginnt am Kopf zu stinken. Oder positiver ausgedrückt, mit einem Sprichwort aus Hessen: »Wie der Herr, so's Gescherr.« Sie bestimmen die Einstellung Ihrer Mitarbeiter durch Ihr Vorbild.

Lohnt sich der Einsatz?

Wozu das alles, fragen Sie sich. Lohnt sich der ganze Einsatz? Diese Frage stellen sich Führungskräfte gelegentlich in Zeiten von Krisen und starker Beanspruchung. Lohnt es sich, in der Sandwich-Position jeden Tag aktiv Probleme zu lösen, für alle da zu sein, zu motivieren, zu dirigieren und zu delegieren? Gibt es meine Position oder mein Unternehmen in absehbarer Zeit überhaupt noch. Wofür mache ich das alles? Zahlt sich der Aufwand, den ich betreibe, eigentlich aus?

Die Antwort auf diese Fragen können nur Sie selbst geben. Nur Sie können beurteilen, ob es Ihrem Lebensplan entspricht, hervorragend zu sein, aus der Menge hervorzuragen. Und ob es Ihnen Spaß macht, dafür zu sorgen, dass Dinge geplant werden und dann wie geplant durchgeführt werden.

Wenn es Ihnen keinen Spaß macht, dann lassen Sie es. Suchen Sie sich eine Stelle, in der Sie keine Verantwortung für andere übernehmen müssen. Deshalb sind Sie kein weniger qualifiziertes Mitglied des Unternehmens oder der Gesellschaft. Sie sind lediglich keine Führungskraft, das ist alles. Zeigen Sie in Ihrer Fachposition, was Sie alles können.

Wenn es Ihnen aber Freude bereitet, Verantwortung für andere und deren Wohlergehen zu übernehmen, wenn Sie gern jeden Tag neuen Herausforderungen begegnen wollen, dann kann die Antwort auf die Frage, ob sich der Einsatz lohnt, nur »JA« lauten. Dann müssen Sie sich aber auch darüber im Klaren sein, dass es keinen Ausweg aus der Verantwortung gibt. Wenn Sie die Verantwortung übernehmen, dann sind Sie verantwortlich – für sich und für Ihre Mitarbeiter.

Aber dann können Sie auch sagen: »Endlich Chef – nun geht es los.«

Tipps für Ihren Erfolg:

Sie sind nicht die Lösung, Sie sind der Engpass. Nur *mit* Ihren Mitarbeitern gemeinsam schaffen Sie das, was man von Ihnen erwartet.

Sie müssen für Ihre Mitarbeiter stets als Ansprechpartner und Coach zur Verfügung stehen, aber nicht zu jeder Minute des Tages, sondern innerhalb der von Ihnen gewählten Zeitblöcke.

Kopieren Sie nicht den Stil anderer, aber übernehmen Sie das Positive, das zu Ihrem Stil passt. Mag sein, dass ein Abteilungsleiterkollege mit seinem Stil bei seinen Mitarbeitern erfolgreicher ist. Der Stil gefällt auch Ihnen. Denken Sie an den Dressman im Modejournal, er sieht immer gut aus, egal welche Kleidung er trägt. Wie aber würden Sie wirken – in seinen Modellen? Tragen Sie das, was zu Ihnen passt, Ihren eigenen Stil.

Mögen Sie die Menschen, dann mag man auch Sie – als Chef und als Mitmensch.

Skepsis und Misstrauen, die Sie anderen Menschen entgegenbringen, sieht man Ihnen an. Treten Sie jedem Menschen offen und vorurteilsfrei entgegen.

Wer Autorität besitzt, verhält sich nie autoritär. Autorität rührt aus der Person her, nicht aus dem Amt.

Die Akzeptanz durch Ihre Mitarbeiter ist die Messlatte für Ihre Autorität.

Auf der Tür zum Erfolg steht »drücken«, sie geht nicht von alleine auf.

Wenn Sie weiterkommen wollen, dürfen Sie nicht auf andere warten. Handeln Sie wie an der Börse, tun Sie etwas, bevor alle dasselbe tun.

Mit anderen zu reden ist produktiver, als über andere zu reden.

Holen Sie sich Informationen im Originalton – ungefiltert und unverfälscht. Geben Sie sich nicht mit Informationen aus zweiter Hand zufrieden.

Erfolge werden von denen erzielt, die nicht wissen, wie man aufhört weiterzumachen. Seien Sie jedoch kein »Workaholic«, der nicht aufhören kann zu arbeiten. Aber wenn Sie kurz vor dem Ziel stehen, hören Sie nicht deshalb auf, weil »die Kernzeit endet«.

Hinzufallen ist nicht schlimm, liegen zu bleiben ist unverzeihlich. Fehler und Rückschläge gehören zum Lernprozess des Lebens und sind kein Grund aufzugeben.

Konzentrieren Sie sich auf die Dinge, die Sie erreichen wollen, und nicht auf die Dinge, die Sie nicht erreichen wollen. Wenn Sie sich beim Autofahren auf die Hindernisse konzentrieren, gegen die Sie *nicht* fahren wollen, werden Sie nie am Ziel ankommen.

Love it – or leave it. Es wird Situationen geben, in denen Sie im Zielkonflikt sind zwischen Wunsch und Realität. Entscheiden Sie sich für eines der beiden, aber pendeln Sie nicht unentschlossen hin und her.

Wer sagt: »Es geht nicht«, wird zu Recht von dem beiseite geschoben, der zeigt, wie es geht. Sie werden immer mehr Menschen erleben, die keine Chance mehr sehen, als Menschen, die sich doch noch eine Möglichkeit vorstellen können. Erfolgreiche Menschen finden für jedes Problem eine Lösung: Wenn es *so* nicht geht, dann eben anders.

Führer sind wie Schildkröten. Sie kommen nur vorwärts, wenn sie den Hals recken. Dadurch werden sie zwar leichter angreifbar, haben aber dafür den besseren Überblick.

Ein Diamant ist ein Stück Kohle, das an sich gearbeitet hat. In jedem schlummern mehr Talente, als die Verwandtschaft am Tag der Geburt vermutet hätte. Hören Sie nicht auf, an sich zu arbeiten.

Über meine Reaktion bestimme ich alleine – und sonst niemand. Lassen Sie sich von niemandem zu einer Entscheidung provozieren, die Sie nicht nach reiflicher Überlegung ohnehin selbst getroffen hätten.

Wie Sie sich fühlen, das ist Ihre Entscheidung, für die Sie niemanden sonst verantwortlich machen können. Die anderen können nichts für Ihren Seelenzustand. Sie erzeugen Ihre Gefühle selbst!

Wer seelisch leidet, leidet nicht an der Wirklichkeit, sondern an seinem Bild von der Wirklichkeit. Deshalb überprüfen Sie in Krisenzeiten Ihren Blickwinkel.

Vertrauen funktioniert nur ohne Angst und Druck. Druck erzeugt Gegendruck, Vertrauen kann aber nur »unbeeindruckt« von alleine wachsen.

Sie schaffen vieles allein, aber alleine schaffen Sie es nicht. Sie haben alle Anlagen, das zu erreichen, was Sie möchten. Aber niemand ist eine Insel, auch Sie benötigen Hilfe.

Can't is a Four-Letter-Word. Geht nicht gibt's nicht – das Motto erfolgreicher Führer.

Wer macht, was er immer macht, braucht sich nicht zu wundern, dass er nichts anderes macht – ein Leben lang.

Vorgesetzte helfen anderen, Neues noch besser zu machen – und dabei helfen sie sich selbst, Neues noch besser zu machen.

Ihre Mitarbeiter warten auf Sie – also los.

Führen kann man lernen

Leitfragen:

Wie können Sie Probleme ins Gespräch bringen?
Wie lässt sich Weiterbildung planen?
Wie können Sie eigene Schwächen ermitteln?

Nachdem Sie nun eine ganze Menge über die wesentlichen Anforderungen an eine Führungskraft erfahren haben, möchten wir Ihnen Gelegenheit geben, anhand einiger Übungen zu prüfen, wo Ihre persönlichen Stärken und Schwächen liegen. Wir stellen Ihnen einige Alltagsbeispiele aus dem Leben einer Führungskraft vor, Beispiele, die so oder ähnlich auch in Ihrem zukünftigen Berufsleben als Vorgesetzter auftreten können – und werden. Wenn Sie eher dazu neigen, Ihre Rolle in der althergebrachten Weise aufzufassen, und meinen, Ihre vornehmste Rolle sei es, für »reibungslose« Abläufe zu sorgen, dann dürfte Ihnen die Bearbeitung der nachfolgenden Übungen nicht ganz so leicht fallen. Wenn Sie sich aber tatsächlich als Dienstleister für Ihre Mitarbeiter verstehen, als jemand, der die Weiterentwicklung seines Umfelds als vornehmste Aufgabe sieht, dann wird es nicht schwer sein, gemeinsame Lösungen für die geschilderten Probleme zu finden. Dann werden Sie durch solche Herausforderungen automatisch in die Rolle eines Coachs hineinwachsen, der sich für das Wohlergehen seiner Mitarbeiter verantwortlich fühlt.

Wie können Sie Probleme ins Gespräch bringen?

Es gibt einige goldene Kommunikationsregeln, die Sie sich in Problemfällen immer ins Gedächtnis rufen sollten, bevor Sie auf

Ihre Mitarbeiter zugehen. Wenn Sie in einer Konfliktsituation gefordert sind, dann vermeiden Sie es tunlichst, entstandene Probleme und abweichendes Verhalten zu *bewerten*! *Beschreiben* Sie lieber die vorgefundene Situation so wertfrei wie eben möglich. Das fällt häufig schwer, da wir alle »nur« Menschen sind – und nicht wie ein EDV-Programm nach einfachen Ja/Nein-Kriterien operieren.

Vielleicht haben Sie in der Vergangenheit, als Sie noch ein »einfacher« Mitarbeiter waren, über manchen Kollegen – nicht ganz fair – gemutmaßt: »Diese Frage taucht immer nur bei diesem Mitarbeiter auf, offenbar ist er selbst das Problem.« Heute beurteilen Sie das Thema hoffentlich aus einem anderen Blickwinkel. Denn eines dürfen Sie nicht übersehen: Der Mitarbeiter, der ein Problem übermittelt, ist der Träger des Problems, nicht der Inhaber. Trennen Sie Personen von Sachfragen. Betrachten Sie den Menschen mit Ihrem ganzen Wohlwollen und konzentrieren Sie sich darauf, die Schwierigkeiten sachorientiert zu beheben.

Sachlich bleiben

Bei der Analyse der Probleme sollten Sie ausschließlich objektiv vorgehen. Stellen Sie sich die einfache Frage: »*Kann* der Mitarbeiter nicht, was von ihm erwartet wird – oder *will* er nicht?« Die Antwort auf diese Frage führt Sie nämlich direkt zu der Feststellung, ob Sie es im vorliegenden Fall mit einem *Wissens-* oder einem *Verhaltensproblem* zu tun haben. Dementsprechend fallen die dann zu planenden Ziele und Maßnahmen aus.

Ziele vorgeben

Unterscheiden Sie, ob das Verhalten geändert werden muss oder ob ein Mitarbeiter sich anderweitig qualifizieren sollte, und besprechen Sie seine persönlichen Ziele in diesem Sinne mit ihm.

Verhaltensziele können zum Beispiel sein:

- Spätestens nach dem dritten Klingeln wird bei uns der Telefonhörer abgenommen.

- Innerhalb von vier Tagen erhalten unsere Kunden ein maßgeschneidertes Angebot.
- Jeder Besucher wird freundlich begrüßt, auch von den Kollegen, die nicht im Vertrieb beschäftigt sind.

Wissensziele können zum Beispiel sein:

- Der Mitarbeiter muss bis Ende des Monats wissen, wie die Reklamationsdaten der Kunden in das neue Statistikprogramm eingegeben werden.
- Der Mitarbeiter muss innerhalb einer Woche informiert sein, wie er mit der neuen Maschine die vorgegebenen Stückzahlen produzieren kann.

Leistungsziele können zum Beispiel sein:

- produktbezogene Ziele (zum Beispiel messbare Qualitätserhöhungen)
- prozessbezogene Ziele (zum Beispiel schnellere Prozeduren bei Serviceabläufen) oder
- empfindungsbezogene Ziele (zum Beispiel der Duft eines Neuwagens oder das Ambiente eines Restaurants).

Ohne Ziele sind planbare Resultate nicht möglich. Beim letztgenannten Beispiel kann übrigens jeder von uns selbst feststellen, wie Zielvorgaben in die Realität umgesetzt werden. Ob ein Restaurant den Charme einer Bahnhofshalle oder eine gemütliche Wohlfühlatmosphäre ausstrahlt, das hängt von den Zielvorgaben und der konsequenten Einhaltung und Überwachung der Ziele durch die verantwortlichen Führungskräfte ab.

Noch ein Tipp: Denken Sie bei Ihren Maßnahmen nicht ereignisorientiert – von Schritt zu Schritt, von Maßnahme zu Maßnahme. Denken Sie zielorientiert: Schauen Sie auf Ihr angestrebtes Fernziel und denken Sie vom Ziel her zurück bis zur heute gegebenen Situation. Wenn Sie auf diese Art und Weise den Weg vor Ihrem geistigen Auge entwerfen, dann fallen Entscheidungen und Planungen leichter. Wenn ein Ziel dann dennoch nicht erreicht wurde, dient dies möglicherweise immerhin als ein Schritt im Rahmen eines übergreifenden Lernprozesses für die nächste Zukunft –

und nicht als Begründung für eine Strafmaßnahme gegenüber einem Einzelnen.

Wie lässt sich Weiterbildung planen?

Die folgenden Beispiele geben Ihnen Gelegenheit, Ihre persönlichen Defizite zu orten und festzulegen, worüber Sie mehr wissen möchten. Die anschließend vorgeschlagenen Weiterbildungen sollen Ihnen helfen, den »richtigen« Weg zu finden. Der richtige Weg ist immer der, der Sie und Ihre Mitarbeiter zum angestrebten gemeinsamen Ziel führt. Deshalb ist die Auswahl des Weges abhängig von Faktoren wie:

- Dringlichkeit,
- Wissensstand,
- Motivationsgrad und
- Begeisterungsfähigkeit.

Dies sind die wichtigsten Parameter, die Sie in Ihrer konkreten Führungssituation bei Ihrer Entscheidung berücksichtigen müssen.

Weiterbildungsbedarf ermitteln

Es ist immer zu empfehlen, die Mitarbeiter in die Planung der Weiterbildungsmaßnahmen einzubeziehen. Lassen Sie von jedem Ihrer Mitarbeiter eine Liste erstellen, in der er seine persönlichen Wunschseminare einträgt. Er sollte eine entsprechende Begründung beifügen, warum er mehr zu diesem Thema wissen möchte. Auf derselben Liste könnten Sie abfragen, wer welchem Kollegen welches Seminar empfiehlt, selbstredend wiederum mit Begründung.

Das mag am Anfang für die Mitarbeiter ungewohnt sein. Der Vorteil liegt aber für Sie als Führungskraft auf der Hand: Sie wissen sofort, wo in Ihrer Abteilung Defizite bestehen, und zwar aus der Sicht der Betroffenen wie auch der der Kollegen. Ihr Ziel sollte es sein, diese Wunschlisten offen zu diskutieren. In Abteilungen, in denen solche offenen Gespräche stattfinden, ist die Bereitschaft, sich gegenseitig zu helfen, bedeutend größer als dort, wo jeder mit dem »blinden Fleck« in seinem Spiegelbild lebt. Durch solche offenen Abteilungsgespräche wird übrigens die Hilfsbereitschaft untereinander gefördert, denn jeder macht sich Gedanken, wie man auch die Kollegen unterstützen kann.

Die Investition in Weiterbildung muss in Ihrem Budget übrigens ebenso fest eingeplant werden wie die sonstigen erforderlichen Hilfsmittel, Werkzeuge, Maschinen, Werbungskosten – eben alle für das Weiterleben des Unternehmens wichtigen Positionen.

Seminare auswählen

Nun wissen Sie, welche Weiterbildungsthemen wünschenswert sind. Sie suchen nach geeigneten Bildungsträgern und Seminaren und Sie sind ganz sicher zunächst verwirrt. Denn während der Auswahl der angestrebten Trainingsmaßnahmen werden Sie feststellen, dass der Markt der Seminaranbieter und das Weiterbildungsangebot vielfältig bis unüberschaubar ist.

Die Bandbreite der Angebote reicht von Massenveranstaltungen, die an die Großveranstaltungen amerikanischer Prediger erinnern (Billy Graham lässt grüßen), über Feuerlaufen auf dem Messestand bis hin zu exotisch klingenden Themen wie »Tollkirschengrillen in Nordalaska«. Der Seminarmarkt ist ein Spiegelbild der freien Marktwirtschaft: Bedarf wecken und Bedarf befriedigen. Jedes Produkt hat seine Existenzberechtigung, solange es verkauft wird, das gilt im Produktionsbereich ebenso wie in der Dienstleistungsbranche »Weiterbildung«.

Wie sollen Sie aber entscheiden? Die Größe eines Anbieters ist ebenso wenig ein Kriterium für Erfolg wie die flott getextete Werbebroschüre. Für Sie ist es deshalb wichtig, einige Fragen zu beantworten:

- Erfüllt der Anbieter punktgenau meine Vorstellungen innerhalb des gewünschten Zeitrahmens?
- Zahlt sich die Investition in Zeit und Geld aus?

Außer der Erfahrung und Qualifikation eines Anbieters ist für den Erfolg mindestens genauso entscheidend, ob die »Wellenlänge« und der »Stallgeruch« stimmen. Wenn Trainer oder Trainerin nicht von den »Trainierten« akzeptiert werden, wenn die Botschaft nicht mit der erforderlichen Glaubwürdigkeit vermittelt werden kann, dann ist jede investierte Trainingsstunde eher kontraproduktiv.

Informieren Sie sich bei Kollegen und anderen Unternehmen aus Ihrer Branche, welche Erfahrungen mit welchen Trainern gemacht wurden. Lassen Sie dann das auserwählte Unternehmen ein Gespräch mit den zu Trainierenden führen – und prüfen Sie dabei, ob beide Seiten »miteinander können«. Gehen Sie kein unnötiges Risiko ein. Erwachsene lassen sich nicht belehren, aber sie lernen gerne etwas Neues, wenn ihnen die Informationen richtig übermittelt werden und wenn ein persönlicher Vorteil bei der Anwendung des Gelernten erkennbar wird.

Wir alle reagieren positiv auf Veränderungen, wenn wir die Gretchenfrage »Was habe ich persönlich davon, wenn ich etwas ändere?« eindeutig zu unserem Vorteil beantworten können. Wenn ein Mensch »nicht will«, dann findet er tausend logisch klingende Gründe, tatsächlich nicht zu können. Sie werden in Ihrer Rolle als Vorgesetzter die Erfahrung machen, dass die Vermeidungsstrategien Ihrer Mitmenschen Ihre Fähigkeiten als Führungskraft ziemlich zuverlässig aushebeln werden. Deshalb ist es sinnlos, jemandem gegen seinen Willen »etwas Gutes« anzutun. Zeigen Sie das Ziel auf und vermitteln Sie die Erkenntnis, dass jemand dann erfolgreich ist, wenn man von ihm sagen kann: »Er folgt seinen Zielen und erreicht sie auch.«

Wie können Sie eigene Schwächen ermitteln?

Nun möchten wir Ihnen die bereits angesprochenen Fälle aus der Praxis vorstellen. Jede Aufgabe schließt mit einer Checkliste ab, die Sie ausfüllen sollten. Das Kapitel endet dann mit Kommentaren zu möglichen Lösungswegen.

Übungen

Das Ziel der folgenden Übungen ist, gerade dem Anfänger ein Gefühl für die wichtigen Fragen, die er sich bei jeder neuen Situation stellen muss, zu vermitteln. Die Checklisten dienen als ein erstes Raster zur Ermittlung der wesentlichen Kriterien für Ihre Entscheidung. Wenn Sie alle Übungen durchgearbeitet haben, können Sie Ihre eigene, persönliche Checkliste erstellen, mit der Sie zukünftig schnell und präzise die für Sie und Ihre Abteilung wichtigen Fragen ermitteln können.

Aus der Praxis: »Das Projekt kippt«

Sie haben bereits geahnt, dass es so kommen wird. Die Anpassung der Standardsoftware an eine kundenspezifische Aufgabenstellung hätten Sie Herrn Weiß doch besser nicht anvertraut. Alles in Ihnen hatte Sie gewarnt, aber dann hat er Sie überzeugt, dass er diese interessante Aufgabe termingerecht erledigen kann. Das war vor vier Wochen. Sic haben ihm blind vertraut. Als Sie ihn heute morgen nach dem Termin der Fertigstellung gefragt haben, der für vorgestern geplant war, erzählt Ihnen Herr Weiß, welche unerwarteten Probleme aufgetaucht seien, dass das Pflichtenheft Fehler aufweise, dass sein Kollege Müller die versprochene Dokumentation noch nicht geliefert habe und dass er außerplanmäßig zwei Zahnarzttermine einschieben musste. Er sei aber ganz sicher (!), bis Mitte nächster Woche fertig zu sein. Dann müsse man die Software nur noch testen.

Innerlich stehen bei Ihnen jetzt alle Zeichen auf Sturm. Die Geschäftsleitung hat nämlich bereits zweimal angefragt (beim zweiten Mal klang es schon eher drohend), bis wann denn nun endliche diese »kleine Änderung« fertig sei. Schließlich gehe es um einen wichtigen Kunden und eine Reihe von Folgeaufträgen, die Ihr Unternehmen zurzeit dringend brauche. Das sind die Momente, in denen Sie sich fragen, warum Sie damals der Beförderung zum Abteilungsleiter zugestimmt haben. Sie hätten so ein schönes, ruhiges Leben als kreativer Programmierer haben können, aber nein, Sie mussten ja unbedingt Karriere machen.

Stopp. Vorbei ist vorbei, die Entscheidung ist gefallen. Das Einzige, was Sie jetzt interessiert, ist die Zukunft. Ihre, die von Herrn Weiß, die Ihres Unternehmens und die Ihres Kunden. Und damit haben Sie ein klares Ziel vor Augen. Schön, sagen Sie. Aber wie sage ich es meinem Mitarbeiter? Wenn ich ihn auf die Verspätung anspreche, dann wird er sich vielleicht in seiner Berufsehre angegriffen fühlen, mich auf meine eigenen Projektverzögerungen in der Vergangenheit ansprechen, wieder über seine unzuverlässigen Kollegen jammern und vielleicht wieder die ausstehende Gehaltserhöhung ansprechen. Also ist es wohl am besten, ich vertraue einfach darauf, dass er dieses Mal seine Termine einhält. Halt! Hören Sie auf, von einer heilen Welt zu träumen. Sie haben ein Problem, das sich durch Liegenlassen verschlimmert. Und hier sind Sie bei Ihrer ersten Übung.

Notieren Sie an dieser Stelle, was passiert ist und was noch passieren könnte – wenn nichts passiert.

....

....

....

....

Ermitteln Sie nun anhand der nachfolgenden Checkliste, welche Maßnahmen zu ergreifen sind, um erstens das Projekt schnell fertig zu stellen und zweitens solche Situationen in der Zukunft zu vermeiden.

Checkliste

Situation klären
Das ist die Situation:

....

Was sind die Fakten?

....

Was sind nur Vermutungen?

....

Ziele klären
Was ist mein Abteilungsziel?

....

Was ist das Ziel des Mitarbeiters?
Objektiv: ....
Persönlich: ....

Was ist das gemeinsame Ziel?

....

Operative Maßnahmen
Welche Maßnahmen sind erforderlich, um das gemeinsame Ziel zu erreichen?

....

Wen muss ich noch einschalten?

....

Benötige ich Hilfe/Unterstützung durch meinen Vorgesetzten? Welche Art von Hilfe?

....

Warum?

....

Welche Hindernisse könnten auftreten?

....

Mit welchen Kontrollen sichere ich die Maßnahmen ab?

....

Welche kurzfristigen Maßnahmen sind erforderlich?

....

Termin: ....

Perspektive
Welche Lerneffekte ergeben sich für alle Beteiligten?

....

....

....

....

....

Aus der Praxis: »Schöne neue Welt«

Das neue Computernetzwerk ist installiert und seit zwei Wochen in Betrieb. Alles soll schneller, besser, einfacher und komfortabler werden – laut Prospekt des Herstellers. Eigentlich funktioniert es ja auch schon ganz gut, bei den meisten Mitarbeitern. Nur Frau Schwarzkopf und Herr Huber haben noch Schwierigkeiten. Frau Schwarzkopf scheint sich keine richtige Mühe geben zu wollen, das neue System richtig zu verstehen. Sie stellt ihren Kollegen immer wieder dieselben Fragen. Sie hält die anderen dadurch häufig von der Arbeit ab, die erhoffte Produktivitätssteigerung wird durch ihr Verhalten kräftig gebremst.

Ganz anders bei unserem zweiten Problemkind, Herrn Huber. Er fragte nur am Anfang der Einführung des Systems öfter nach, jetzt versucht er alle Probleme allein zu bewältigen – jedoch mit wenig Erfolg. Sie haben manchmal das Gefühl, dass es ihm höchst unangenehm ist, das neue System nicht richtig zu begreifen.

Das Beispiel beschreibt eine Situation, die Sie in deutschen Büros häufiger vorfinden, als es den »IT-Spezialisten« lieb und vorstellbar ist. Dabei zeigen die Statistiken eindeutig, dass die erhofften Produktivitätszuwächse nicht oder viel später als geplant erreicht werden. Hier liegt ein klassisches Führungsproblem vor, das Sie nun als solches erkannt haben – und lösen werden.

Notieren Sie bitte, was Ihrer Meinung nach hier nicht richtig läuft – und welche Maßnahmen Sie als Führungskraft einleiten würden.

Checkliste

Situation klären
Das ist die Situation:

....

Was sind die Fakten?

....

Was sind nur Vermutungen?

....

Ziele klären
Was ist mein Abteilungsziel?

....

Was ist das Ziel des Mitarbeiters?
Objektiv: ....

Persönlich: ....

Was ist das gemeinsame Ziel?

....

Operative Maßnahmen
Welche Maßnahmen sind erforderlich, um das gemeinsame Ziel zu erreichen?

....

Wen muss ich noch einschalten?

....

Benötige ich Hilfe/Unterstützung durch meinen Vorgesetzten? Welche Art von Hilfe?

....

Warum?

....

Welche Hindernisse könnten auftreten?

....

Mit welchen Kontrollen sichere ich die Maßnahmen ab?

....

Welche kurzfristigen Maßnahmen sind erforderlich?

....

Termin: ....

Perspcktive
Welche Lerneffekte ergeben sich für alle Beteiligten?

....

....

....

....

....

Aus der Praxis: »Angst essen Seele auf«

In Anlehnung an einen Fassbinder-Film erleben Mitarbeiter oft Gutgemeintes als Bedrohung. Nehmen Sie folgendes Beispiel an. Sie haben einen Mitarbeiter in der Abteilung, der sich gut darstellen kann, über einen passablen Wortschatz verfügt und anderen gerne hilfreich bei Problemen zur Seite steht. Diesen Mitarbeiter bitten Sie eines Morgens in Ihr Büro und eröffnen ihm eine Chance, sich zu präsentieren – vor größerem Publikum. Für die Präsentation Ihrer neuen Produkt- und Serviceideen vor der Geschäftsleitung haben Sie nun also Herrn Freundlich auserwählt. Auf diese Art wollen Sie den in Ihrer Abteilung herrschenden Teamgedanken nochmals betonen, gleichzeitig soll der Mitarbeiter mit einer interessanten Aufgabe für seine Hilfsbereitschaft gegenüber den Kollegen belohnt werden.

In Ihrer Begeisterung über diese tolle Idee entgeht Ihnen, dass Herr Freundlich bei der Verkündung der »frohen Botschaft« förmlich in sich zusammensinkt. Sein ständiges Lächeln auf den Lippen interpretieren Sie als positiv denkender Mensch versehentlich als begeisterte Zustimmung. Als es in den nächsten Tagen an die Vorbereitung der Präsentation gehen soll, fällt Ihnen auf, dass Herr Freundlich sich weniger oft als früher in Ihrem Büro sehen lässt, ja, er meidet den Kontakt geradezu. Als er Ihnen dann zufällig über den Weg läuft, murmelt er etwas von Arztbesuchen und er wüsste nicht, ob er an dem Tag der Präsentation überhaupt verfügbar sei. Irgendetwas stimmt da nicht, argwöhnen Sie. Nicht ganz ohne Grund, wie Sie von seinem Kollegen erfahren: »Der hat furchtbare Angst vor der Präsentation.« Das ist für Sie ganz und gar unverständlich, denn Herr Freundlich ist ein sehr kommunikativer Typ.

Sie sitzen in Ihrem Büro und grübeln. Was könnte hier passiert sein? Notieren Sie, was hier geschehen sein könnte – und was Sie als Vorgesetzter nun unternehmen sollten.

Checkliste

Situation klären
Das ist die Situation:

....

Was sind die Fakten?

....

Was sind nur Vermutungen?

....

Ziele klären
Was ist mein Abteilungsziel?

....

Was ist das Ziel des Mitarbeiters?
Objektiv: ....
Persönlich: ....
Was ist das gemeinsame Ziel?

....

Operative Maßnahmen
Welche Maßnahmen sind erforderlich, um das gemeinsame Ziel zu erreichen?

....

Wen muss ich noch einschalten?

....

Benötige ich Hilfe/Unterstützung durch meinen Vorgesetzten? Welche Art von Hilfe?

....

Warum?

....

Welche Hindernisse könnten auftreten?

....

Mit welchen Kontrollen sichere ich die Maßnahmen ab?

....

Welche kurzfristigen Maßnahmen sind erforderlich?

....

Termin: ....

Perspektive
Welche Lerneffekte ergeben sich für alle Beteiligten?

....

....

....

....

....

Aus der Praxis: »Die Momente der Wahrheit«

Sie haben die Abteilung Kundenservice bei einem großen Werkzeughersteller übernommen. Das Unternehmen ist bekannt für die Qualität seiner Produkte und in allen deutschen Baumärkten vertreten. Bevor Sie die Stelle antraten, hatten Sie bereits gelegentlich über Probleme im Bereich Service und Kundenzufriedenheit gehört. Aber das war damals nicht Ihr Thema, dafür waren andere zuständig. Nun erarbeiten Sie eine erste Analyse der Situation, veranlassen Kunden- und Händlerbefragungen und stellen fest, dass das Image Ihres Unternehmens derzeit mehr von der Werbung als von der Realität bestimmt wird. Höchste Zeit, etwas zu unternehmen. Sie ahnen, dass in einem heiß umkämpften Markt der Weg in die Auslistung nicht sehr weit ist. Die Befragungen zeigen, dass die Kunden bei Reklamationen schlechter behandelt werden als die reklamierte Ware. Bei Entgegennahme einer Reklamation sind schon inquisitorisch zu nennende Fragebögen auszufüllen, die zwar aus der Sicht der Techniker sinnvoll sind, den Kunden aber eher an die Komplexität seiner ungeliebten Einkommensteuererklärung erinnern.

Die Momente der Wahrheit, die der Kunde vor Ort erlebt, stimmen nicht mehr mit dem vermittelten Bild überein. Ihre Alarmglocken läuten. Gespräche mit Ihren Mitarbeitern zeigen, dass jeder sein Bestes gibt (das hatten Sie auch nie bezweifelt), aber das löst das Problem nicht. Jeder »verschanzt« sich hinter Richtlinien, die vor geraumer Zeit bestimmt ihre Berechtigung hatten, heute aber den gestiegenen Anforderungen der Kunden nicht mehr genügen. Die Abwicklung einer Kundenreklamation, so stellen Sie fest, ist eher fertigungsorientiert als kundenorientiert strukturiert. Sie bemerken weiterhin, dass Sie als Serviceleiter mit Problemen zu kämpfen haben, die Sie alleine nicht lösen können, weil Bereiche außerhalb Ihrer Kompetenz eingebunden werden müssen.

Was können Sie tun? Wen müssen Sie mit ins Boot nehmen? Wer kann Sie unterstützen?

Checkliste

Situation klären

Das ist die Situation:

....

Was sind die Fakten?

....

Was sind nur Vermutungen?

....

Ziele klären

Was ist mein Abteilungsziel?

....

Was ist das Ziel des Mitarbeiters?

Objektiv: ....

Persönlich: ....

Was ist das gemeinsame Ziel?

....

Operative Maßnahmen

Welche Maßnahmen sind erforderlich, um das gemeinsame Ziel zu erreichen?

....

Wen muss ich noch einschalten?

....

Benötige ich Hilfe/Unterstützung durch meinen Vorgesetzten? Welche Art von Hilfe?

....

Warum?

....

Welche Hindernisse könnten auftreten?

....

Mit welchen Kontrollen sichere ich die Maßnahmen ab?

....

Welche kurzfristigen Maßnahmen sind erforderlich?

....

Termin: ....

Perspektive

Welche Lerneffekte ergeben sich für alle Beteiligten?

....

....

....

....

....

Aus der Praxis: »Der Kampf gegen die Zeit«

Sie sind seit einigen Wochen verantwortlich für den Vertrieb eines Elektrogroßhandels und dort für die Betreuung der einzelnen Händler in Deutschland zuständig. Von Ihrem Vorgänger erhielten Sie den Tipp, die Händler stärker zu kontrollieren, da die gesetzten Ziele nie erreicht wurden. Die am Anfang eines Jahres erstellten und akzeptierten Pläne erweisen sich schon bei der EDV-Auswertung im August als Makulatur, Sie erkennen, dass das Jahresendziel wieder nicht erreicht werden wird. Ihr Chef erwartet von Ihnen, dass Sie »das in den Griff bekommen«. Er gibt Ihnen freie Hand bei der Auswahl zukünftiger Händler – und bei der Auflösung bisheriger Geschäftskontakte. Bei Ihren ersten Gesprächen mit Händlern hören Sie Sätze wie: »Wir sind zu teuer«, »Der Markt reagiert unplanbar«, »Die Produktqualität ist nicht ausreichend« und »Die Produkte sind veraltet«. Als Profi wissen Sie, dass jede Aussage auf ihre Weise zutreffend ist – aber das hilft Ihnen wenig bei der Lösung der Probleme. Ihre Aufgabe ist, dafür zu sorgen, dass geplante Zahlen innerhalb der vorgesehenen Zeiträume erreicht werden. Nicht mehr, aber auch nicht weniger.

Wie können Sie Ihre neue Aufgabe angehen und welche Maßnahmen sind Ihrer Meinung nach erforderlich?

Checkliste

Situation klären
Das ist die Situation:

....

Was sind die Fakten?

....

Was sind nur Vermutungen?

....

Ziele klären
Was ist mein Abteilungsziel?

....

Was ist das Ziel des Mitarbeiters?
Objektiv: ....
Persönlich: ....
Was ist das gemeinsame Ziel?

....

Operative Maßnahmen
Welche Maßnahmen sind erforderlich, um das gemeinsame Ziel zu erreichen?

....

Wen muss ich noch einschalten?

....

Benötige ich Hilfe/Unterstützung durch meinen Vorgesetzten? Welche Art von Hilfe?

....

Warum?

....

Welche Hindernisse könnten auftreten?

....

Mit welchen Kontrollen sichere ich die Maßnahmen ab?

....

Welche kurzfristigen Maßnahmen sind erforderlich?

....

Termin: ....

Perspektive
Welche Lerneffekte ergeben sich für alle Beteiligten?

....

....

....

....

....

Aus der Praxis: »Schneller schreiben?«

Sie haben als Abteilungsleiter »Organisation« außer zwei problemlosen Abteilungen auch einen Quell steigenden Ärgernisses übernommen: den Schreibpool. In dieser Abteilung werden alle Schreibaufträge zentral abgewickelt. Eigentlich keine schlechte Idee, das Ganze funktionierte auch zwei Jahre lang gut, bis sich die Anzahl der Beschwerden zu häufen schien. Reklamiert werden die lange Bearbeitungszeit der Aufträge und die Ungleichbehandlung der Abteilungen, ja, einige Mitarbeiter sollen sogar besonders bevorzugt werden (man munkelt von Bestechungsgeldern in Form von Pralinenschachteln). 80 Prozent der Arbeiten sind Routinearbeiten, ab und zu müssen jedoch Berichte und Vorträge der einzelnen Abteilungsleiter sowie umfangreiche Dokumentationen erstellt werden. Manche Schriftstücke müssen zwischendurch noch schnell vom Band abgeschrieben werden. Die Durchlaufzeiten der Arbeiten liegen nach Aussage der Leiterin des Schreibbüros, Frau Mack, bei etwa drei Tagen, je nach Arbeitsanfall. Durch das »Vorziehen« mancher Aufträge könne es allerdings geschehen, dass ein Auftraggeber bis zu acht Tage auf sein Schriftstück warte.

Da Sie diese Abteilung nun »geerbt« haben, müssen Sie sich schnell um das Thema kümmern, denn alle Reklamationen fallen zukünftig auf Sie als Verantwortlichem zurück.

Wie können Sie das Thema angehen, welche Ziele sollten Sie ankündigen und wie können Sie gemeinsam mit den Mitarbeitern eine höhere Zufriedenheitsquote garantieren?

Checkliste

Situation klären
Das ist die Situation:

....

Was sind die Fakten?

....

Was sind nur Vermutungen?

....

Ziele klären
Was ist mein Abteilungsziel?

....

Was ist das Ziel des Mitarbeiters?
Objektiv: ....

Persönlich: ....

Was ist das gemeinsame Ziel?

....

Operative Maßnahmen
Welche Maßnahmen sind erforderlich, um das gemeinsame Ziel zu erreichen?

....

Wen muss ich noch einschalten?

....

Benötige ich Hilfe/Unterstützung durch meinen Vorgesetzten? Welche Art von Hilfe?

....

Warum?

....

Welche Hindernisse könnten auftreten?

....

Mit welchen Kontrollen sichere ich die Maßnahmen ab?

....

Welche kurzfristigen Maßnahmen sind erforderlich?

....

Termin: ....

Perspektive
Welche Lerneffekte ergeben sich für alle Beteiligten?

....

....

....

....

....

Aus der Praxis: »Duftmarken«

In diesem Beispiel haben Sie es mit einem Thema zu tun, dessen »Bearbeitung« vielen Führungskräften Kopfzerbrechen bereitet. Es handelt sich weder um ein Fachthema noch um eine disziplinarische Angelegenheit. Es geht um Sensorik, oder anders ausgedrückt: Es riecht unangenehm. An manchen Tagen ist es Ihnen auch schon aufgefallen, als Sie durch Ihre Abteilung liefen – es gab dort einen nicht klar identifizierbaren Geruch. Ihre Mitarbeiter, mit Ausnahme derjenigen, die mit Klara wenig Kontakt haben, beschwerten sich schon öfter darüber, dass Klara S.' Duft vor allem in den Sommermonaten eine starke persönliche Note entwickelt, die im wahrsten Sinn des Wortes atemberaubend genannt werden könnte. Da niemand dieses heikle Thema ansprechen möchte, zumal Klara eine wirklich nette und ansonsten sympathische Person ist, bittet man Sie um Intervention.

Nun sitzen Sie vor einer delikaten Aufgabe. Viel Spaß dabei!

Checkliste

Situation klären
Das ist die Situation:

....

Operative Maßnahmen
Welches Vorgehen könnte Abhilfe schaffen?

....

Wen kann ich einschalten?

....

Welche Hindernisse könnten auftreten?

....

Perspektive
Welche Lerneffekte ergeben sich für alle Beteiligten?

....

....

....

....

....

Aus der Praxis: »Es bewegt sich nichts«

Sie treten als Führungskraft einen Vorstandsposten in einem mittelgroßen Unternehmen an. In der Abteilung Buchhaltung übernehmen Sie einen erfahrenen Abteilungsleiter, 55 Jahre, der diesen Posten seit Jahren »innehat«. Die Abteilung funktioniert, vielleicht gerade deshalb, weil ihn niemand fragt und ihn niemand über die Arbeit seiner Mitarbeiter informiert. Die Abteilung läuft auf eingefahrenen Gleisen, jeder ist halbwegs zufrieden, die Aufgaben werden routinemäßig abgewickelt. Im Gespräch mit einzelnen Mitarbeitern erkennen Sie, wie viel kreatives Potenzial ungenutzt in dieser Gruppe schlummert. Ihnen wird klar, dass die anstehende Expansion in neue Auslandsmärkte unter dem derzeitigen Führungsstil des Abteilungsleiters Probleme verursachen wird. Aus Ihrer Sicht ist die Abteilung recht statisch, passiv, nicht dynamisch genug.

Als Sie den Abteilungsleiter Herrn Gräulich darauf ansprechen, hören Sie zuerst ein Reihe von Gründen, warum die Abteilung so arbeite, wie sie nun einmal arbeite, warum man keine neuen Abläufe einführen könne und überhaupt – die Mitarbeiter seien alle recht unfähig, sich auf Neues einzustellen. Sie erinnern sich an den Satz: »Der Fisch fängt am Kopf an zu stinken.« Ihnen ist klar, warum auf dieser Etage so wenig Dynamik herrscht. Bis zur Pensionierung von Herrn Gräulich wollen Sie nicht warten. Hier unterscheiden Sie sich angenehm von den Führungskräften, die aus Scheu vor offenen Gesprächen und nötigen Konflikten Personalentscheidungen den Rentenversicherungsträgern überlassen.

Nehmen Sie Ihre Checkliste und planen Sie die Zukunft der Abteilung.

Checkliste

Situation klären
Das ist die Situation:

....

Was sind die Fakten?

....

Was sind nur Vermutungen?

....

Ziele klären
Was ist mein Abteilungsziel?

....

Was ist das Ziel des Mitarbeiters?
Objektiv: ....

Persönlich: ....

Was ist das gemeinsame Ziel?

....

Operative Maßnahmen
Welche Maßnahmen sind erforderlich, um das gemeinsame Ziel zu erreichen?

....

Wen muss ich noch einschalten?

....

Benötige ich Hilfe/Unterstützung durch meinen Vorgesetzten? Welche Art von Hilfe?

....

Warum?

....

Welche Hindernisse könnten auftreten?

....

Mit welchen Kontrollen sichere ich die Maßnahmen ab?

....

Welche kurzfristigen Maßnahmen sind erforderlich?

....

Termin: ....

Perspektive
Welche Lerneffekte ergeben sich für alle Beteiligten?

....

....

....

....

....

Aus der Praxis: »Jeder nach seiner Fasson«

Zum Abschluss unserer Beispiele möchten wir Sie mit Benno Ehrlich vertraut machen. Benno ist seit Jahren in der Firma und im Montagebau beschäftigt. In den letzten Jahren hat ihm sein Rheuma schwer zu schaffen gemacht. Seine Leistungsfähigkeit im Außendienst war so stark eingeschränkt, dass der Arzt ihm dringend zu einer anderen Tätigkeit riet. Nach Gesprächen mit Unternehmensleitung und Betriebsrat empfahl man ihm eine Position in der Poststelle.

Stufe 1: Benno hat nun auf seiner neuen Arbeitsstelle angefangen und ist Feuer und Flamme. Er kommt jeden Morgen mit Krawatte und beeilt sich, die eingegangene Post an die Empfänger zu verteilen. Die Arbeit geht ihm flott von der Hand. Sein Chef, Franz Stein, hat ihm seine Arbeit genau erklärt und immer wieder zugeschaut, ob Benno alle Abläufe richtig verstanden hat. Er ist mit ihm in den ersten Tagen in die einzelnen Abteilungen gegangen und hat ihm dort die Sekretärinnen vorgestellt, sodass Benno genau weiß, wen er wo findet. Benno hat auch die ersten Verbesserungsvorschläge gemacht. Da er noch nicht »betriebsblind« ist, ist ihm aufgefallen, dass er durch eine andere Wegeplanung der Vertriebsabteilung die dringend erwartete Post früher zustellen kann.

Herr Stein hat ihn von Anfang an nach Kräften unterstützt, Benno ist stets in Hochstimmung, die Arbeit macht ihm Spaß. Er ist also den begeisterten Anfängern zuzurechnen.

Stufe 2: Die Firma wächst, die Aufgaben nehmen zu. Die ersten Reklamationen werden laut: »Wir haben schon zweimal die falsche Post gekriegt.« Benno ahnt, dass er das bisherige Tempo nicht durchhalten kann, zumal immer häufiger mangelhaft adressierte Briefe zu befördern sind. Er muss öfter nachfragen, die Sekretärinnen kritisieren ihn. Seine Motivation und sein Selbstvertrauen sind gesunken. Benno ist verzweifelt: Vielleicht ist das doch nicht der richtige Job für ihn?

Sein Chef hat ihn ein paar Mal zu sich gerufen und mit ihm gesprochen. Er hat ihm klar gesagt, was an seiner Arbeit bemängelt wird, hat ihm aber gleichzeitig Mut gemacht und erklärt, dass es am Anfang wirklich schwer sei, auf die unterschiedlichen Wünsche der Abteilungen einzugehen. Sein Chef hat ihm Folgendes mit auf den Weg gegeben: »Ich will nicht den schnellsten Postmann, sondern zufriedene Postempfänger.« Benno ist jetzt ein enttäuschter Einsteiger.

Stufe 3: Franz Stein hat festgestellt, dass seine konkreten Rückmeldungen Wirkung auf Benno zeigen. Da er Benno gegenüber auch in Krisensituationen geduldig und verständnisvoll versucht hat, Bennos Ideen und Verbesserungsvorschläge zu berücksichtigen, hat Benno die Krise überwunden. Er erfüllt seine Aufgabe schon ganz gut, ist sich aber nicht sicher, ob er alles richtig macht. Er ist jetzt ein leistungsfähiger Aufsteiger.

Stufe 4: Benno ist voll in Form. Er braucht seinen Chef nicht mehr als Ratgeber, worüber dieser ganz froh ist. Die in Benno investierte Zeit zahlt sich jetzt aus. Benno hat seinen Job im Griff und ist motiviert, da ihn gelegentlich auch andere Kollegen aus dem Unternehmen um seinen Rat fragen. Er erhält auch öfter Sonderaufträge, denn jeder weiß: Benno ist absolut zuverlässig. Er ist ein tüchtiger Könner.

Zur Erinnerung: Auf Seite 83/84 finden Sie die Stufen 1 bis 4 wieder.

Kommentare zu den Übungen

»Das Projekt kippt«, Seite 211

Es sind die einfachen Dinge, die Projekte immer wieder gefährden. Als Erstes ist in unserem Beispiel die mangelnde Kommunikation zu nennen.

Warum ist der Mitarbeiter nicht rechtzeitig zu Ihnen gekommen, um Sie über die Verzögerung zu informieren und um Hilfe zu bitten? Warum hat er nicht die Alarmglocken geläutet? Es könnte verschiedene Gründe dafür geben:

1. Er hat in der Vergangenheit bereits einmal um Hilfe gebeten und erhielt eine unbefriedigende Antwort: »Wir haben alle unsere eigenen Probleme« oder »Wenn *Sie* das nicht schaffen,

dann schafft das keiner«. Oder noch schlimmer: »Wieso können Sie das eigentlich nicht, dafür haben wir Sie doch eingestellt?«

2. Der Projektfortschritt war nicht sichtbar. Wo hing, für alle Beteiligten wahrnehmbar, der Projektplan, dem jederzeit der aktuelle Projektfortschritt zu entnehmen war? Hilfreich wirken hier oft Grafiken, die rechtzeitig selbsterklärend auf ein Problem aufmerksam machen: *Termin ist nicht zu halten.* Warum erschien auf Ihrem PC kein rechtzeitiger Hinweis aus der Projektverfolgungssoftware?

3. Sie haben sich nicht rechtzeitig über den Projektfortschritt informiert, über Chancen und Risiken, über Pufferzeiten, über Abweichungen. Vielleicht haben Sie darauf gehofft, dass sich der erfahrene Mitarbeiter von alleine meldet? Das hat er aber nicht getan. Also ist es seine Schuld!? Stopp, halten Sie einen Moment inne. Sie lesen nicht *Schuld und Sühne,* sondern *Endlich Chef – was nun?*

- Das Einzige, was nun interessiert, ist die gemeinsame Zukunft. Zeigen Sie dem Mitarbeiter auf, welche Auswirkungen die Verzögerung auf das gesamte Unternehmen haben kann.
- Bitten Sie ihn um Vorschläge, wie alle gemeinsam die Situation retten können.
- Machen Sie ihm klar, dass es nicht um ihn als Person mit seinen Fähigkeiten geht, sondern nur um die Aufgabe, von deren Erfüllung Arbeitsplätze abhängen können.
- Lassen Sie sich von ihm drei Alternativvorschläge geben, wie aus seiner Sicht das Problem gelöst werden kann.
- Zeigen Sie das übergeordnete Ziel auf, dem sich alles unterzuordnen hat.
- Gehen Sie gemeinsam ohne gegenseitige Schuldzuweisung an die Arbeit.

Geben Sie sich nicht der Illusion hin, dass Sie alle Probleme zukünftig verhindern könnten, dafür sind die Zusammenhänge in Geschäftsprozessen zu komplex. Der wichtigste Schritt in die richtige Richtung könnte sein, dafür zu sorgen, dass für alle Beteiligten das Stichwort »Projektmanagement« kein Fremdwort bleibt. Besuchen Sie gemeinsam ein Seminar zum Thema. Noch besser wäre es, mit einem Trainer eine konkrete Projektsituation in Ihrem Unternehmen durchzuspielen, um das Bewusstsein Ihrer Mitarbeiter für kritische Situationen anhand von Kundenbeispielen aufzubauen und zu verankern. Zwangsläufig entstehen bei solchen Seminaren, als »Abfallprodukt« sozusagen, immer wieder neue Ansätze zur Verbesserung von organisatorischen Abläufen.

»Schöne neue Welt«, Seite 215

Aus dem Spannungsfeld zwischen menschlichem Vermögen und technischen Möglichkeiten erwachsen unzählige Krisen. Bei der Einführung technischer Hilfsmittel wird viel zu oft den Werbeaussagen der Hersteller geglaubt, die zwar durchaus der Wahrheit entsprechen, allerdings erst im so genannten »eingeschwungenen« Zustand, das heißt, wenn alle optimal mit der neuen Technik umgehen können. Das setzt aber voraus, dass alle Betroffenen zu Beteiligten werden, sich wirklich mit Interesse an der Neuerung beteiligen und einen persönlichen Vorteil in der Nutzung der neuen Technik sehen. Das wiederum setzt voraus, dass niemand mit der neuen Technik überfordert wird. Diesem Anspruch werden die Einweisungen oder Einschulungen durch die EDV-Fachleute der Hersteller oder der hausinternen Trainer häufig nicht gerecht. Die Orientierung findet hier nicht am »schwächsten« Glied der Kette statt, sondern am Durchschnitt der Seminarteilnehmer. »Sie werden es im Laufe der Zeit noch lernen, wenn Sie erst einmal damit arbeiten« – das sind die tröstenden Worte, die den Anfängern auf den Weg zum Arbeitsplatz mitgegeben werden. Es gibt nun einmal Menschen, deren höchstes Glück nicht in der Beherrschung der gängigen Büroprogramme liegt, die vielleicht Berührungsängste gegenüber Tastaturen und Mäusen haben (alleine der Gedanke an eine Maus baut bei manchen Barrieren auf). Diese Menschen nutzen die Technik aber gern, wenn sie »richtig« hingeführt werden. Dieser Personenkreis benötigt eine besondere Art der Hinführung und Motivation.

Nehmen wir unsere – besser gesagt Ihre – Frau Schwarzkopf als Beispiel. Sie hat sich ein Stück weit in das neue System eingearbeitet, bei Problemen fragt sie nach. Das wäre so weit in Ordnung, wenn sie nicht die Kollegen dabei von der eigenen Arbeit abhalten würde. Offenbar sind Frau Schwarzkopf die Zusammenhänge der Abläufe noch nicht klar vermittelt worden. Jeder Mensch besitzt nun einmal seine eigene Logik, die er nicht von heute auf morgen radikal verändern kann. EDV-Systeme gehen aber davon aus, dass jeder nach derselben »richtigen« Logik arbeitet. Frau Schwarzkopf benötigt eine individuelle, auf ihr Arbeitsgebiet abgestimmte Schulung, in der sie nicht nur lernt, mit dem Werkzeug umzugehen, sondern auch, wie sie bei Problemen sich selbst weiterhelfen kann. Wenn sie erkennt, dass sie alleine alle anfallenden Tätigkeiten lösen kann, dann steigt auch ihr Selbstwertgefühl. Sie stellt dann fest: »Ich kann es alleine.« Die Kollegen von Frau Schwarzkopf werden ihr dankbar sein – sie »nervt« nicht mehr. Sie kommt aus einer Situation der Unterlegenheit heraus, und die Gefahr eventueller Mobbing-Ansätze wird vermieden. Ihre Aufgabe als Führungskraft ist es also, für eine auf Frau Schwarzkopf zugeschnittene Ausbildung zu sorgen. Es genügen unter Umständen bereits 15 Minuten pro Tag, um ihr ein tägliches Erfolgserlebnis zu vermitteln.

Bei Herrn Huber stehen Sie als Führungskraft vor demselben Problem – ihm fehlt Wissen für die Erfüllung seiner Aufgabe. Herrn Huber allerdings scheint es peinlich zu sein, seine Wissenslücke zu offenbaren. Wahrscheinlich geht er jeden Morgen mit der Angst ins Büro, bei seinen offenbar hilflosen (im wahrsten Sinn des Wortes) Versuchen erwischt zu werden. Lassen Sie ihm die gleiche Behandlung wie Frau Schwarzkopf angedeihen, aber mit noch mehr Einfühlungsvermögen. Männer sind nun mal die schlechteren Verlierer, und als solcher wird er sich vielleicht empfinden.

Wenn Mitarbeiter sich nicht laut und deutlich melden, wenn ihnen Wissen oder Hilfsmittel zur Erfüllung ihrer Aufgabe fehlen, dann wäre ein Seminar zum Thema »Situativ handeln« eine gute Investition. Hierbei lernen sie, sich rechtzeitig zu artikulieren, wenn sie Probleme auf sich oder das Team zukommen sehen.

Sie denken als Führungskraft permanent über Lösungs- und Verbesserungsmöglichkeiten nach. Was halten Sie von folgender Idee: Geben Sie den beiden für einen oder zwei Monate einen PC mit Ihrer Firmensoftware mit nach Hause, da übt es sich ungestörter. Unternehmen, denen die schnelle Hinführung der Mitarbeiter an die Medien der Zukunft am Herzen liegt, rüsten ihre Mitarbeiter schon seit einiger Zeit mit Privat-PCs aus.

Warum sollten nicht auch Sie zu den Kreativen gehören?

»Angst essen Seele auf«, Seite 218

Offenbar haben Sie Ihren Mitarbeiter nicht richtig eingeschätzt. Im Gespräch offenbart er Ihnen, dass er zwar keine Probleme im Umgang mit gleichgestellten und ihm persönlich bekannten Menschen hat, dass ihn aber ein Vortrag vor der Unternehmensleitung heillos überfordert. Er weiß auch nicht, ob er die richtige Wortwahl trifft – vor »lauter Chefs«. Und wenn »die« ihn etwas fragen, dann sei er nicht in der Lage, angemessen zu reagieren. Schade für Sie, offenbar wussten Sie weniger über Ihren Mitarbeiter, als Sie glaubten.

Wenn noch ausreichend Zeit bis zur Präsentation vorhanden ist, dann schicken Sie Ihren Mitarbeiter auf ein Präsentationsseminar, auf dem nicht nur Präsentationstechniken vermittelt werden, sondern auch die nötigen rhetorischen Grundlagen. Allerdings sollte er auf diesem Seminar die Chance haben, »sein« Thema als Übung präsentieren zu können. Nur dann kann er die notwendige Sicherheit für die Live-Präsentation in Ihrem Unternehmen gewinnen. Sollte die Zeit zu kurz sein, dann lassen Sie ihn die Präsentation konzipieren, das Präsentationsmaterial erstellen, die möglichen Fragen und Antworten entwickeln. Binden Sie ihn ein, damit er beim nächsten Mal ohne Angstgefühle an das Thema herangehen kann. Lassen Sie ihn einen Teil der Präsentation übernehmen, verbunden mit dem Versprechen, dass Sie alle aufkommenden Fragen beantworten werden. Und sagen Sie ihm ehrlich, dass auch Sie bei Ihrer ersten Präsentation die »Schmetterlinge im Bauch« spürten, dass niemand als Profi auf die Welt kommt.

»Die Momente der Wahrheit«, Seite 221

Wenn Sie nicht allein zum Ziel kommen können, weil Ihnen die erforderliche Kompetenz fehlt, dann erinnern Sie sich an die nächste

Instanz, die Ihnen helfen kann – Ihren Chef. Wenn die Unterstützung der Geschäftsleitung oder des Vorstands erforderlich ist, dann fordern Sie deren Unterstützung eben ein. Binden Sie diese Personen, mit Ihren Statistiken in der Hand, in das Thema ein, machen Sie auf mögliche Konsequenzen aufmerksam. Sorgen Sie dafür, dass eine kundenorientierte »Richtlinie« an alle Beteiligten geht und dass die Geschäftsleitung dieses Thema zu einem Top-Thema macht.

Auf der Mitarbeiterebene können Sie ebenfalls einiges unternehmen:

- Bitten Sie um Vorschläge, wie Abläufe kundenfreundlicher gestaltet werden können.
- Gehen Sie mit einigen Mitarbeitern in einen Baumarkt, um dort an der Reklamationstheke »live« mitzuerleben, wie zahlende Kunden, von denen Ihr Unternehmen lebt, dort gegen Ihre Geschäftspolitik kämpfen müssen.
- Veranstalten Sie ein Seminar zum Thema »Der Kunde finanziert unseren Lebensunterhalt«, damit bei jedem das Bewusstsein für die Bedeutung eines zufriedenen Kunden geweckt wird. Sorgen Sie dafür, dass jedem die Sätze von Jan Carlzon nicht mehr aus dem Gedächtnis gehen: »In jedem Unternehmen darf es nur zwei Arten von Menschen geben. Die, die sich um die Kunden kümmern und die, die sich um die kümmern, die sich um die Kunden kümmern.«
- Veranstalten Sie Ideenwettbewerbe zum Thema Kundenservice. Lassen Sie nicht zu, dass Ihre Kunden wegen hausinterner Organisationsanweisungen die Produkte Ihrer Wettbewerber kennen und schätzen lernen.

»Der Kampf gegen die Zeit«, Seite 224

In dieser Situation haben Sie keinerlei disziplinarische Möglichkeiten, etwas zu bewegen. Das ist sehr gut für die Entwicklung Ihrer Kreativität. Denn in Ihrem neuen Job können Sie nur etwas verändern, indem Sie überzeugen, also Zeugnis von Ihren Fähigkeiten geben.

Zuerst benötigen Sie einen Überblick über die erforderlichen Zahlen, etwa über

- Marktpotenzial,
- Umsatzentwicklungen der einzelnen Regionen und Händler,
- Reklamationsquote,
- repräsentative Kundenaussagen sowie
- Wettbewerbszahlen.

Damit haben Sie die Basis für Ihre nächsten Schritte gelegt. Aus den Antworten Ihrer Händler entnehmen Sie, dass die Bedeutung von Zielsetzung und Zielerfüllung in der Theorie zwar verstanden wurde, im täglichen Alltag aber eher als sekundär betrachtet wird. Nun setzen Sie die folgenden Schritte um:

1. Erstellen Sie ein Frühwarnsystem, das rechtzeitig auf Abweichungen hinweist. Dadurch können Sie von der Zentrale aus Ihre Händler frühzeitig auf Korrekturmaßnahmen ansprechen.
2. Überprüfen Sie, ob die vorgegebenen Ziele auch realistisch und erreichbar sind. Nichts demotiviert mehr als ein Ziel, von dem man weiß, es ist ohnehin nicht zu erreichen. Warum soll ich mich dann überhaupt anstrengen?
3. Teilen Sie die Jahresplanung in eine Etappenplanung ein, bei der zwei Drittel des Gesamtziels schon bei 50 Prozent der Gesamtzeit erwartet werden. Das klingt ein bisschen nach Trickkiste, und daher kommt es auch. Bei dieser Vorgehensweise erreichen Sie aber, dass bei Abweichungen immer noch genügend »Luft« für die Einleitung von Korrekturmaßnahmen übrig ist.

Das alles können Sie wunderbar an Ihrem Schreibtisch erledigen. Glaubhaft wird Ihre Planung bei denjenigen, die die Umsatzzahlen vor Ort erreichen sollen aber erst dann, wenn Sie »Management by getting dirty« betreiben. Gehen Sie dahin, wo »der Euro rollt«. Besuchen Sie Ihre Händler vor Ort, führen Sie gemeinsam mit ihnen Kundengespräche, zeigen Sie Präsenz, nehmen Sie auf, was an der Verkaufsfront passiert. Da Sie aus Kapazitätsgründen nicht alle Händler gleichzeitig besuchen können, picken Sie sich zwei oder drei »Problemfälle« heraus. Unterstützen Sie diese vor Ort mit allem, was Ihnen sinnvoll erscheint. Dadurch beweisen Sie allen anderen Vertriebspartnern, dass Sie nicht nur Vorgaben erstellen, sondern auch in der Lage und bereit sind, für die Einhaltung der Vorgaben selbst zu sorgen. Beobachten Sie, was vor Ort passiert, loben Sie und kritisieren Sie, was kritikwürdig ist. Sprechen Sie emotions- und wertfrei mit den Vertriebsmitarbeitern über deren Verhalten. Sorgen Sie dafür, dass bei jedem Einzelnen »erkenntnisproduzierendes Verhalten« entsteht, dass also jeder weiß: Wenn ich die vereinbarten Aktivitäten nicht ausführe, dann wird Folgendes geschehen ... Dadurch wird jedem klar, welche Auswirkungen sein Verhalten auf das Ziel haben wird.

Wenn Sie den oben erwähnten Bewertungsmaßstab verwenden, dann bedeutet das für den Umsatz vor Ort, dass ein Sechstel des Ziels nach einem Achtel der Zeit erreicht sein sollte – und das erste Drittel nach Ablauf von einem Viertel der Zeit. Zeigen Sie jedem die Vorteile dieser Planung auf, mit der Hektik zum Ende einer Abrechnungsperiode (meist Jahresende) vermieden werden kann. Wenn Sie »Management by getting dirty« betreiben, dann stellen Sie auch sofort fest, welche Personen überfordert sind – und bei welchen es mit der Motivation hapert. Bauen Sie, wenn es sinnvoll erscheint, Wochenziele auf. Kontrollieren Sie mit Ihren Partnern, ob die Ziele erreicht wurden. Wenn nein, fragen Sie, was die Gründe dafür waren und wie Sie helfen können.

Und wenn Sie dann feststellen, dass in dem einen oder anderen Fall die Zusammenarbeit beiden keinen gemeinsamen Erfolg verspricht, dann machen Sie von Ihrem Recht auf »Trennung in Freundschaft« Gebrauch. Geben Sie vorher dem anderen aber die Chance, sein Verhalten zu ändern: »Ich würde gerne mit Ihnen weiter zusammenarbeiten – erfolgreich –, helfen Sie mir dabei.«

Sie werden feststellen, dass es für Ihre weitere berufliche Karriere von Vorteil ist, wenn Sie sich vor Ort mit der erforderlichen Häufigkeit sehen lassen. Ihre Glaubwürdigkeit als Verantwortlicher steigt, Ihre Sachkompetenz steigt, Ihre Marktkenntnis steigt – und Sie unterscheiden sich in den Augen der Mitarbeiter angenehm von den Kollegen, die lieber im Elfenbeinturm einer Zentrale sich von Meeting zu Meeting schleppen und angeblich »keine Zeit« für den Besuch vor Ort haben.

»Schneller schreiben?«, Seite 227

Als Erstes müssen Sie Fakten sammeln. Lassen Sie sich einen Überblick über das Mengengerüst der zu erbringenden Arbeiten erstellen: Wie viele Seiten werden pro Tag oder Woche bisher geschrieben? Prüfen Sie, ob Frau Mack das Problem der Abteilung genauso beurteilt wie Sie. Wenn nicht, sollten Sie klären, wo Unterschiede in der Betrachtung bestehen. Sind die Positionen klar, dann kann die Arbeitsorganisation konkret geprüft und gegebenenfalls verändert werden:

- Kalkulieren Sie zusammen mit der Leiterin des Schreibbüros, ob die erforderliche Schreibkapazität vorhanden ist.
- Lassen Sie sich von ihr Vorschläge machen, welche Arten von Verbesserung im Ablauf möglich sind.
- Bitten Sie Frau Mack, ein Flussdiagramm zu erstellen, aus dem Durchlaufzeiten und Prozessabläufe hervorgehen.
- Erbitten Sie von ihr eine Prioritätenliste, anhand der in Konfliktfällen sofort entschieden werden kann, welche Arbeit unmittelbar auszuführen ist.
- Besprechen Sie mit ihr, welche Ausbildungsmaßnahmen den einzelnen Mitarbeitern weiterhelfen könnten.
- Sollten Sie feststellen, dass bei Frau Mack Nachholbedarf in Sachen Zielvereinbarung und Zieleinhaltung besteht, eignet sich ein Seminar, in dem das Erstellen und Kontrollieren von Zielen gelehrt wird.
- Stellt sich heraus, dass andere Auftraggeber mit »unlauteren« Mitteln arbeiten, dann informieren Sie darüber, dass die Abläufe im Schreibpool zukünftig optimiert werden und deshalb Motivationshilfen in Form von Pralinen nicht mehr erforderlich seien. Bitten Sie Frau Mack, eventuell eingehende »Spenden« dem gesamten Schreibpool zur Verfügung zu stellen, um keine Bevorzugung Einzelner zu erlauben.

Machen Sie nach angemessener Zeit, etwa nach zwei bis drei Monaten, eine firmeninterne Umfrage über die Zufriedenheit mit dem Schreibpool und bitten Sie um weitere Verbesserungsvorschläge.

»Duftmarken«, Seite 230

Ein solches Thema erfordert Feingefühl in der Bearbeitung. Gleichzeitig müssen die Probleme, die Klara den Kollegen bereitet, offen ausgesprochen werden. Wichtig ist der richtige Zeitpunkt für das Gespräch. Auf keinen Fall eignet sich die Zeit, in der alle mit der eigentlichen Arbeit voll beschäftigt sind. Den Zeitpunkt sollte man so wählen, dass man ungestört miteinander reden kann. Wenn das Gespräch an einem »nichtoffiziellen« Ort, beispielweise in der Cafeteria oder im Freien, stattfindet, ist die Gesprächsatmosphäre entspannter als im Büro. Reden Sie nicht um den heißen Brei herum, fallen Sie aber auch nicht mit der Tür ins Haus. Sagen Sie der Mitarbeiterin, dass Sie mit ihrer Arbeit und ihrem Einsatz sehr zufrieden sind und dass Sie ihre offene Art schätzen, Probleme anzupacken und zu lösen (natürlich nur, wenn diese Punkte tatsächlich zutreffen). »Frau S., deshalb möchte ich ohne Umschweife ein Problem ansprechen, bei dem Sie mir helfen können – und zwar nur Sie.« Sagen Sie ihr, dass es den Kollegen peinlich sei, das Thema mit ihr zu besprechen, weil sie Angst haben, sie vielleicht zu verletzen. Erklären Sie ihr, dass es zu Ihren Ehrenaufgaben als Chef zählt, Mitarbeitern in allen Situationen zu helfen. Und dann gehen Sie an den Kernpunkt: »Frau S., ich weiß nicht, ob es Ihnen schon einmal aufgefallen ist, dass Sie in der Sommerzeit eine über die Maßen starke Körperausdünstung verbreiten.« Die Reaktion kann jetzt von Entsetzen über Zorn bis hin zu Tränen der Verzweiflung reichen. Egal was jetzt passiert: Zeigen Sie Hilfsbereitschaft. Da Sie sich vorher über das Thema informiert haben, können Sie jetzt offen alle Möglichkeiten der Abhilfe ansprechen. Ihnen steht die ganze Themenpalette zur Verfügung, von den unterschiedlichen Deo- und Seifenarten über Ernährungsgewohnheiten bis hin zur Bedeutung der täglichen Körperpflege. Vielleicht ist auch die Konsultation des Hausarztes ein Thema. Auf jeden Fall müssen Sie der Mitarbeiterin die Gesprächsführung überlassen – hören Sie zu. Lassen Sie Frau S. erkennen, dass sie dieses Problem selbst lösen kann und muss. Zeigen Sie sich aber unterstützend und hilfsbereit.

Es kann aber auch sein, dass Frau S. Ihnen offen und ehrlich sagt: »Ja, ich kenne das Problem, sehe aber keinen Grund, meine persönliche Note zu ändern.« Zugegeben, diese Situation ist relativ ungewöhnlich, aber nicht ausgeschlossen. Nun haben Sie ein Problem, denn die Kollegen haben angedroht, wenn sich nichts ändert, würden sie nicht länger mit Klara zusammenarbeiten. In diesem Fall sind Sie als Vorgesetzter gefordert. Es handelt sich hier um nicht akzeptables Verhalten, dessen Änderung eingefordert werden muss. Oder möchten Sie eines Tages nur noch Klara als einzige Mitarbeiterin in Ihrer Abteilung sehen? An dieser Stelle brauchen Sie Hilfe von einem weiteren Dienstleister, der Personalabteilung.

In der Praxis wird allerdings der zweite Fall kaum auftreten. Der erste Fall dagegen ist wahrscheinlicher, allerdings wird, weil es als ein peinliches Thema gilt, selten offen über ein solches Problem gesprochen. An diesem Punkt ergeben sich sehr schnell Ansätze für Mobbing-Aktivitäten. Achten Sie als Führungskraft deshalb auch darauf, »ob man sich riechen kann«.

»Es bewegt sich nichts«, Seite 232

Auch in diesem Fall ist es Ihre vornehmste Aufgabe, zunächst die Situation zu klären und Ziele herauszuarbeiten:

- Prüfen Sie zuerst im Gespräch mit Herrn Gräulich, ob er Ihre Sicht der Dinge teilt. Stellen Sie fest, wo unterschiedliche Betrachtungsweisen über die Zukunft des Unternehmens bestehen. Lassen Sie sich Vorschläge über Änderungen machen, die er sich vorstellen kann. Lassen Sie ihn aufzeigen, bis wann er messbare Veränderungen erreicht haben will.
- Bieten Sie ihm Hilfe an, zum Beispiel notwendige finanzielle oder organisatorische Mittel. Weisen Sie Ausreden zurück.
- Nehmen Sie ihn als Abteilungsleiter und Vorgesetzten in die Pflicht. Er ist verantwortlich für die erforderliche Weiterentwicklung seiner Abteilung. Lassen Sie sich nicht in nostalgische Diskussionen verwickeln.
- Zeigen Sie ihm auf, dass das Unternehmen auch noch nach seiner Pensionierung bestehen muss – und wie er heute dazu beitragen kann, die Überlebenschancen zu erhöhen.

- Erstellen Sie gemeinsam eine Liste mit Zielen und Planzeiten. Gehen Sie bitte davon aus, dass er trotz seiner langen Betriebszugehörigkeit und seiner Erfahrung durch Ihr Auftreten und Ihre Forderungen nun plötzlich auf einer »niedrigeren« Entwicklungsstufe steht: Er besitzt geringe Kompetenz für die geforderten Aufgaben und recht wenig Engagement.

Da der Dialog mit seinen Mitarbeitern offenbar nur noch auf Grußformeln reduziert ist, bieten Sie ihm eine Weiterbildung im Dialogmanagement an. Betonen Sie, dass seine Erfahrung im Unternehmen gebraucht wird und dass Informationen nur fließen, wenn Menschen miteinander reden. Zeigen Sie ihm aber, dass Sie ihn bei seinen Aufgaben unterstützen. Aufgrund der Zielplanung sind Sie in der Lage, gemeinsam mit ihm zu überprüfen, ob die vereinbarten Schritte durchgeführt wurden – und wo noch Hilfe erforderlich ist. Vermeiden Sie aber auf jeden Fall, dass er Verantwortung an Sie zurückdelegiert. Machen Sie ihm immer wieder klar, was zu *seinem* Aufgabenbereich gehört – und *nicht* zu Ihrem. Da er in einer für ihn ungewohnten neuen Lernphase ist, sollten Sie nicht vergessen, ihn für Fortschritte zu loben. Auch wenn er an Lebens- und Dienstjahren älter ist als Sie, haben Sie keine Scheu zu loben. Woher soll ein Mensch sonst wissen, ob das, was man von ihm erwartet, auch tatsächlich so angekommen ist? Viele tun sich schwer, zu akzeptieren, dass Jüngere mit »weniger Erfahrung« bessere Problemlösungsansätze und Methoden mitbringen. Geben Sie Herrn Gräulich die Chance, sich davon zu überzeugen.

»Jeder nach seiner Fasson«, Seite 235

Benno durchläuft während seiner Einarbeitungsphase vier Entwicklungsstufen, so wie jeder Mitarbeiter, egal in welcher Position oder Funktion. Sie sehen an Bennos Beispiel, wie wichtig es ist, dass Sie als Vorgesetzter den jeweils richtigen Führungsstil situationsbezogen einsetzen:

- in Stufe 1: Dirigieren,
- in Stufe 2: Trainieren,

- in Stufe 3: Unterstützen und
- in Stufe 4: Delegieren.

Erst hier zahlt sich die in den Mitarbeiter investierte Zeit aus, deshalb müssen Sie Geduld aufbringen. An diesem Beispiel erkennen Sie drei wichtige Regeln:

1. Die Entwicklungsstufen beziehen sich immer nur auf eine bestimmte *Aufgabe,* nie auf den Menschen an sich.
2. Ein Mitarbeiter kann gleichzeitig für *unterschiedliche* Aufgaben in *unterschiedlichen* Entwicklungsstufen sein.
3. Keine Entwicklungsstufe ist »schlecht«. Alle Entwicklungsstufen sind wichtig auf dem Weg zum Erfolg für die Arbeit.

Beinahe hätten wir vergessen, von Bennos Pech zu berichten. Die Kollegen merkten es zuerst. Er war plötzlich morgens unfreundlich und mürrisch, sprach nur das Allernötigste. Franz Stein war beunruhigt. Er sprach mit Benno über die unübersehbare Veränderung. Der Grund: Bennos Sohn hatte das Auto des Vaters »ausgeborgt« und einen Unfall verursacht. Die Kosten, die jetzt auf Benno zukamen und die ihn gewaltig belasteten, ließen ihn vom tüchtigen Könner mit großer Begeisterung auf Entwicklungsstufe 4 wieder zurückrutschen auf Entwicklungsstufe 3. Er hatte zwar immer noch das Wissen und die Erfahrung, die für seinen Job nötig waren, aber es fehlte ihm an der nötigen Begeisterung, die wieder einen tüchtigen Könner aus ihm gemacht hätte. Zum Glück hatte er einen Chef wie Franz Stein. Der wusste, was Benno jetzt fehlte: etwas mehr Zeit für Gespräche, Anerkennung für gute Arbeit und Hilfe bei Entscheidungen.

Wir wünschen jedem Mitarbeiter einen so verständnisvollen Chef. Einen Chef wie Sie.

Zum guten Schluss

Als die Erstauflage dieses Buches im Jahr 2000 erschien, da begannen gerade die Diskussionen um Arbeitsplatzabbau, Globalisierung, Betriebsverlagerungen und Fusionen. Viele hofften zu diesem Zeitpunkt noch in nostalgischer Verklärung, dass sich alles wieder zum Guten wenden werde, dass es sich nur um vorübergehende Phänomene im Wirtschaftsleben handele, die von allein wieder verschwinden würden.

Der Traum ist ausgeträumt. Mittlerweile haben Politik und Verbände erkannt, dass nichts mehr so sein wird, wie es einmal war. Die Zweiteilung des Arbeitsmarktes lässt sich nicht mehr aufhalten, der Druck auf die bestehenden Arbeitsplätze wird weiter zunehmen. Neue Formen von begrenzten Arbeitsverhältnissen, Patchwork-Karrieren und Mischformen werden den Arbeitsmarkt in Zukunft bestimmen.

Angesichts dieser Entwicklung wird die Bedeutung von qualifizierten, professionellen Führungskräften immer wichtiger: Führungskräfte, die erkennen, dass auch sie nur eine Rolle auf Zeit spielen, dass sie nur gemeinsam mit ihren Mitarbeitern erfolgreich ihre Aufgabe erfüllen können, dass ihr Einfluss auf die Gesellschaft nicht an der Grenze des Betriebsgeländes endet, die wissen, dass sie keine besondere auserwählte Spezies sind, sondern lediglich besser bezahlte Funktionsträger mit höherer Verantwortung – solche Führungskräfte braucht das Land.

Und wenn Sie als Führungskraft eines Tages einem Ihrer ehemaligen Mitarbeiter auf der Straße begegnen, von ihm freundlich begrüßt werden, mit ihm über die Zeiten plaudern, in denen sie nicht immer einer Meinung waren, von ihm trotzdem einen Dank für Ihre damalige Unterstützung erhalten – dann wissen Sie, dass Sie ihre Rolle erfolgreich gespielt haben, nicht nur als Chef, sondern auch als Mensch.

Kann es ein größeres Kompliment geben?

Literatur, Seminare und Links

Literatur-Tipps

Barker, Alan, *30 Minuten bis zur effektiven Besprechung*, Offenbach 1998

Brenner, Doris und Frank, *Karrierefaktor Self Assessment* (mit CD), Planegg 2004

Carlzon, Jan, *Alles für den Kunden*, Frankfurt 1995

Dollinger, Manuela, *Führen in eine(r) Lernkultur – Die Mitarbeiter-Chef-Beziehung als Reciprocal Management*, München 1999

Forsyth, Patrick, *30 Minuten bis zur überzeugenden Präsentation*, Offenbach 1998

Goldfuß, Jürgen W., *Schnellkurs Verhandeln*, Würzburg 2000

Goldfuß, Jürgen W., *Schluss mit Mobbing!*, Würzburg 2002

Goldfuß, Jürgen W., *Trouble Shooting für den ersten Führungsjob*, Frankfurt/New York 2002

Goldfuß, Jürgen W., *Erfolg durch professionelles Delegieren*, Frankfurt/New York 2003

Goldfuß, Jürgen W., *Führen in schwierigen Zeiten*, Frankfurt/New York 2004

Goleman, Daniel, *Emotionale Intelligenz*, München 1997

Goleman, Daniel, *Der Erfolgsquotient*, München 2000

Joppe, Johanna, Ganowski Christian und Franz-Josef, *Chefsache Privatleben*, Frankfurt/New York 2001

Koch, Richard, *Das 80/20 Prinzip*, Frankfurt/New York 2004

Maderthaner, Wolfgang, *Der Kundenmanager*, Wiesbaden 1987

Nöllke, Matthias, *Small Talk – live*, (mit CD), Planegg 2005

Püttjer, Christian und Uwe Schnierda, *Erfolgsfaktor Körpersprache*, Frankfurt/New York 2003

Schwarz, Gerhard, *Konfliktmanagement. Konflikte erkennen, analysieren, lösen*, Wiesbaden 2005

Seifert, Josef W., *30 Minuten für professionelle Moderieren*, Offenbach 2004

Seiwert, Lothar J., *30 Minuten für mehr Zeit-Balance*, Offenbach 2001

Seiwert, Lothar J., *30 Minuten für optimale Selbstorganisation*, Offenbach 2001
Seiwert, Lothar J., *Wenn du es eilig hast, gehe langsam*, Frankfurt/New York 2005
Smith, Josef, *30 Minuten für die richtige Entscheidung*, Offenbach 1998
Storch, Maja, *Das Geheimnis kluger Entscheidungen*, München 2005
Tierney, Elizabeth, *30 Minuten für erfolgreiche Kommunikation*, Offenbach 1998
Wendt, Dietmar, *Erfolg mit EQ*, Frankfurt/New York 2000

Seminar-Tipps

Geprüfte Trainer, Coaches, Berater und Anbieter qualitativ hochwertiger Seminare: www.erfolgsgemeinschaft.com

Seminare zu den Themen Rhetorik, Dialektik und Souveränität:
Management-Institute SECS www.etrillard.com

Seminare zum Thema Präsentation:
institute chronometa www.chronometa.de

Allgemeine Management-Themen:
Excellence Akademie www.excellenceakademie.de

Seminare, Beratung und Coaching direkt vom Autor:
www.goldfuss.com

Link-Tipps

Netzwerke:

www.openbc.com
www.online-netzwerk-lernen.de
http://ueberbrueckungsgeld.de/wiki/Die_besten_Netzwerke_Deutschlands

Informationsquellen:

www.mwonline.de
www.perspektive-blau.de
www.changeX.de
www.themanagement.de
www.karriere.de
www.infoquelle.de
www.business-wissen.de

Register